# Outlook 2016

## E-Mails, Kontakte und Termine im Griff

Anja Schmid

Verlag:
BILDNER Verlag GmbH
Bahnhofstraße 8
94032 Passau

http://www.bildner-verlag.de
info@bildner-verlag.de

Tel.: +49 851-6700
Fax: +49 851-6624

ISBN: 978-3-8328-0172-4

Bestellnummer: RP-194

Covergestaltung:
Christian Dadlhuber

Autorin:
Anja Schmid

Bildquelle Cover: pikselstock - Fotolia.com
Kapitelbild: © peshkov - Fotolia.com

Herausgeber:
Christian Bildner

© 2017 BILDNER Verlag GmbH Passau

# Herzlich willkommen!

Outlook bietet neben der Verwaltung Ihres E-Mail-Verkehrs zahlreiche zusätzliche Möglichkeiten rund um die Planung und Organisation Ihrer täglichen Arbeit. Speichern Sie E-Mail-Adressen, Telefonnummern oder postalische Adressen, koordinieren Sie Termine oder laden Sie andere Personen zu Besprechungen ein, planen Sie, wann was zu erledigen ist und notieren Sie kurze Informationen.

 Schritt für Schritt

Dieses Buch wendet sich an Outlook-Einsteiger. Schritt für Schritt, in verständlicher Sprache und mit zahlreichen Bildern lernen Sie die einzelnen Arbeitsbereiche von Outlook kennen. Sie erfahren, wie Sie die tägliche Flut an E-Mails zeitsparend verwalten, was Sie bei der Speicherung von Kontaktdaten beachten sollten, wie Sie Ihre Termine im Blick behalten und schnell eine Arbeitsaufgabenliste erstellen, an deren Erledigung Sie Outlook erinnert. Themen, wie Sicherung der gespeicherten Daten und die Verwendung der praktischen Suchfunktion runden das Buch ab.

 Zahlreiche Bilder

 Übersichtliche Darstellung

Outlook entfaltet erst durch die Verbindung zu Microsoft Exchange seinen vollen Funktionsumfang, wie automatische Antworten senden bei Abwesenheit, Kalender freigeben für Kollegen, Besprechungen organisieren mit der Planungsansicht und vieles mehr. Auch diese Inhalte werden im vorliegenden Buch behandelt.

 Praktische Problemlösungen

Hinweise und Tipps aus der Praxis helfen Ihnen, typische Anfängerfehler zu vermeiden und Fallstricke zu umgehen. Besonderen Wert wurde darauf gelegt, nicht jede Kleinigkeit zu erklären, sondern Inhalte zu vermitteln, die in der täglichen Arbeitspraxis nützlich sind. Diese Auswahl befähigt Sie, schnell Outlook 2016 zu beherrschen.

 Typische Fehler vermeiden

**Hinweise**

Inhalte und sämtliche Abbildungen beruhen auf der Kaufversion von Microsoft Outlook 2016. Daneben stellt Microsoft mit Office 365 ein Software-Abonnement zur Verfügung, welches ebenfalls Outlook enthält. Die hier beschriebenen Inhalte können auch mit Office 365/ Outlook nachvollzogen werden, wobei gelegentlich kleinere Abweichungen in der Darstellung mancher Programmelemente auftreten.

Befehle, Bezeichnungen von Schaltflächen und Beschriftungen von Dialogfenstern sind zur besseren Unterscheidung farbig und kursiv hervorgehoben, zum Beispiel Register *Start*, Schaltfläche *Neue E-Mail*.

Am Anfang jedes Kapitels finden Sie eine Übersicht über behandelte Inhalte und das erforderliche Vorwissen. Am Ende der einzelnen Einheiten erhalten Sie eine Zusammenfassung des Gelernten. Unbekannte Begriffe schlagen Sie im Glossar am Ende des Buchs nach und eine Liste nützlicher Tastenkombinationen im Anhang hilft Ihnen, Arbeitsschritte schnell zu erledigen.

Beachten Sie, dass die Größe und Anzeige der Schaltflächen im Menüband dynamisch an die Bildschirm- bzw. Fenstergröße angepasst wird. Daher kann die Darstellung im Buch von der Anzeige an Ihrem Computer abweichen. Darüber hinaus ist Outlook ein Verwandlungskünstler. Viele Bereich können zusätzlich eingeblendet, minimiert oder deaktiviert werden.

Viel Spaß und Erfolg mit dem Buch wünschen Ihnen
BILDNER Verlag und die Autorin Anja Schmid

# Inhaltsverzeichnis

# 2 E-Mail Kommunikation im Griff ...................................... 41

# 3 Kontakte verwalten ...................................................... 111

# 5 Aufgaben und Notizen erstellen................................. 187

# 1 Die Outlook Arbeitsumgebung

**In diesem Kapitel lernen Sie...**

- wie man ein E Mail-Konto einrichtet
- die Programmoberfläche un die wichtigsten Elemente des Programms kennen

**Das sollten Sie bereits wissen**

- Grundlagen des Betriebssystems Windows

## 1.1    E-Mail-Konto einrichten

Die Übertragung von E-Mails erfolgt über Mailserver. Der Mailserver versendet E-Mails, nimmt gesendete Nachrichten entgegen und speichert diese in einem Postfach, bis sie vom Benutzer mittels eines E-Mail-Programms abgeholt werden. Auf dem Mailserver erledigen verschieden Dienste die einzelnen Aufgaben. Für den Transport von E-Mails kommt meist das Protokoll SMTP zum Einsatz. Das Abrufen der Mails mittels erfolgt IMAP oder POP3.

Um E-Mails empfangen und versenden zu können, benötigt jeder Benutzer ein Postfach mit dazugehöriger E-Mail-Adresse, einem Benutzernamen und einem Kennwort. Diese Informationen sowie die Adressen der einzelnen Server, müssen in Outlook in Form eines E-Mail-Kontos hinterlegt werden. Arbeiten Sie mit Outlook in einem Firmennetzwerk, wird das E-Mail-Konto meist vom Administrator eingerichtet und verwaltet.

**1**    Starten Sie Outlook 2016 über das Startmenü von Windows 10. Dort ist die Desktop-App *Outlook 2016* vielleicht bereits ans Startmenü angeheftet oder Sie wählen es aus der Liste aller Programme aus. Falls gewünscht, heften Sie Outlook gleich an die Taskleiste an, durch einen Rechtsklick auf das Programm ▶ *Mehr* ▶ *An Taskleiste anheften*.

*Startmenü Windows 10*

*Outlook zur Taskleiste hinzufügen*

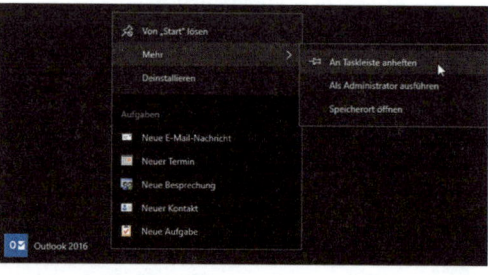

**2**    Beim ersten Starten von Outlook öffnet sich der Start-Assistent. Dieser hilft Ihnen, ein E-Mail-Konto einzurichten. Unter Umständen müssen Sie hierbei den 25-stelligen Produkt-Key eingeben. Folgen Sie den Anweisungen des Assistenten und wechseln Sie zur nächsten Seite über die Schaltfläche *Weiter*.

**3**    Im Fenster *Konfiguration des Microsoft Outlook-Kontos* aktivieren Sie die Option *Ja*, um fortzufahren.

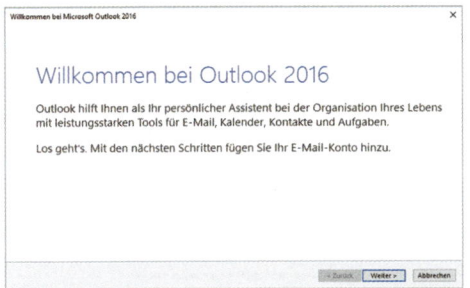 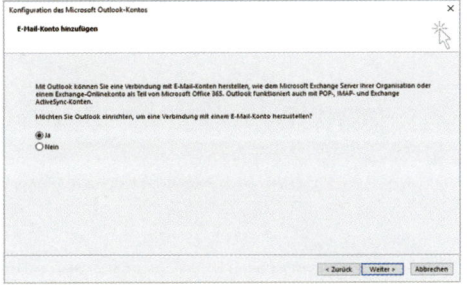

*Konfiguration des Out-look-Kontos*

**4**  Im Fenster *Konto hinzufügen*, tragen Sie Ihren Namen, Ihre E-Mail-Adresse und das Kennwort ein. Alle Informationen haben Sie von Ihrem Provider erhalten. Arbeiten Sie in einem Firmennetzwerk mit einem Exchange Server, werden die notwendigen Informationen automatisch eingetragen.

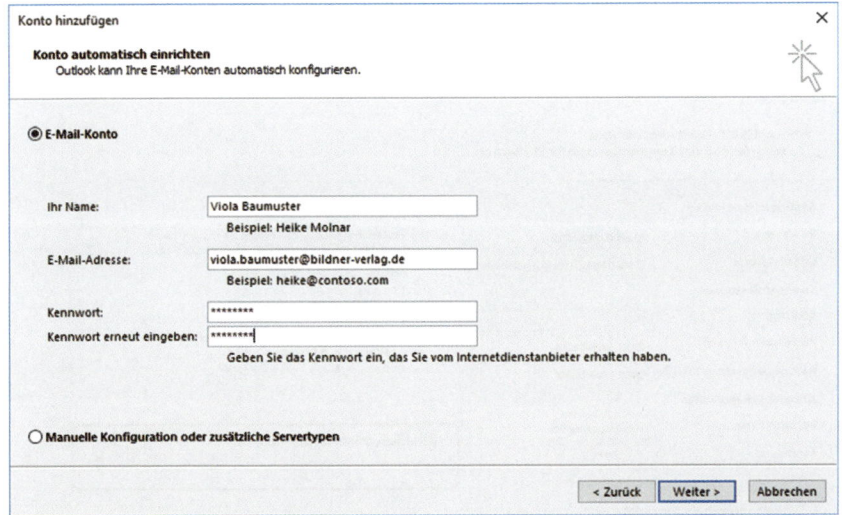

*Outlook holt sich die Daten für ein Exchange-Konto in der Regel selbständig*

**5**  Nachdem Sie über die Schaltfläche *Weiter* zum nächsten Fenster gewechselt sind, werden die Servereinstellungen automatisch ermittelt und Sie können über die Schaltfläche *Fertig stellen* die Einrichtung des E-Mail-Kontos beenden. Outlook öffnet sich. Je nach E-Mail-Provider wird für die Konfiguration das Konto auf eine Webseite des Providers umgeleitet. Das muss durch Anklicken von *Zulassen* erlaubt werden.

**6**  Falls bei der Konfiguration Probleme aufgetreten sind, können Sie durch Aktivierung des Kontrollkästchens vor *Kontoeinstellungen ändern* eigene Einstellungen vornehmen.

*Servereinstellungen manuell konfigurieren*

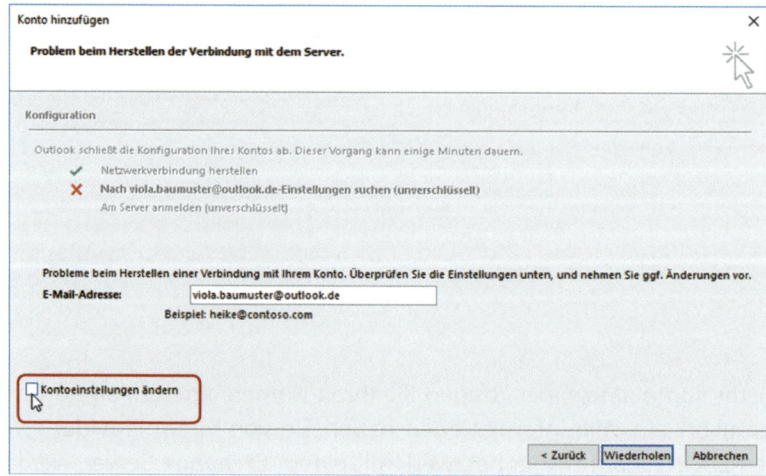

**7**    Bei einem E-Mail-Konto ohne Exchange Server, würden die Einstellungen je nach Provider so oder so ähnlich aussehen:

*Die Einstellung für ein IMAP-Konto*

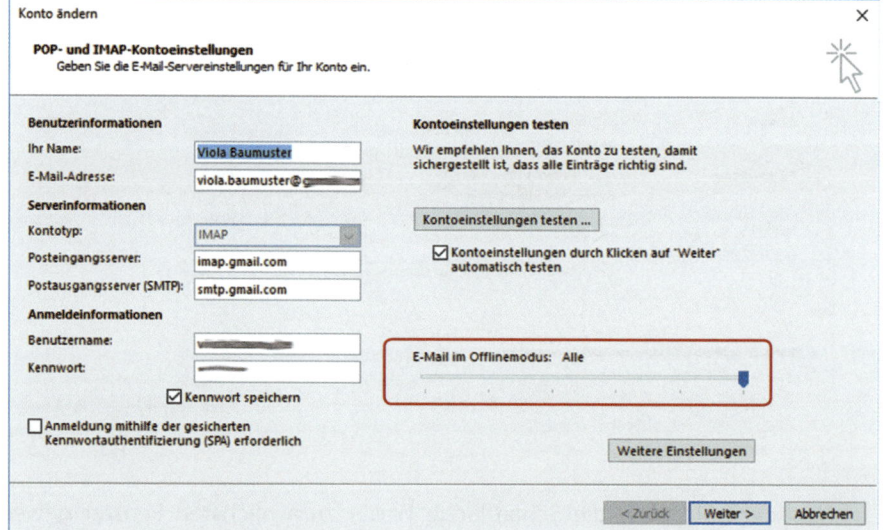

- Wählen Sie den Kontotyp aus, in der Regel POP3 oder IMAP und tragen Sie die Servernamen ein. Die notwendigen Informationen erhalten Sie von Ihrem Provider.

- Bei fehlender Bandbreite kann beim Anlegen eines IMAP-Kontos vereinbart werden, dass nur E-Mails eines bestimmten Zeitraums, z. B. des letzten Monats, heruntergeladen werden.

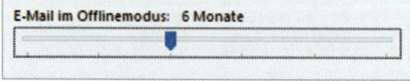

- Über die Schaltfläche *Weitere Einstellungen* werden Informationen für den Postausgangsserver hinzugefügt. Klicken Sie auf das Register *Postausgangsserver* und aktivieren Sie das Kontrollkästchen vor *Der Postausgangsserver (SMTP) erfordert Authentifizierung*. Meist gelten für ihn die gleichen Anmeldeinformationen wie für den Posteingangsserver.

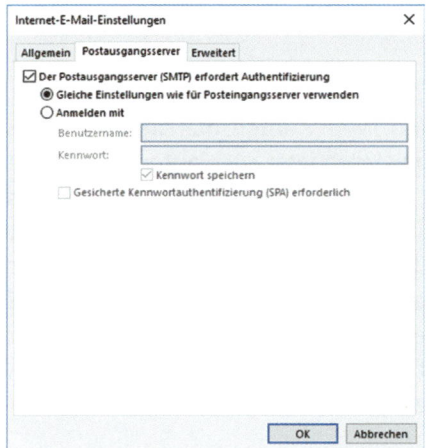 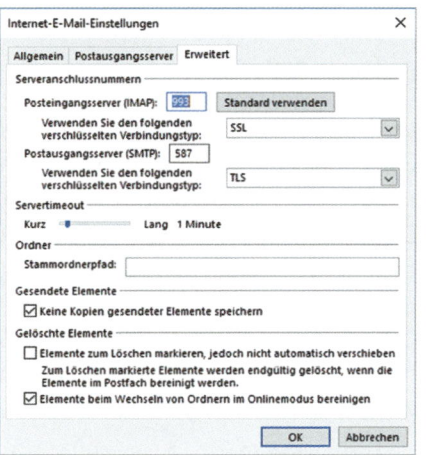

*Weitere Einstellungen*

- Wechseln Sie dann zum Register *Erweitert*. Heute arbeiten die meisten Provider mit verschlüsselter E-Mail-Übertragung. Hier prüfen Sie die Einstellungen und ändern sie gegebenenfalls gemäß den Vorgaben Ihres Providers ab.
- Bestätigen Sie das Fenster über die Schaltfläche *OK* und schließen Sie den Prozess über die Schaltfläche *Weiter* und *Fertig stellen* ab.

**8** Wurden in Outlook sogenannte Benutzerprofile angelegt, müssen Sie im folgenden Fenster Ihren Namen und Ihre Initialen über die Schaltfläche *OK* bestätigen. Benutzerprofile werden in der Regel vom Administrator angelegt und verwaltet.

## 1.2    Dienste für E-Mail Konten

Die Verbindung zu einem E-Mail-Konto kann mit verschiedenen Diensten hergestellt werden. Seit Outlook 2013 steht neben POP-, IMAP- und Exchange-Konten auch das Protokoll Exchange ActiveSync zur Verfügung.

### POP3 und IMAP

Mit POP3 rufen Sie Nachrichten vom Mailserver Ihres Providers ab und speichern die E-Mail lokal. Auf diese E-Mails können Sie dann auch zugreifen, wenn ihr Rechner gerade nicht mit dem Internet verbunden sind.

Bei Verbindung von Outlook mit einem IMAP-Konto wurde bislang nur die E-Mail-Kopfzeile heruntergeladen. Die Mails wurden auf dem Server des Providers belassen. Outlook 2016 unterstützt dies nicht mehr, sondern lädt die E-Mail nun vollständig herunter. Mit einem IMAP-Konto können weder Kalendereinträge noch Kontaktdaten synchronisiert werden, außerdem wird die Outlookfunktion *Kategorisieren* nicht unterstützt.

### Exchange Active Sync

Vor Exchange ActiveSync war mit POP- und IMAP-Konten nur die Synchronisation von E-Mails möglich. Mit dem neuen Dienst werden jetzt auch automatisch Kalendertermine und Kontaktdaten synchronisiert. Allerdings muss das E-Mail Konto diesen Dienst unterstützen. Problemlos ist das für Hotmail- bzw. den Nachfolger Outlook.com-Konten. Nachteilig ist, dass bei Verbindung mit einem Exchange ActiveSync-Konto in Outlook keine Kontaktgruppen (Verteilerlisten) erstellt werden können. Für das ExchangeActiveSync-Konto können Sie ebenfalls festlegen für welchen Zeitraum (z. B. die letzten 6 Monate) E-Mails mit dem Postfach synchronisiert werden. Ältere E-Mails werden dann nicht mehr im Postfach angezeigt.

### Microsoft Exchange Server

Die Funktionalität von Outlook kann erweitert werden, wenn Ihr Computer mit Microsoft Exchange verbunden wird. Microsoft Exchange bezeichnet eine Software, die auf Ihrem Mailserver installiert ist und Funktionen, wie z. B. zentrale Adressverwaltung, gemeinsame Termin- und Aufgabenplanung, gemeinsame Nutzung von Kalendern, Abwesenheitsmeldungen etc. bereitstellt. Außerdem steht Ihnen mit einem Exchange Server die Möglichkeit zur Nutzung von Outlook Web Access bzw. Outlook Web App zur Verfügung. Damit erhalten Sie über das Internet Zugriff auf Ihre Outlookdaten wie E-Mails, Termine etc. Exchange Server kommen in Firmennetzwerken zum Einsatz, da die Kommunikationsanforderungen eines Unternehmens meist weitaus höher sind als die einer Privatperson. Außerdem ist der Betrieb eines Exchange Servers für kleinere Unternehmen oder gar Privatpersonen zu kostenintensiv. Unter dem Schlagwort Hosted Exchange findet man Dienstleister, die die Anbindung an einen Exchange Server zur Verfügung stellen. Welche Funktionalitäten enthalten sind, ist von Angebot zu Angebot verschieden.

## 1.3 E-Mails, Termine und Kontaktdaten anzeigen

### Programmoberfläche und Funktionsbereiche

Nach Öffnen von Outlook wird standardmäßig der Funktionsbereich *E-Mail* und hier der Ordner Posteingang angezeigt. Das Erscheinungsbild von Outlook ist veränderbar. Viele Bereiche können ein- bzw. ausgeblendet oder minimiert werden. Deshalb ist es möglich, dass Ihr Outlook von der unteren Darstellung abweicht.

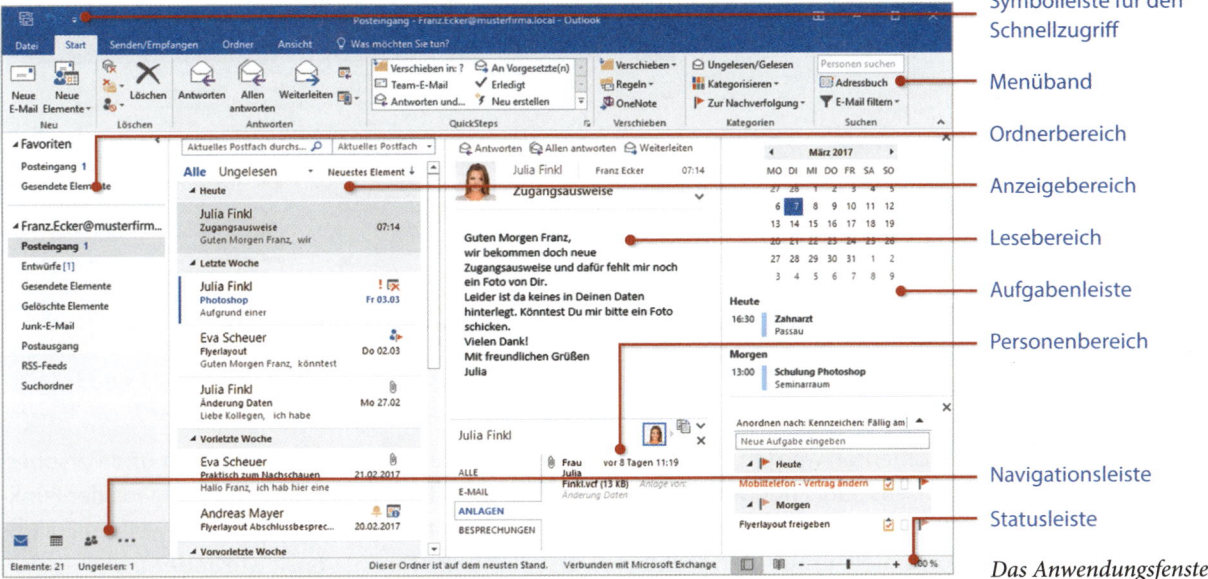

Symbolleiste für den Schnellzugriff

Menüband

Ordnerbereich

Anzeigebereich

Lesebereich

Aufgabenleiste

Personenbereich

Navigationsleiste

Statusleiste

*Das Anwendungsfenster von Outlook 2016*

Outlook enthält neben dem Funktionsbereich E-Mail weitere Arbeitsbereichen: Kalender, Personen etc. Durch den Wechsel zu einem anderen Funktionsbereich ändert sich die Darstellung der Programmoberfläche und andere Befehle stehen zur Verfügung.

| Funktionsbereich | Darstellung in der Navigationsleiste | Verwendung |
|---|---|---|
| E-Mail | ✉ | Versenden und Empfangen von E-Mails |
| Kalender | ▦ | Termine festlegen und koordinieren |
| Personen | ᯍ | Organisation von Kontaktinformationen, z. B. E-Mail-Adresse, Telefonnummern, Anschrift etc. |
| Aufgaben | ☑ | Planung der zu erledigenden Arbeiten |
| Notizen | ◣ | Vermerken von kurzen Hinweisen |

### Navigationsleiste und Ordnerbereich

#### Navigationsleiste zum Wechsel zwischen den Funktionsbereichen verwenden

Der Wechsel zwischen Funktionsbereichen erfolgt über die Navigationsleiste unterhalb des Ordnerbereiches. Hier werden die Funktionsbereiche entweder als Symbole oder als Text zur Auswahl angezeigt. Durch Anklicken mit der Maus wird zu einem anderen Bereich gewechselt und dessen Inhalt angezeigt. Wie viele Funktionsbereiche in der Navigationsleiste sichtbar sind, kann von Ihnen festgelegt werden.

*Navigationsleiste im Ordnerbereich*

*erweiterte Navigationsleiste*

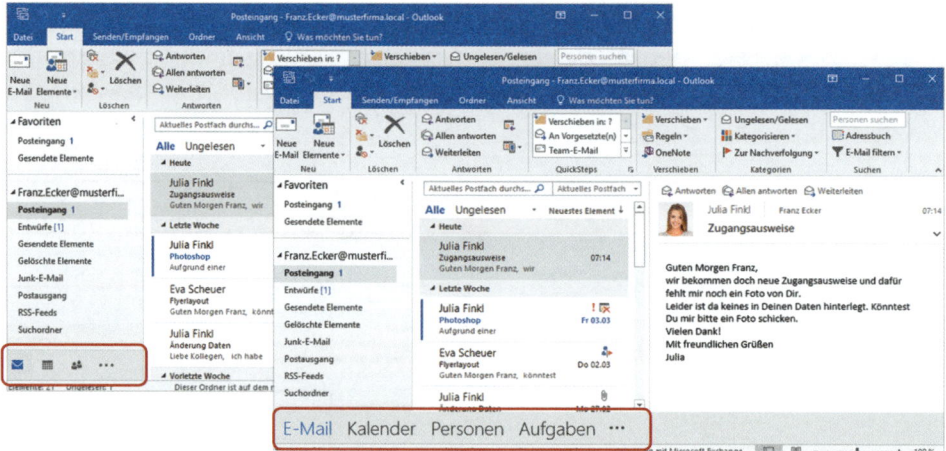

Momentan werden im Bild links die Funktionsbereiche E-Mail, Kalender und Personen zur Auswahl angeboten. In der Darstellung im Bild rechts ist darüber hinaus der Funktionsbereich Aufgaben sichtbar. Mit der Schaltfläche •••  können Sie weitere Funktionsbereiche aufrufen sowie die Darstellung der Navigationsleiste ändern.

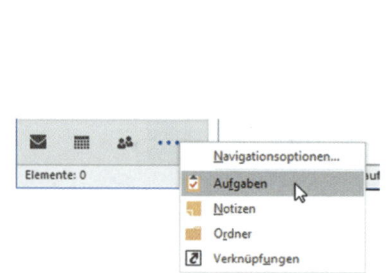

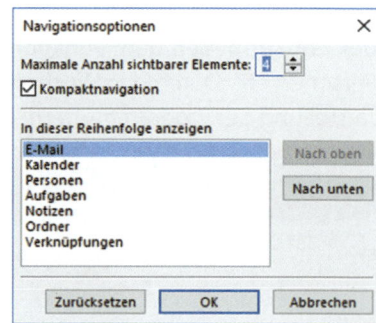

#### Aussehen der Navigationsleiste anpassen

Ob die Navigationsleiste mit Symbolen als Teil des Ordnerbereichs dargestellt (Kompaktnavigation), oder am Fuße des Outlookfensters unabhängig vom Ordnerbereich angezeigt wird, legen Sie in den *Navigationsoptionen* fest. Dazu klicken Sie auf die Schaltfläche ••• in der Navigationsleiste und wählen *Navigationsoptionen* (siehe Bild oben). Alternativ erhalten Sie das Fenster ebenfalls über das Register *Ansicht* ▶ Gruppe *Layout* ▶ *Ordnerbereich*.

▶ Entfernen Sie das Häkchen bei *Kompaktnavigation*, um eine erweiterte Darstellung der Navigationsleiste zu erhalten.

▶ In der Regel werden in der Navigationsleiste drei bis vier Funktionsbereiche zur Auswahl angeboten. Entscheiden Sie bei *Maximale Anzahl sichtbarer Elemente*, wie viele Symbole Sie anzeigen möchten. In der Ansicht Kompaktnavigation ist die Anzahl der angezeigten Symbole ebenfalls abhängig von der Breite des Ordnerbereichs.

▶ Im Bereich In dieser Reihenfolge anzeigen entscheiden Sie, wie die Symbole aufeinanderfolgen. Markieren Sie einen Funktionsbereich und verändern Sie seine Position über die Schaltflächen *Nach unten* bzw. *Nach oben*.

### Ordnerbereich

Outlook verwaltet und speichert alle Inhalte in Ordnern. Für jeden Funktionsbereich steht mindestens ein Ordner zur Verfügung. Dieser wird im Ordnerbereich angezeigt. Die Inhalte des Funktionsbereichs *E-Mail* sind auf mehrere Ordner aufgeteilt: *Posteingang*, *Postausgang*, *Gesendete Elemente* etc. Der Ordner *Gelöschte Elemente* steht als „Papierkorb" allen Funktionsbereichen zur Verfügung.

### Ordnerliste anzeigen

Normalerweise werden in jedem Funktionsbereich nur die Ordner angezeigt, die zu diesem Arbeitsbereich gehören. Es ist aber auch möglich eine Ordnerliste einzublenden, die alle verfügbaren Ordner gemeinsam anzeigt. Klicken Sie auf die Schaltfläche ••• in der Navigationsleiste und wählen Sie *Ordner*.

Neben den schon erwähnten Ordnern können noch weitere zur Verfügung stehen. Sind Sie beispielsweise mit einem Exchange Server verbunden, wurden unter Umständen vom Administrator Öffentliche Ordner bereitgestellt, in denen Daten ausgetauscht und gemeinsam genutzt werden.

> Falls Sie den Ordnerbereich am linken Rand des Outlook-Fensters oder die Navigationsleiste nicht finden, so sind diese entweder minimiert oder ausgeblendet. Zur Veränderung der Bereichsgrößen lesen Sie mehr auf Seite 27.

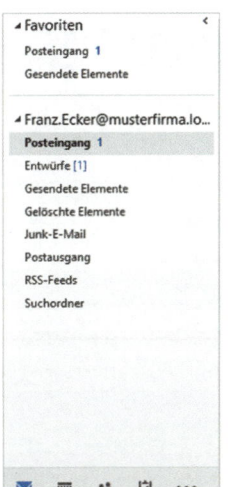

*E-Mail-Ordner*

*Ordner des Funktionsbereichs Personen*

*Ordnerliste*

### Aufgabenleiste fasst aktuelle Informationen zusammen

Die Aufgabenleiste wird am rechten Rand des Outlook-Fensters eingeblendet und kann Kalenderelemente (Datumsnavigator und Termine), eine Liste favorisierter Kontakte und aktuelle Aufgaben enthalten. Die Aufgabenleiste bietet so eine ausgezeichnete Übersicht Ihrer anstehenden Termine und Aufgaben und kann für alle Funktionsbereichen individuell angezeigt und angepasst werden. Standardmäßig ist diese ausgeblendet.

Die Aufgabenleiste wird in allen Funktionsbereichen über *Ansicht* ▶ Gruppe *Layout* ▶ *Aufgabenleiste* angepasst. Klicken Sie die Elemente an (*Kalender*, *Personen*, *Aufgaben*), die Sie in der Aufgabenleiste anzeigen möchten:

- Kalender: Ein Datumsnavigator wird angezeigt. Darunter sind Termine und Geburtstage der nächsten Tage aufgeführt. Auch als privat markierte Termine sind in der Liste enthalten.

- Personen: Kollegen oder Kunden mit denen Sie oft in Kontakt stehen, können als Favoriten festgelegt werden und erscheinen dann in diesem Bereich der Aufgabenleiste. So können Sie den Kontakt schnell auswählen, um der Person zu schreiben, mit ihr zu chatten etc.

- Aufgaben: Über den Bereich Aufgaben können Sie schnell neue Aufgaben festlegen. Hier sehen Sie schnell, was in den nächsten Tagen erledigt werden muss.

Wie genau Sie die einzelnen Bereiche mit Informationen füllen, erfahren Sie in den folgenden Kapiteln.

Nicht benötigte Elemente der Aufgabenleiste können auf dem gleichen Weg ausgeblendet werden. Noch einfacher ist es, die Elemente, welche wie kleine Fenster in die Aufgabenleiste integriert werden, mit der jeweiligen Schließen-Schaltfläche zu schließen.

*Aufgabenleiste einblenden*

In der Aufgabenleiste am rechten Rand des Funktionsbereichs E-Mail wird gerade nur der Kalender angezeigt. Dieser enthält Termine der nächsten Tage.

Elemente der Aufgabenleiste können schnell über das Schließen-Symbol aus der Anzeige entfernt werden.

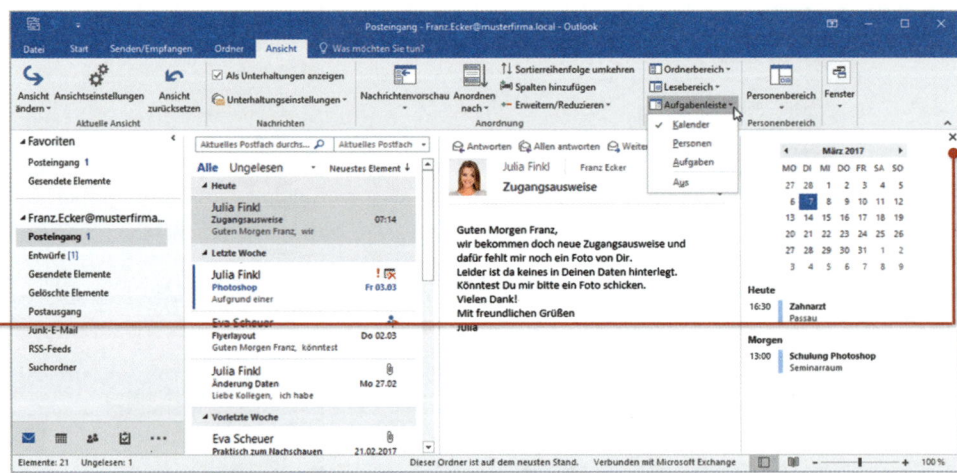

## Popups bieten Kurzinformationen

Beim Aufrufen eines Funktionsbereichs über die Navigationsleiste, werden, wenn Sie auf einer Schaltfläche kurz mit der Maus verweilen, sogenannte Popups angezeigt. Popups sind Bildschirmelemente, die in der Regel nur temporär erscheinen. Sie sind sehr viel einfacher aufgebaut als Fenster und damit für die schnelle Anzeige von Informationen geeignet. Es stehen über das Popup aber auch einfache Bearbeitungsmöglichkeiten zur Verfügung. Zu den Inhalten der Popups und deren Bearbeitung erhalten Sie in den Kapiteln der einzelnen Funktionsbereiche genauere Informationen.

Die Inhalte der Popups können in der Aufgabenleiste auch dauerhaft angezeigt werden. Letztendlich erhalten Sie dasselbe Ergebnis, wie beim Hinzufügen von Elementen zur Aufgabenleiste. Klicken Sie auf die kleine Schaltfläche *Popup anheften* oben rechts am Popup. Für den Funktionsbereich E-Mail steht kein Popup zur Verfügung.

*Popup anheften*

*Aufgabenleiste mit angeheftetem Popup Favoriten*

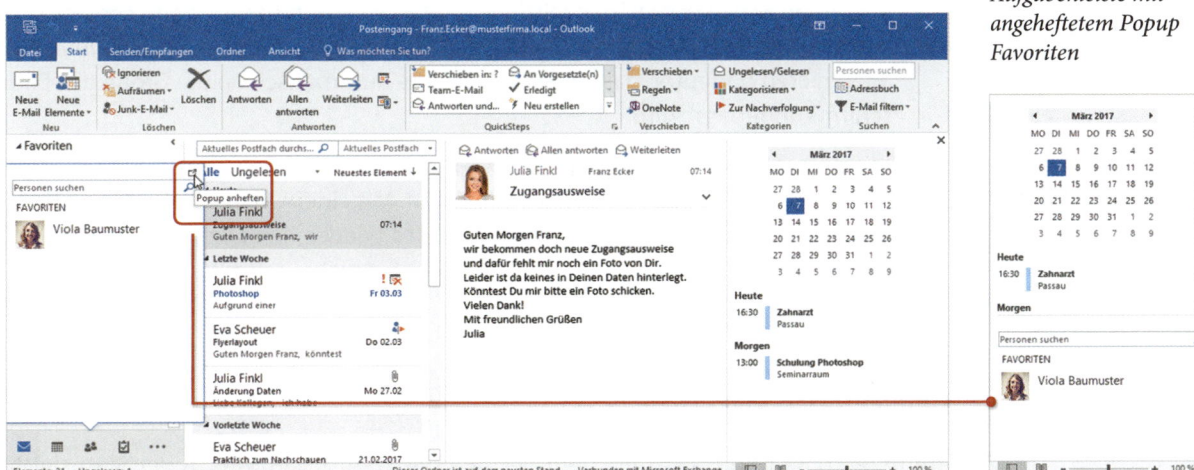

## 1.4 Die Bildschirmanzeige steuern

### Fensterdarstellung

Die Titelleiste des Anwendungsfensters enthält den aktuell gewählten Funktionsbereich gefolgt vom Name des E-Mail-Kontos, sowie ganz rechts die Schaltflächen zur Steuerung der Größe des Fensters (minimiert, Vollbild/Teilbild) und zum Schließen des Fensters.

▷ Mit einem Mausklick auf das Symbol *Schließen* beenden Sie Outlook bzw. schließen Sie einzelne Formulare. Daten in Formularen sollten Sie vor dem Schließen speichern.

▷ Mit einem Mausklick auf das mittlere Symbol wechselt das gesamte Fenster zwischen beliebiger Fenstergröße (*Verkleinern*) und Vollbildmodus (*Maximieren*). Maximieren bedeutet, dass die Fenstergröße automatisch an die Größe des Bildschirms angepasst wird.

▷ Mit dem Symbol *Minimieren* können Sie das geöffnete Fenster auf die Größe einer Schaltfläche in der Taskleiste reduzieren. Mit einem Mausklick auf die Schaltfläche stellen Sie das ursprüngliche Fenster wieder her. Die Anwendung wird nicht geschlossen, Ihre Daten gehen dabei also nicht verloren.

### Statusleiste mit Zoom

Am unteren Rand des Fensters befindet sich die Statusleiste. Was in der Statusleiste angezeigt wird, bestimmen Sie selbst. Was letztendlich tatsächlich angezeigt werden kann, ist abhängig vom Typ Ihres E-Mail-Kontos. Um die Anzeige von Elementen zu deaktivieren bzw. zu aktivieren, klicken Sie mit der rechten Maustaste auf die Statusleiste. Wenn Sie mit Microsoft Exchange arbeiten, können in der Statusleiste *Kontingentinformationen* anzeigen. Dabei handelt es sich um den für Ihr Postfach zur Verfügung stehenden Speicherplatz.

Immer sichtbar ist der Zoomregler. Dabei handelt es sich um einen Textzoom. d.h. dass nur ein Teil des Fensters gezoomt werden, z. B. der Lesebereich des Funktionsbereichs E-Mail.

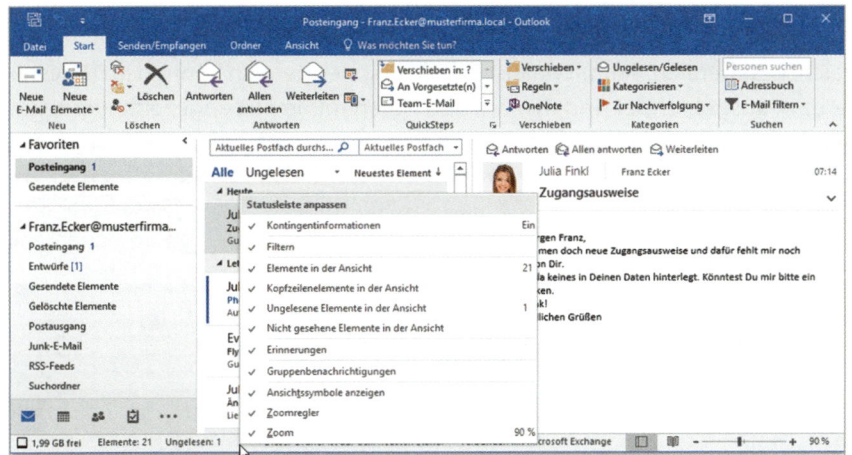

*Inhalte der Statusleiste auswählen*

## Bereiche vergrößern bzw. verkleinern

Eine Vielzahl an Bereichen kann mit der Maus in Höhe und/ oder Breite verändert werden. So können Sie das Outlook-Fenster ganz an Ihre persönlichen Vorlieben anpassen. Zeigen Sie mit der Maus auf eine Trennlinie. Sobald anstelle des Mauszeigers ein Doppelpfeil sichtbar wird, ziehen Sie die Trennlinie bei gedrückter Maustaste auf die gewünschte Position. Auf diese Weise können Sie die Größe des Ordnerbereichs, Anzeigebereichs und Lesebereichs verändern, aber auch den einzelnen Elementen der Aufgabenleiste mehr bzw. weniger Fläche zuweisen.

*Bereiche vergrößern bzw. verkleinern*

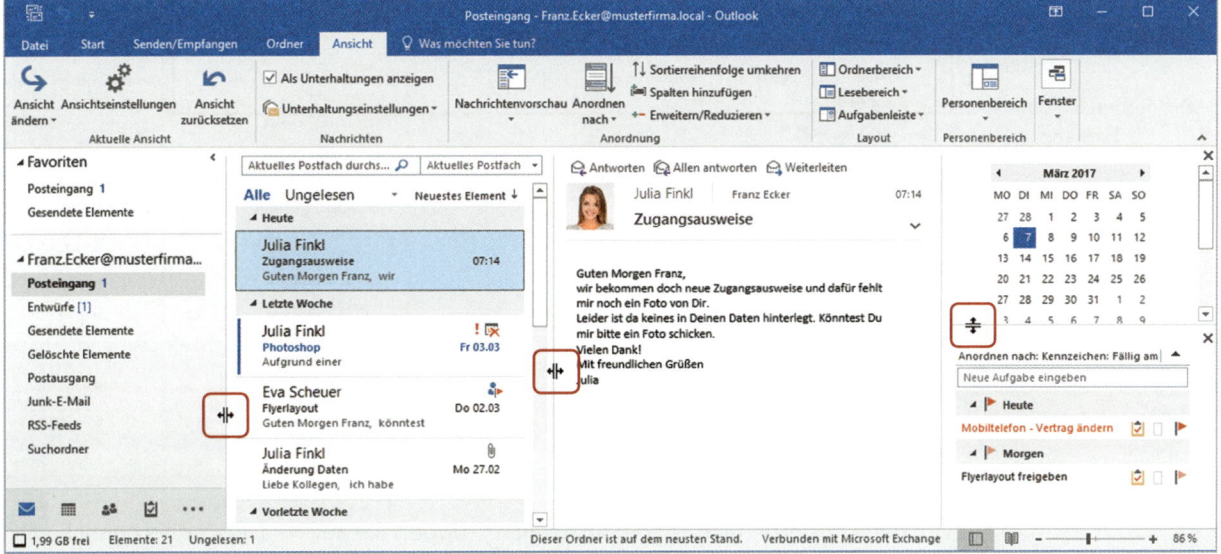

### Bereiche ein- und ausblenden

Ordnerbereich, Lesebereich, Aufgabenleiste und Personenbereich können im Register *Ansicht* ein- bzw. ausgeblendet und in manchen Fällen minimiert angezeigt werden.

Ordnerbereich mini-
mieren

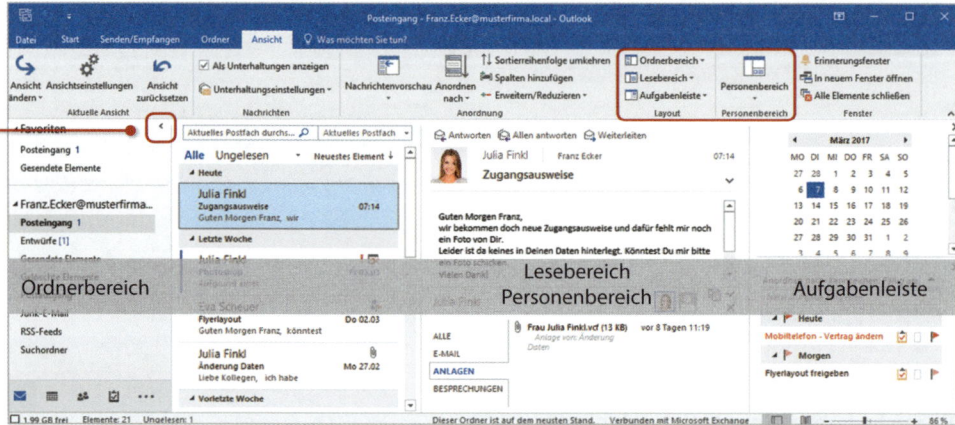

Der Ordnerbereich kann per Mausklick auf ◄ (rechts oben im Ordnerbereich) minimiert werden. So erhalten Sie mehr Platz für die Ansicht der weiteren Bearbeitungsbereiche. Alternativ tippen Sie in der Statusleiste auf die Schaltfläche *Leselayout*.

*Ordnerbereich mini-
miert und erweitert*

Ordnerbereich erwei-
tern

Ordnerbereich dauer-
haft anzeigen

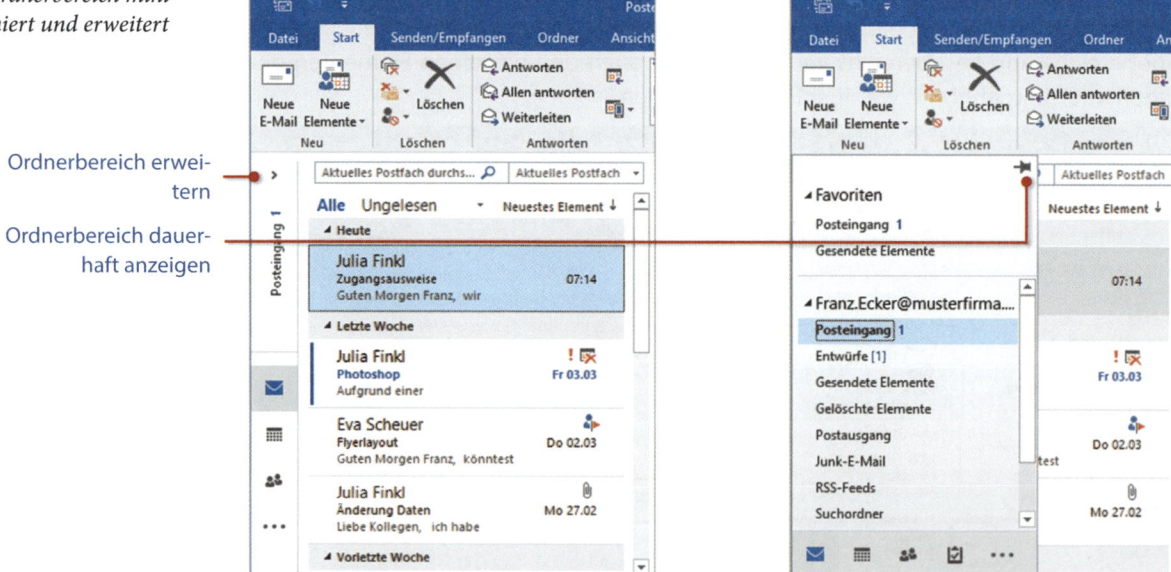

Um den Ordnerbereich wieder anzuzeigen, tippen Sie auf ❯ . Der Ordnerbereich wird dadurch nur erweitert und nicht dauerhaft angezeigt. Soll er wieder permanent angezeigt, tippen Sie auf ➤ . Mit der Tastenkombination Alt + F1 haben Sie ebenfalls die Möglichkeit den Ordnerbereich zu minimieren, maximieren bzw. auszublenden.

## Outlook Heute

*Outlook Heute* ist sozusagen die Startseite Ihres Outlook-Postfaches und bietet eine übersichtliche Darstellung Ihrer Termine, Aufgaben und neuer Mails im Posteingang. Sie erhalten diese Anzeige, wenn Sie im Funktionsbereich E-Mail auf Ihr Postfach klicken.

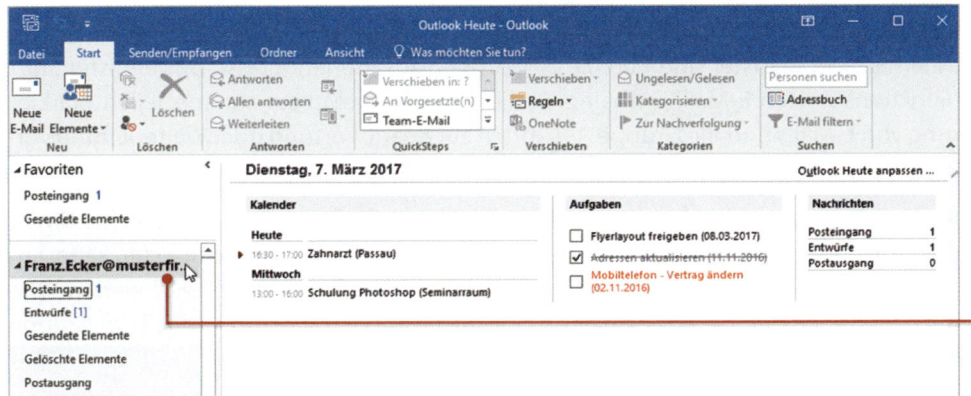

*Outlook Heute*

Anklicken, um Outlook Heute anzuzeigen

## 1.5    Möglichkeiten der Befehlseingabe

### Das Menüband und seine Elemente

Das Menüband (engl. ribbon) fasst grundlegende Aufgabenstellungen in Registerkarten zusammen. So finden Sie im Register *Start* die am häufigsten benötigten Befehle für den aktuellen Funktionsbereich.

▶    Zur Anzeige der Inhalte einer Registerkarte klicken Sie einfach auf den Namen, bzw. den Reiter des Registers.

▶    Wenn Sie mit dem Mauszeiger auf das Menüband zeigen, können Sie auch mit dem Mausrad durch die Register wechseln.

Der Inhalt der Registerkarten ist abhängig vom gewählten Funktionsbereich. Zwar werden in allen Funktionsbereichen die Register *Datei*, *Start*, *Senden/Empfangen*, *Ordner* und *Ansicht* angezeigt, jedoch weisen sie unterschiedliche Funktionen auf:

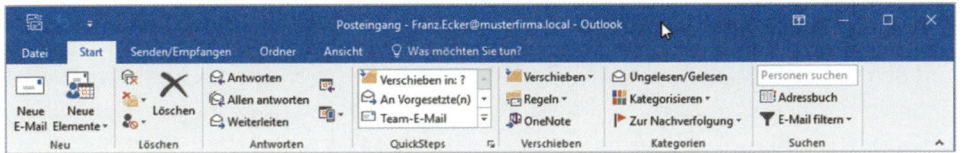

*Register Start des Funktionsbereichs E-Mail*

*Register Start des Funktionsbereichs Kalender*

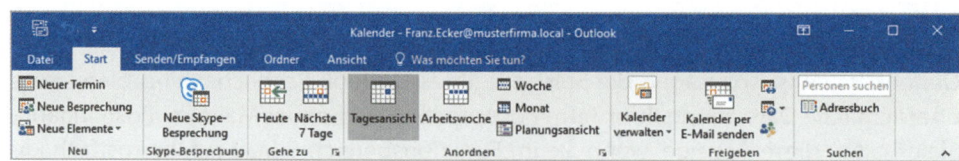

### Gruppen

Innerhalb der Register sind Befehle zu Gruppen zusammengefasst. Das Register *Start* (Funktionsbereich E-Mail) enthält z. B. die Gruppe *Kategorien* zur speziellen Markierung von E-Mails und die Gruppe *Antworten* zur Beantwortung oder Weiterleitung von E-Mail-Nachrichten..

In einer Gruppe passt sich die Darstellung der Schaltflächen automatisch an die Größe des Anwendungsfensters an. Bei stark verkleinertem Anwendungsfenster kann anstelle der Schaltflächen auch nur noch der Name der Gruppe angezeigt werden. Die dazugehörigen Befehle erscheinen erst, wenn Sie auf den DropDown-Pfeil der Gruppe klicken.

*Darstellung der Gruppe im maximierten, verkleinerten und im stark verkleinerten Fenster*

 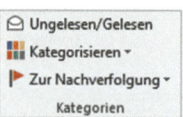 

Manche Gruppen stellen über ein kleines Pfeilsymbol ein Zusammenstellung der Befehle oder weiterführende Einstellungen zur Verfügung, z. B. Register *Start* (Funktionsbereich E-Mail), Gruppe *QuickSteps*. Durch Anklicken des Pfeilsymbols zeigen Sie den Inhalt an.

*Weitere Befehle anzeigen*

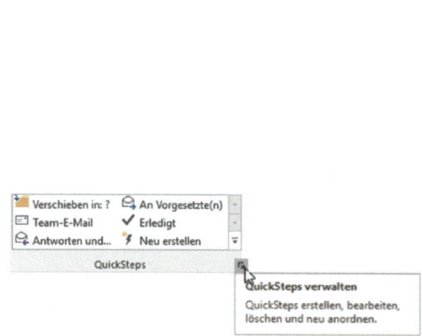 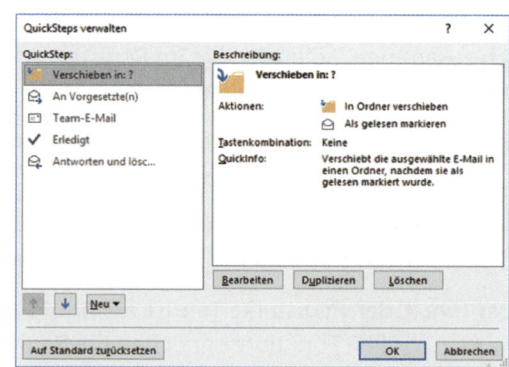

### Schaltflächen

▶ Informationen (QuickInfo) zur Funktionalität der Schaltfläche und ggf. die zugehörige Tastenkombination wird angezeigt, wenn Sie mit der Maus auf die Schaltfläche zeigen.

▶ Einige Schaltflächen sind mit einem Dropdown-Pfeil versehen. Ein Mausklick auf die Schaltfläche öffnet eine Liste mit mehreren Auswahlmöglichkeiten.

▶ Manche Schaltflächen sind zweigeteilt. Mit einem Mausklick direkt auf die Schaltfläche erhalten Sie die Standardeinstellung. Zur Anzeige weiterer Optionen klicken Sie auf den Dropdown-Pfeil. Hierzu zählt beispielsweise die Schaltfläche Einfügen im Nachrichtenformular der E-Mail. Durch Anklicken der Schaltfläche wird der in die Zwischenablage kopierte Text mit Formatierung eingefügt. Durch Anklicken des Dropdown-Pfeils und Auswahl von *Formatierung zusammenführen*, wird der kopierte Text der aktuellen Formatierung angepasst.

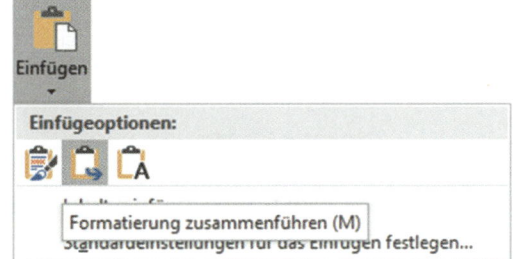

*Zweigeteilte Schaltfläche*

### Kontextbezogene Registerkarten

Neben den Standardregistern verfügt Outlook über weitere kontextbezogene Registerkarten. Diese werden hinter den Standardregistern angezeigt, wenn entsprechende Elemente markiert wurden, z. B. das Foto in einer E-Mail oder das Suchfeld.

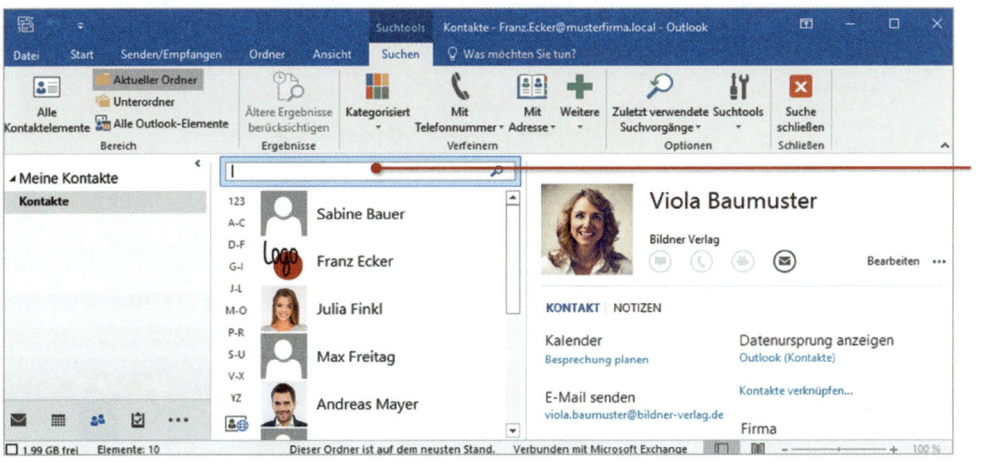

*Kontextbezogene Registerkarte*

Durch Anklicken des Felds Sofortsuche wird das kontextbezogene Registeer Suchtools - Suchen angezeigt. Hier finden Sie Befehle zur Erweiterung oder Einschränkung der Suchparameter.

### Register Datei

Unter den Registern des Menüband sticht das Register *Datei* durch seine alternative Anzeige hervor. Im Register *Datei* bearbeiten Sie Ihre Kontoeinstellungen, fügen neue Konten hinzu oder drucken Informationen aus. Hier finden Sie auch die *Optionen*, in denen Sie wichtige Einstellungen für die einzelnen Funktionsbereiche vornehmen.

Das Register *Datei* steht in allen Funktionsbereichen mit nahezu demselben Inhalt zur Verfügung. Es wird auch als Backstage-Ansicht bezeichnet.

*Register Datei*

▶ Mit einem Mausklick auf *Datei* zeigen Sie den Inhalt des Registers an. Dabei wird das gesamte Outlook-Fenster ausgefüllt. Die einzelnen Funktionsbereiche sind nicht mehr sichtbar.

▶ Das Register *Datei* ist in einzelne Bereiche unterteilt, z. B. *Informationen*, *Öffnen und Exportieren* oder *Drucken*. Sie zeigen deren Inhalte an, indem Sie links auf den Namen des Bereichs klicken. Die Inhalte werden rechts angezeigt. Hier befinden sich weitere Schaltflächen, mit denen Sie zusätzliche Aktionen ausführen

▶ Mit einem Mausklick auf *Optionen* wird das Dialogfenster *Outlook-Optionen* geöffnet. Auch hier finden Sie links die einzelnen Bereiche, z. B. *Allgemein*, *E-Mail* oder *Kalender*, die Sie durch Anklicken auswählen.

*Outlook-Optionen*

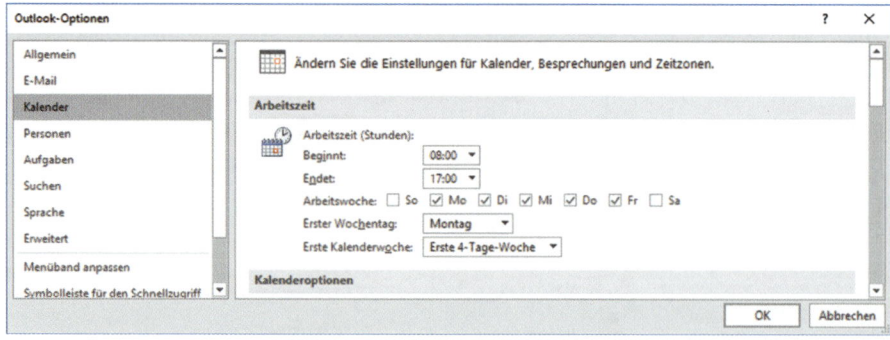

▶ Um das Register *Datei* zu verlassen, klicken Sie entweder auf das Pfeilsymbol oder drücken die Esc-Taste.

### Menüband reduzieren und ausblenden

Bei Bedarf kann das Menüband reduziert oder ganz ausgeblendet werden, um mehr Platz für den Arbeitsbereich zu schaffen. Dazu verwenden Sie die Schaltfläche *Menüband-Anzeigeoptionen* rechts oben im Anwendungsfenster.

▶ In der Standardeinstellung *Registerkarten und Befehle anzeigen* ist das Menüband vollständig sichtbar.

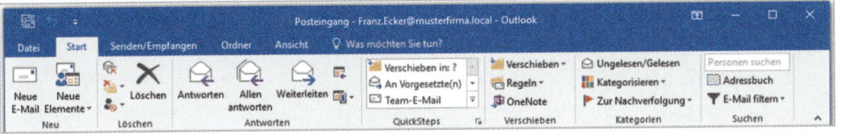

*vollständiges Menüband*

▶ *Registerkarten anzeigen*: Vom Menüband sind nur die Registernamen sichtbar. Die dazugehörigen Befehle erscheinen erst, wenn Sie auf ein Register klicken und blenden dann wieder ab.

*minimiertes Menüband*

Wenn das Menüband reduziert angezeigt wird, rutscht der Befehl für das Erstellen einer neuen E-Mail-Nachricht in den Ordnerbereich. Dies gilt selbstverständlich auch für die anderen Funktionsbereiche. Wird im Funktionsbereich Kalender das Menüband reduziert angezeigt, erhalten Sie im Ordnerbereich den Befehl *Neuer Termin*.

▶ *Menüband automatisch ausblenden*: Das Menüband und alle anderen Bedienelemente der Anwendung sind vollständig ausgeblendet. Das Fenster wird im Vollbildmodus angezeigt. Das Menüband erscheint erst, wenn Sie an den oberen Rand des Fensters oder rechts auf das Dreipunkte-Symbol klicken. Das Menüband blendet nach Auswahl eines Befehls wieder ab.

Soll das Menüband wieder dauerhaft eingeblendet werden, so genügt ein erneuter Doppelklick auf eine beliebige Registerkarte oder ein Mausklick auf *Menüband-Anzeigeoption ▸ Registerkarten und Befehle anzeigen*. Eine weitere Methode: Sie können auch mit der rechten Maustaste auf einen Reiter klicken und im Kontextmenü das Häkchen bei *Menüband reduzieren* entfernen.

> Auch ein Doppelklick auf den Namen des aktuellen Registers reduziert das Menüband bis auf die Registernamen und ein weiterer Doppelklick auf ein beliebiges Register stellt wieder eine dauerhafte Anzeige her.

### Symbolleiste für den Schnellzugriff

Zum schnellen Aufrufen häufig benötigter Befehle steht in der linken oberen Ecke des Outlook-Fensters die Symbolleiste für den Schnellzugriff zur Verfügung. Standardmäßig enthält Sie die Befehle *Alle Ordner senden/empfangen* und *Rückgängig*. Sie kann um weitere Befehle ergänzt werden.

#### Befehle hinzufügen

Zum Hinzufügen weiterer Schaltflächen klicken Sie am rechten Ende der Leiste auf die Schaltfläche *Symbolleiste für den Schnellzugriff anpassen* ⬇. Eine Liste häufig benötigter Befehle erscheint. Mit einem Mausklick aktivieren oder deaktivieren Sie deren Anzeige auf der Symbolleiste. Über *Weitere Befehle* wird ein Dialogfenster mit allen verfügbaren Befehlen eingeblendet.

*Symbolleiste für den Schnellzugriff erweitern*

#### Position der Symbolleiste

Standardmäßig befindet sich die Symbolleiste für den Schnellzugriff über dem Menüband innerhalb der Titelleiste. Mit dem Befehl *Unter dem Menüband anzeigen* können

Sie die Symbolleiste versetzen. Auf dem gleichen Weg setzen Sie die Symbolleiste für den Schnellzugriff wieder über das Menüband.

*Anpassung der Symbolleiste Schnellzugriff*

*Schnellzugriff unter dem Menüband*

## Kontextmenü

Das Kontextmenü erscheint, wenn Sie mit der rechten Maustaste klicken. Die Befehle des Menüs beziehen sich ausschließlich auf den markierten Bereich. Aus diesem Grund wechselt der Inhalt des Kontextmenüs entsprechend der Stelle, die Sie anklicken.

Praktisch ist das Kontextmenü auch dann, wenn Sie einen Befehl nicht finden. Klicken Sie einfach mit der rechten Maustaste den Inhalt an, den Sie bearbeiten möchten. Vielleicht ist der gesuchte Befehl dabei. Im Beispiel rechts sehen Sie das Kontextmenü zum Ordner Posteingang.

## Tasten und Tastenkombinationen

Als Alternative zur Maus können die Registerkarten und Befehlsschaltflächen auch über die Tastatur aufgerufen werden. Durch Drücken der Alt-Taste werden im Menüband zunächst die Tasten angezeigt, die zum Aufrufen der einzelnen Register und zur Auswahl der Befehle auf der Symbolleiste für den Schnellzugriff verwendet werden.

*Tastenkombination für Registerkarten*

Nach dem Drücken einer Taste, beispielsweise „R" für das Register *Start*, erscheinen die Tasten zu den Schaltflächen der Registerkarte. Drücken Sie „T", um ein neues Nachrichtenformular zum Verfassen einer E-Mail zu öffnen. Mit dem Aufruf eines Befehls oder Klicken mit der Maus verschwindet die Tastenanzeige wieder.

*Tastenkombination für Befehle*

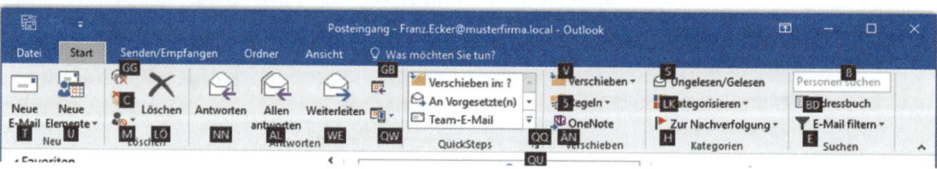

### Weitere Tastenkombinationen (Short-Cuts)

Darüber hinaus gibt es weitere Tastenkombinationen, die zum Teil vom Infotext der einzelnen Schaltfläche angezeigt werden und in der Regel die Strg-Taste verwenden. So kann mit **Strg + F** die markierte E-Mail an eine andere Person weitergeleitet werden. Eine Übersicht gängiger Tastenkombinationen finden Sie am Ende dieses Buchs.

## Fingereingabe

Neben der klassischen Eingabe mit Maus und Tastatur kann Outlook 2016 in Verbindung mit Windows 10 auch mit den Fingern oder einem entsprechenden Stift über einen Touchscreen bedient werden.

### Vorbereitung

▶ Falls nicht schon automatisch geschehen, können Sie unter Windows 10 den Tabletmodus aktivieren. Damit wechseln Sie in eine für die Touchbedienung optimierte Darstellung. Tippen Sie entweder auf das Symbol *Info-Center* in der Taskleiste oder wischen Sie vom rechten Bildschirmrand nach innen und tippen Sie dann auf *Tabletmodus*.

*Tabletmodus unter Windows 10*

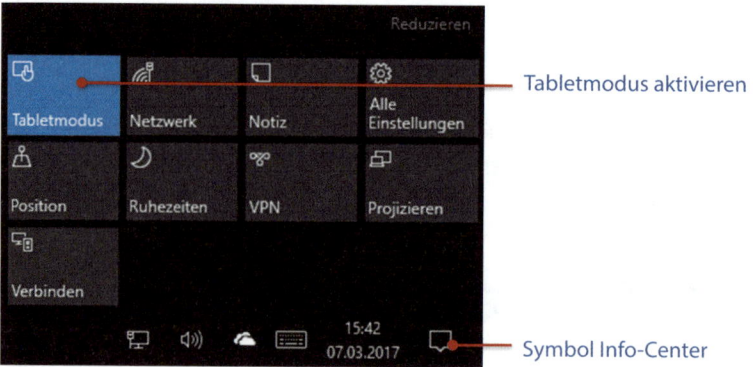

Zur besseren Befehlsauswahl lässt sich das Menüband für die Fingereingabe optimieren. Im Fingereingabemodus werden Auswahlbereiche und Abstände zwischen den Schaltflächen vergrößert.

Der Wechsel zwischen Maus- und Fingereingabemodus erfolgt über die *Symbolleiste für den Schnellzugriff*. Der Befehl zum Wechseln des Modus wird standardmäßig nicht im Schnellzugriff angezeigt. Deshalb muss er zunächst hinzugefügt werden: Tippen Sie am rechten Ende der Leiste auf *Symbolleiste für den Schnellzugriff anpassen* und aktivieren Sie den Befehl *Touch-/Mausmodus*.

*Symbolleiste für den Schnellzugriff erweitern*

*Befehl Fingereingabe auswählen*

### Quick Actions Tab

Durch Auswahl des Modus *Fingereingabe* wird am rechten Rand das *Quick Actions Tab* eingeblendet. Dieses enthält im Funktionsbereich E-Mail die Befehle *Löschen*, *Antworten*, *Als ungelesen markieren*, *Verschieben*, *Zur Nachverfolgung* kennzeichnen und *Vorheriges Element*, welche auf die markierte E-Mail durch Berührung angewendet werden können.

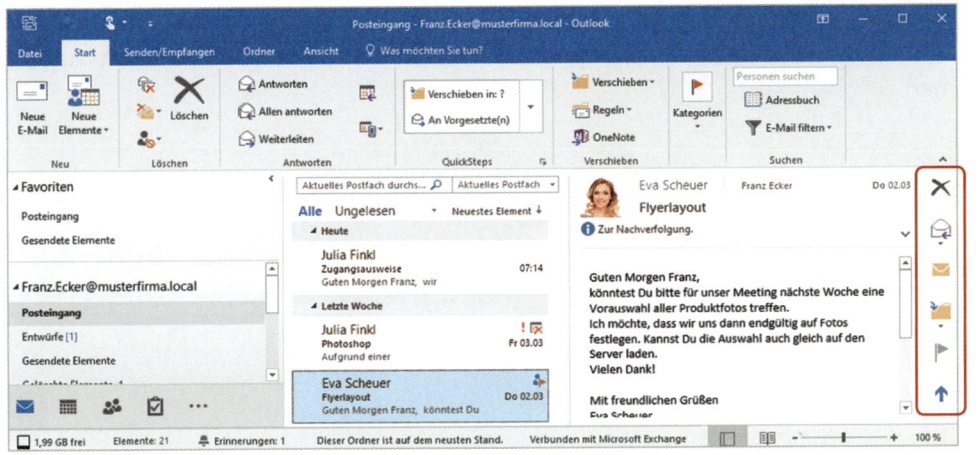

*Funktionsbereich E-Mail im Modus Fingereingabe mit Quick Actions Tab*

Die im Quick Action Tab zur Verfügung gestellten Befehle passen sich an das markierte Element an und variieren selbstverständlich in den einzelnen Funktionsbereichen.

### Bildschirmtastatur

Beim Arbeiten mit einem Touchscreen können Sie, sofern keine externe Tastatur angeschlossen ist, zum Schreiben die Bildschirmtastatur benutzen, die mit einem Klick

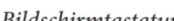

auf das Tastatursymbol im Infobereich der Taskleiste am unteren Rand des Desktops eingeblendet wird.

*Bildschirmtastatur*

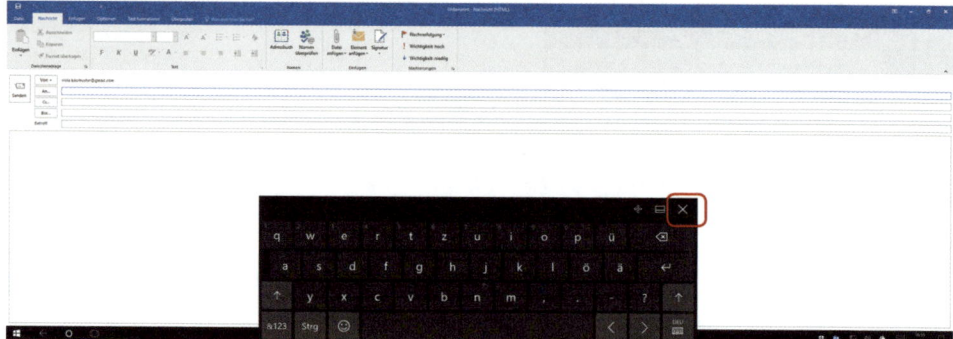

Für die Eingabe von Zahlen und Sonderzeichen müssen Sie mit der Taste *&123* das Tastaturlayout ändern bzw. wieder zurück zur Texteingabe wechseln. Zum Ausblenden der Bildschirmtastatur tippen Sie auf das *Schließen*-Symbol in der rechten oberen Ecke oder tippen erneut auf das Tastatursymbol in der Taskleiste.

### Kontextmenü

Das Kontextmenü (rechte Maustaste) rufen Sie auf, indem Sie einen Bereich nicht nur antippen, sondern mit dem Finger auf dieser Stelle kurz verweilen.

### Zoom

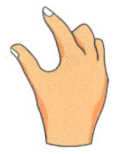

Sie können auch mit den Fingern zoomen. Auf einem Touchscreen berühren Sie den Bildschirm mit mindestens zwei Fingern und spreizen diese bzw. führen sie zusammen.

## 1.6    Zusammenfassung

▶ Outlook ist ein Kommunikations- und Organisationsprogramm, das Sie bei der Planung Ihres täglichen Arbeitspensums unterstützt. Das Programm erhält durch die Einbindung in eine Microsoft Exchange Umgebung weitere Funktionalitäten.

▶ Ein E-Mail-Konto ist die wichtigste Voraussetzung für das Arbeiten in Outlook. Es speichert E-Mail-Adressen, Benutzername, Kennwort und Serveradressen zur Übermittlung von Nachrichten. Beim Einrichten eines E-Mail-Kontos unterstützt Sie der Assistent.

▶ Outlook bietet Ihnen in den Funktionsbereichen E-Mail, Personen, Kalender und Aufgaben alle Funktionalitäten, die Sie im Arbeitsalltag benötigen.

▶ E-Mails, Termine, Aufgaben und Adressinformationen werden von Outlook in Ordnern verwaltet. Die Ordnerliste stellt alle Ordner in übersichtlicher Form dar.

▶ Befehle werden über das Menüband, welches in Register eingeteilt ist, ausgewählt. Die Befehle des Menübands variieren je nach gewähltem Funktionsbereich.

▶ Über die Navigationsleiste wechseln Sie zwischen den einzelnen Arbeitsbereichen und rufen die Ordnerliste auf.

▶ Die Aufgabenleiste zeigt Ihnen in übersichtlicher Form anstehende Termine und Aufgaben an. Sie muss in der Regel zunächst für den angezeigten Funktionsbereich aktiviert werden.

▶ Popups werden temporär angezeigt, wenn Sie in der Navigationsleiste auf einen Funktionsbereich zeigen. Dabei erhalten Sie Infos zu wichtigen Kontakten, sehen die nächsten Termine und erfahren, welche Aufgaben heute erledigt werden müssen.

▶ Outlook 2016 in Verbindung mit Windows 10 und einem touchfähigem Bildschirm kann auch mit den Fingern bedient werden. Zur optimalen Steuerung wechseln Sie über die Symbolleiste für den Schnellzugriff zum Modus Fingereingabe.

**Notizen:**

# 2 E-Mail Kommunikation im Griff

**In diesem Kapitel lernen Sie...**

- wie Sie E-Mails versenden, beantworten und weiterleiten
- wie Sie Dateianhänge verschicken und öffnen
- die Nachverfolgung kennen
- Grußformel mittels Signatur in einer E-Mail anzuzeigen
- wiederkehrende Texte in Schnellbausteinen zu speichern
- wie Sie QuickSteps einsetzen
- wie Sie eigene Ordner erstellen

**Das sollten Sie bereits wissen**

- Programmgrundlagen

## 2.1     Elemente und Anordnung des Funktionsbereichs E-Mail

Nach dem Öffnen von Outlook wird standardmäßig der Inhalt des E-Mail-Ordners Posteingang angezeigt. Sie wechseln in den Funktionsbereich *E-Mail* über die Schaltfläche *E-Mail* in der Navigationsleiste.

### Übersicht

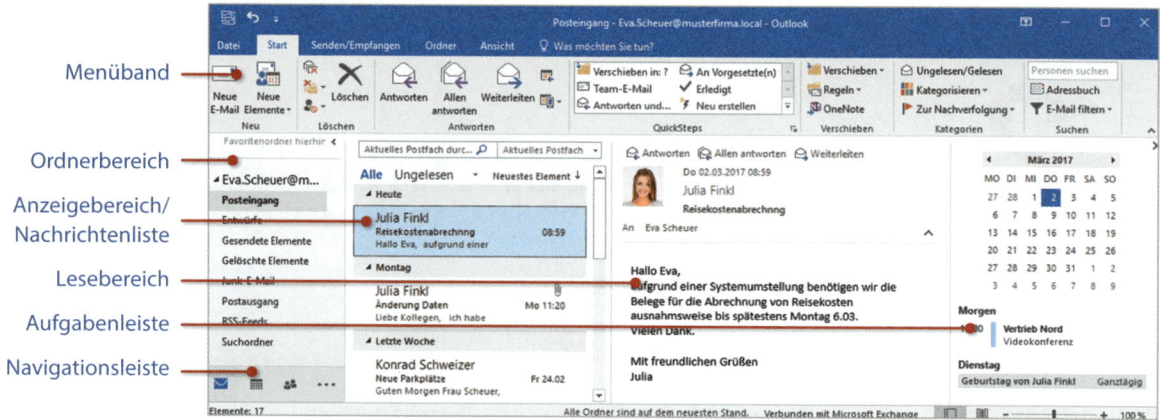

Menüband

Ordnerbereich

Anzeigebereich/
Nachrichtenliste

Lesebereich

Aufgabenleiste

Navigationsleiste

### Lesebereich

Der Lesebereich kann ein- / ausgeschaltet und seine Position verändert werden. Wählen Sie hierzu im Menüband *Ansicht* ▸ Gruppe *Layout* ▸ *Lesebereich* aus. Ist der Lesebereich ausgeschaltet, so zeigen Sie diesen durch Auswahl von *unten* oder *rechts* wieder an.

### E-Mail-Ordner

Um einen E-Mail-Ordner auszuwählen, klicken Sie diesen im Ordnerbereich an. Alle E-Mails des markierten Ordners werden in der *Nachrichtenliste* angezeigt. Wenn Sie in der *Nachrichtenliste* eine E-Mail anklicken, wird ihr Inhalt im *Lesebereich* abgebildet.

▶ Im *Posteingang* sind alle E-Mails gespeichert, die Sie erhalten haben.

▶ Der Ordner *Postausgang* speichert vorübergehend alle noch nicht gesendeten E-Mails. Eine E-Mail wird nicht gesendet, wenn Sie offline arbeiten, d. h. ohne Verbindung zum Internet.

▶ Beim Senden werden alle E-Mails automatisch als Kopie im Ordner *Gesendete Elemente* gespeichert.

▶ Im Ordner *Entwürfe* speichern Sie E-Mails für eine spätere Weiterbearbeitung und Versendung.

▶ Unerwünschte E-Mails werden beim Empfang automatisch in den Ordner *Junk-E-Mail* verschoben, z. B. Werbepost.

### Funktionsbereich E-Mail - Andere Darstellung

Aufgrund der verschiedensten Möglichkeiten, Elemente der Programmoberfläche auszuschalten, zu minimieren oder die Größe durch Ziehen mit der Maus zu verändern, ergeben sich zahlreiche Darstellungsvarianten. Um die folgende Darstellung des Funktionsbereichs E-Mail zu erhalten, wurde der Ordnerbereich minimiert, die Navigationsleiste ohne Kompaktnavigation separat angezeigt und der Lesebereich sowie die Aufgabenleiste ausgeblendet.

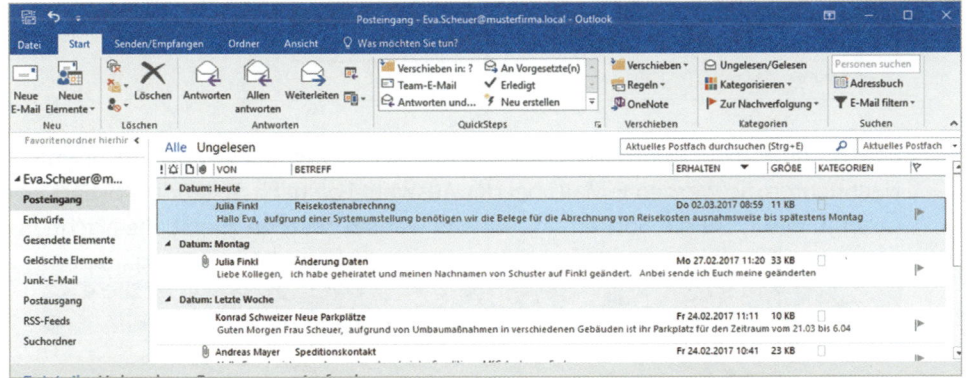

*E-Mail, andere Darstellung*

### Reihenfolge der E-Mail-Ordner

Die Abfolge der E-Mail-Ordner Posteingang, Entwürfe, Gesendete Elemente etc. kann individuell festgelegt werden. Ziehen Sie den Ordner im Ordnerbereich mit der Maus einfach an die gewünschte Position. Der Ordner wird an der schwarzen Linie eingefügt.

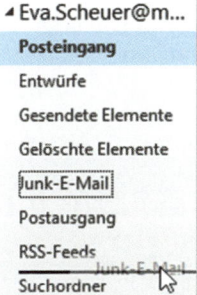

### Anordnung der E-Mails im Ordner

Standardmäßig werden E-Mails in der Nachrichtenliste nach Datum sortiert angeordnet und zwar von neu nach alt. E-Mails, die heute eingegangen sind, werden so zuerst angezeigt. Um die Übersichtlichkeit zu erhöhen, erfolgt die Ansicht in Gruppen, z. B. *Heute*, *Gestern* etc.

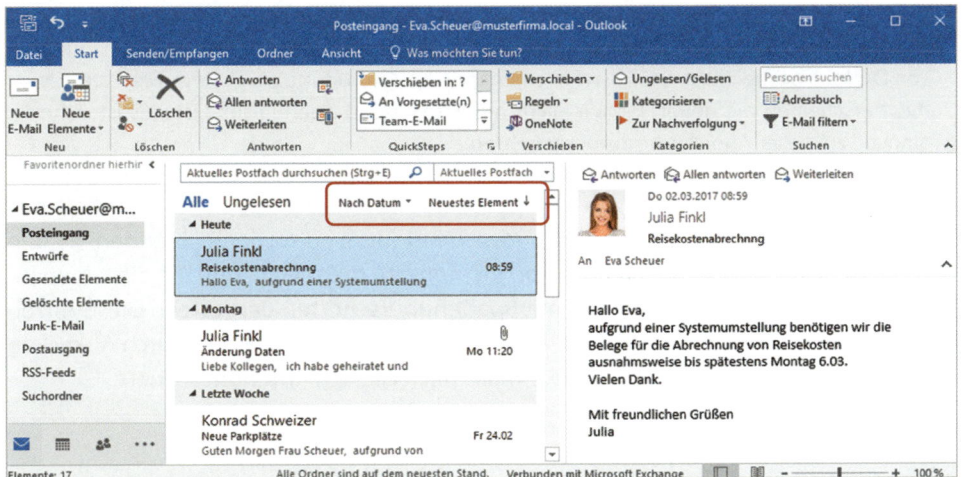

*Standardanordnung nach Datum*

**Anderes Kriterium für die Anordnung wählen**

▶ Durch Anklicken der Spaltenüberschrift *Nach Datum* erhalten Sie andere Sortiermöglichkeiten. Alternativ können Sie die Anordnung auch ändern über *Ansicht* ▶ Gruppe *Anordnung* ▶ *Anordnen nach*.

▶ Um die ältesten Nachrichten des Ordners zuerst anzuzeigen, klicken Sie auf *Neuestes Element*. Dadurch wechseln Sie zu *Ältestes Element*.

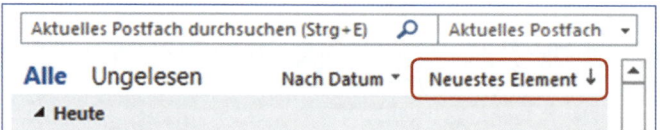

▶ Eine Änderung der Anordnung ist meist nützlich bei der Suche nach bestimmten Nachrichten. So werden E-Mails bei der Auswahl *Von* nach Absender sortiert angezeigt. Wenn Sie die Sortierung *Anlagen* wählen, werden zuerst alle Nachrichten angezeigt, die eine Anlage erhalten, dann alle ohne Dateianhang.

*Andere Anordnung
auswählen*

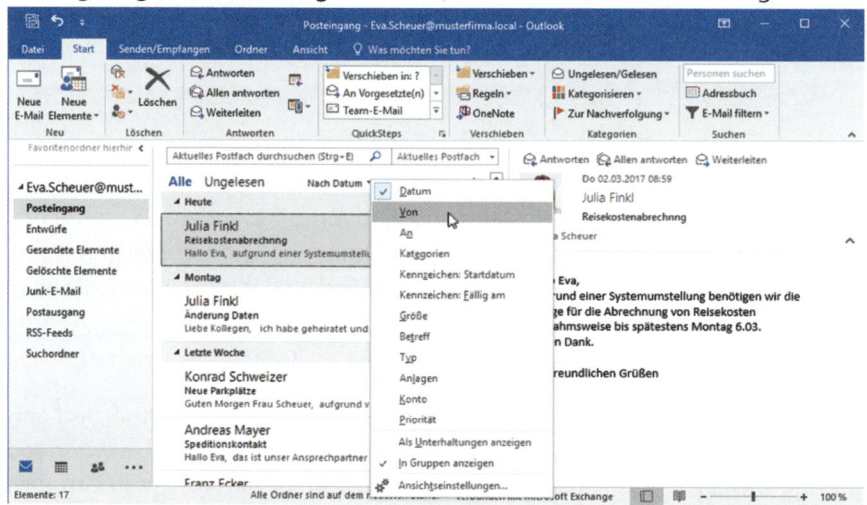

Die Änderung der Anordnung gilt für den ausgewählten Ordner und wird beim Beenden von Outlook gespeichert. Bei Auswahl einer anderen Anordnung als *Datum – Neuestes Element* erscheinen die neuen E-Mails nicht mehr zwingend oben in der Liste. Es ist daher sinnvoll zu dieser Anordnung zurückzukehren.

Tipp: Um schnell E-Mails nach einem anderen Kriterium zu sortieren, blenden Sie den Lesebereich aus. Dadurch erhält die Nachrichtenliste mehr Platz und die einzelnen Informationen werden in einer Reihe mit Spaltenüberschriften dargestellt. Diese Anzeige erhalten Sie auch, wenn *Ansicht* ▶ *Ansicht ändern* ▶ *Einzeln* wählen. Durch Anklicken der Spaltenüberschriften werden die E-Mails nach diesem Kriterium sortiert.

*Spaltenüberschrift anklicken um Inhalt zu sortieren*

### Spezialfall: Anordnung Nach Datum (Unterhaltungen)

Enthält die aktuelle Anordnung *Datum* den Zusatz *Unterhaltungen*, so wurde die Unterhaltungsansicht aktiviert. Auf der Registerkarte *Ansicht* ▸ Gruppe *Unterhaltung* können Sie die Unterhaltungsansicht aktivieren bzw. deaktivieren. In der Unterhaltungsansicht werden bestimmte E-Mails zusammengefasst. Arbeiten Sie zunächst nicht mit dieser Ansicht. Wenn Sie Outlook etwas besser kennengelernt haben, entscheiden Sie, ob diese Ansicht für Sie von Vorteil ist.

*Unterhaltungsansicht siehe Seite 87*

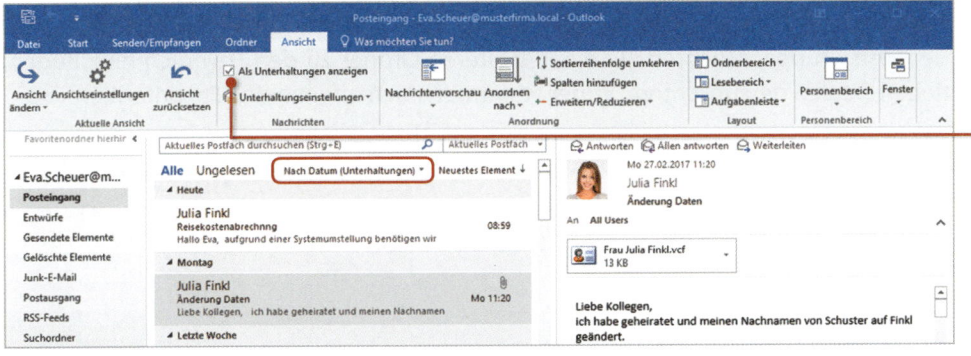

*Unterhaltungsansicht*

*Unterhaltungsansicht aktivieren*

### Ungelesene E-Mails anzeigen

Ungelesene E-Mails erkennen Sie in der Nachrichtenliste am senkrechten blauen Balken und der Formatierung des Betreffs in fett und blau. Mit den Schaltflächen Alle und Ungelesen können Sie bequem nur die ungelesenen E-Mails herausfiltern und später wieder zur Ansicht aller zurückschalten.

Um eine gelesene E-Mail nachträglich wieder als ungelesen zu markieren, zeigen Sie mit der Maus in der Nachrichtenliste auf den Beginn der Zeile und klicken einmal. Alternativ markieren Sie eine E-Mail als gelesen bzw. ungelesen über *Start* ▸ Gruppe *Kategorien* ▸ *Ungelesen/ Gelesen*

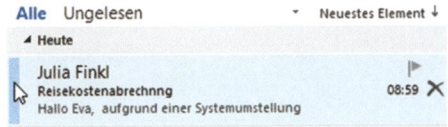

## Nachrichtenvorschau

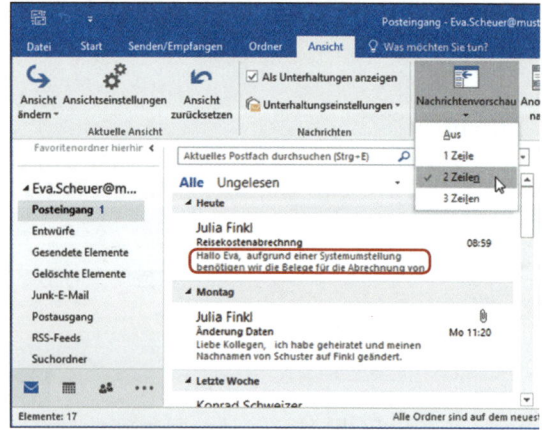

Outlook 2016 enthält eine Nachrichtenvorschau, die im Anzeigebereich für jede E-Mail unter dem Absender (bzw. Empfänger) und Betreff die ersten Zeilen des Nachrichtentexts anzeigt. Ob und wie viel Nachrichtentext angezeigt wird, entscheiden Sie im Register *Ansicht* ▶ Gruppe *Anordnung* ▶ *Nachrichtenvorschau*. Standardmäßig wird eine Zeile des Nachrichtentexts im Anzeigebereich abgebildet. Ob eine Nachricht ungelesen ist oder nicht, hat keinen Einfluss auf die Nachrichtenvorschau. Ist sie eingeschaltet, gilt sie für alle in der Ansicht dargestellten E-Mails in gleicher Weise.

*Nachrichtenvorschau
mit zwei Zeilen*

## Favoriten

*Favoriten* stehen nur im Funktionsbereich E-Mail zur Verfügung. Hier werden wichtige E-Mail Ordner angezeigt, die nochmals weiter unten aufgeführt sind. Durch Anklicken von *Ansicht* ▶ Gruppe *Layout* ▶ *Ordnerbereich* ▶ *Favoriten* deaktivieren bzw. aktivieren Sie diese Gruppe. Möchten Sie einen weiteren Ordner zu den *Favoriten* hinzufügen, ziehen Sie den gewünschten Ordner von unten nach oben in den Favoritenbereich.

> Blenden Sie *Favoriten* aus, wenn Sie im Ordnerbereich Platz zur Anzeige mehrerer Postfächer oder eigener Unterordner benötigen.

## Personenbereich

Im Personenbereich können alle E-Mails, Anlagen und Besprechungen, die mit einer Person ausgetauscht wurden, gesondert angezeigt werden. Zusätzlich konnte mit dem Outlook Connector in früheren Versionen eine Verbindung zu sozialen Netzwerken (Facebook, LinkedIn) hergestellt und Statusupdates im Personenbereich eingeblendet werden. Diese Funktionalität steht jetzt nicht mehr zur Verfügung.

Der Personenbereich wird über das Register *Ansicht*, Schaltfläche *Personenbereich* aktiviert und im Funktionsbereich *E-Mail* unten rechts angezeigt. Über das Pfeilsymbol am

Personenbereich kann dieser minimiert und erweitert werden. Durch Anklicken von *X* blenden Sie den Personenbereich aus.

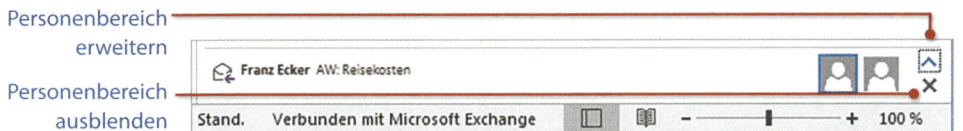

Personenbereich erweitern

Personenbereich ausblenden

*Personenbereich minimiert*

### Informationen anzeigen

Um Informationen zu einer Person anzuzeigen, müssen Sie mit dieser in E-Mail Kontakt stehen. Markieren Sie eine E-Mail der gewünschten Person und klicken Sie im Personenbereich auf den Eintrag *Anlagen* (siehe Grafik nächste Seite), um nur Dateianhänge anzuzeigen, die Sie von dieser Person erhalten haben. Oder wählen Sie den Eintrag *Besprechungen*, um anstehende Besprechungstermine anzuzeigen. Alternativ könnten Sie auch das passende Kontaktformular öffnen und dort die genannten Informationen einsehen.

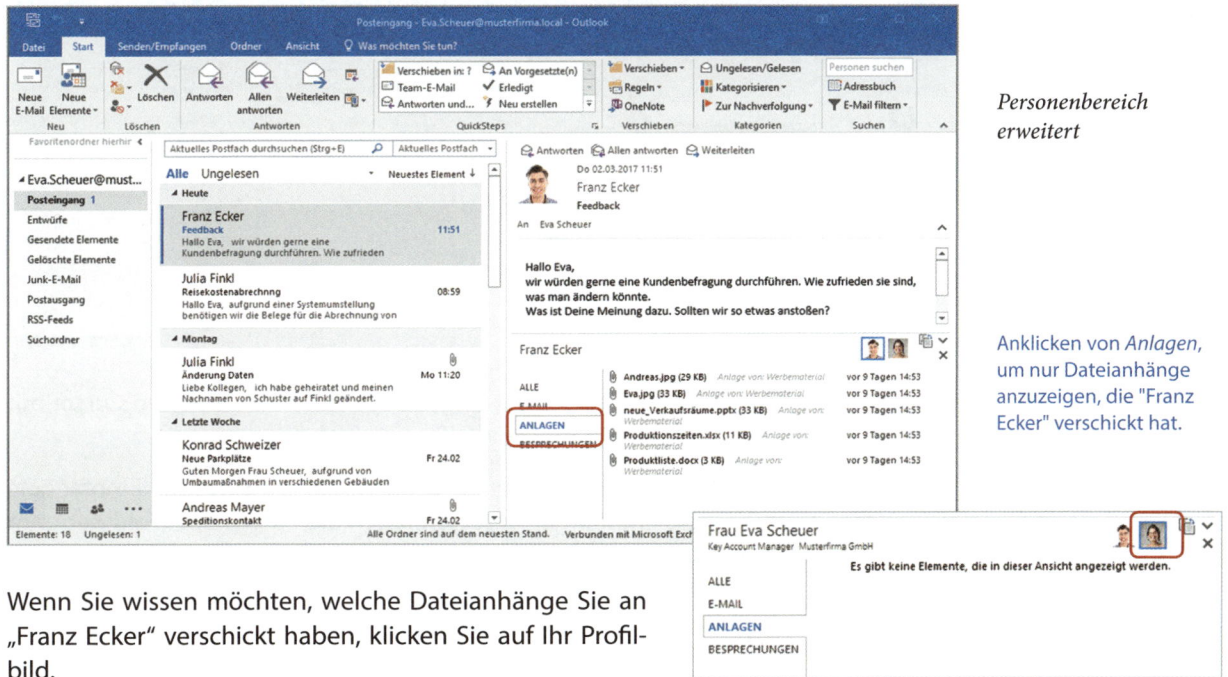

*Personenbereich erweitert*

Anklicken von *Anlagen*, um nur Dateianhänge anzuzeigen, die "Franz Ecker" verschickt hat.

Wenn Sie wissen möchten, welche Dateianhänge Sie an „Franz Ecker" verschickt haben, klicken Sie auf Ihr Profilbild.

> Der Personenbereich wird nicht nur im Funktionsbereich E-Mail angezeigt. Wenn Sie ihn einblenden, wird er auch beispielsweise auch im Kontaktformular des Funktionsbereichs Personen oder im Besprechungsformular des Funktionsbereichs Kalender angezeigt.

**!**

## 2.2    E-Mails versenden

### Neue E-Mail erstellen und versenden

▶ Outlook verwendet für die Erstellung von E-Mails ein spezielles **Nachrichtenformular.** Über den Befehl *Start* ▶ Gruppe *Neu* ▶ *Neue E-Mail* öffnen Sie ein Nachrichtenformular in einem eigenen Fenster.

▶ Alternativ steht in jedem Funktionsbereich (z. B. E-Mail, Personen, Kalender etc.) über *Start* ▶ Gruppe *Neu* ▶ *Neue Elemente* eine Liste zur Verfügung. Auch hier können Sie durch Auswahl von *E-Mail-Nachricht* ein Nachrichtenformular öffnen.

Das Menüband des Nachrichtenformulars unterscheidet sich zwar inhaltlich, aber nicht in der Handhabung vom Menüband des Outlook-Programmfensters.

*Nachrichtenformular für neue E-Mail*

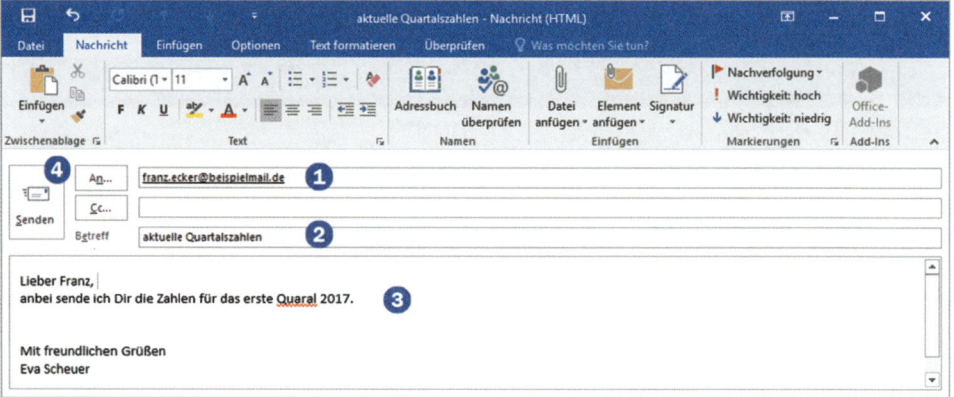

Im Nachrichtenformular bewegen Sie zur Eingabe von Informationen den Cursor mit der Tabulator-Taste schnell von Feld zu Feld.

**1**   **Empfänger eintragen:** Im Feld *An* wird die E-Mail-Adresse des Empfängers eingetragen. Weitere Empfänger-Adressen fügen Sie im gleichen Feld getrennt durch ein Semikolon (;) ein. Versenden Sie eine E-Mail an mehrere Personen, sind die Mail-Adressen für alle Empfänger sichtbar.

**2**   **Nachrichtenbetreff:** Geben Sie in die Zeile *Betreff* ein Wort oder einen kurzen Text ein, der den Inhalt Ihrer E-Mail prägnant beschreibt und fügen Sie im unteren Feld die eigentlichen Informationen hinzu.

**3**   **Nachrichtentext** (E-Mail-Body): Der Text wird von der Rechtschreibprüfung kontrolliert und zeigt fehlerhafte Wörter durch eine rote Unterstreichung an. Sie können die Wörter selbst korrigieren oder die Rechtschreibprüfung über *Überprüfen* ▶ Gruppe *Rechtschreibung* benutzen.

Der Nachrichtentext kann, wie Sie es aus Microsoft Word gewohnt sind, auch in Outlook formatiert werden. Hierzu stehen Ihnen auf der Registerkarte *Nachricht* in der Gruppe *Text* die gängigsten Formatierungsmöglichkeiten zur Verfügung. Ein Nachrichtentext kann allerdings nur formatiert werden, wenn die E-Mail im Format *HTML* oder *Rich-Text* erstellt ist. Das Format können Sie prüfen und gegebenenfalls ändern *Text formatieren* ▶ Gruppe *Format*.

Mehr zum Format von E-Mails finden Sie auf Seite 56.

**4** **E-Mail senden**: Zum Versenden der E-Mail klicken Sie im Nachrichtenformular auf die Schaltfläche *Senden*. Alle gesendeten E-Mails werden zunächst in den Ordner Postausgang verschoben und bei bestehender Internet-Verbindung (Online-Modus) sofort weiter versendet.

Sobald eine E-Mail aus dem Ordner *Postausgang* versendet wurde, wird automatisch eine Kopie der Nachricht im Ordner *Gesendete Elemente* gespeichert. Durch Anklicken des Ordners *Gesendete Elemente* erhalten Sie einen Überblick über alle versendeten E-Mails.

Befinden sich beim Schließen von Outlook noch E-Mails im Ordner *Postausgang*, erhalten Sie eine Meldung. Klicken Sie auf *Nicht beenden* und erzwingen Sie die Versendung über die Schaltfläche *Alle Ordner senden/empfangen* auf der Registerkarte *Senden/Empfangen* oder im Schnellzugriff.

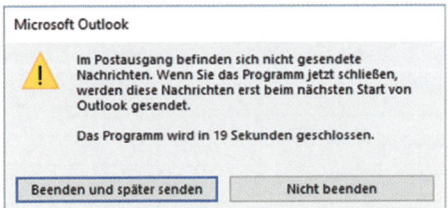

*E-Mail verschicken erzwingen*

> **Warum werden meine E-Mails nicht automatisch versendet?**
>
> Zunächst sollten Sie überprüfen, ob eine Verbindung zum Internet besteht. Außerdem könnte eine Einstellung in den Outlook-Optionen den automatischen Versand verhindern. Öffnen Sie *Datei* ▶ *Optionen* ▶ *Erweitert*. Unter *Senden und Empfangen* ist standardmäßig der sofortige Versand aktiviert. Fehlt das Häkchen, werden die Nachrichten im Postausgang gesammelt.

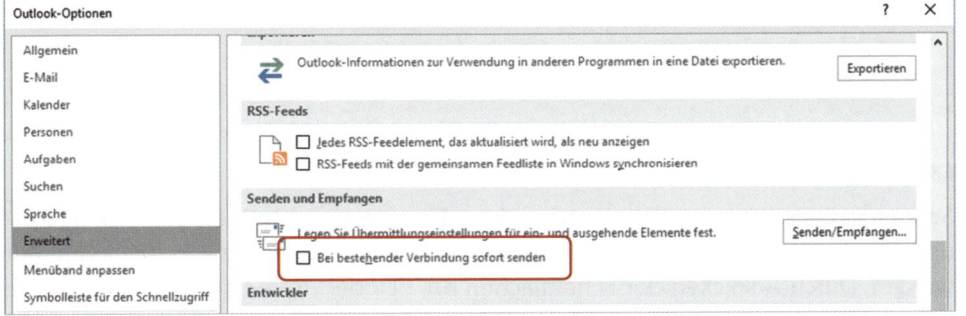

*Bei bestehender Verbindung sofort senden*

## Methoden zur Eingabe der Empfängeradressen

Für das Eingeben einer Empfänger-Adresse in die Felder *An*, *Cc* oder *Bcc* einer E-Mail stehen Ihnen mehrere Möglichkeiten zur Verfügung. Bevor diese besprochen werden, erhalten Sie eine kurze Übersicht zur Verwendung der einzelnen Adressfelder:

| Feld | Verwendung |
|------|------------|
| An | Tragen Sie einen oder mehrere Empfänger der E-Mail ein. |
| Cc (Carbon Copy) | Geben Sie die E-Mail-Adressen von Personen ein, die die E-Mail "als Kopie" erhalten sollen. |
| Bcc (Blind Carbon Copy) | Die E-Mail-Adressen der eingetragenen Empfänger werden an die anderen Adressaten der Nachricht nicht übermittelt. Tragen Sie Adressen in Bcc ein, wenn Sie davon ausgehen, dass diese Personen nicht wollen, dass ihre E-Mail-Adresse an andere weitergegeben wird. |

> Falls im Nachrichtenformular das Feld *Bcc* nicht angezeigt wird, können Sie es dauerhaft im Register *Optionen ▸ Felder anzeigen ▸ Bcc* einblenden.

*Feld Bcc dauerhaft einblenden*

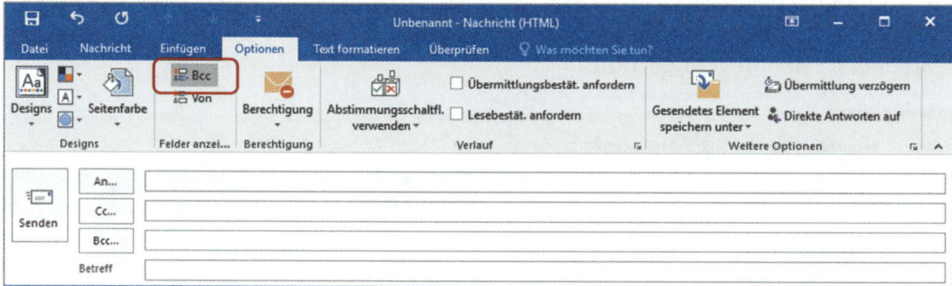

### Freie Eingabe

Die E-Mail-Adresse kann direkt in eines der Felder *An*, *Cc* oder *Bcc* eingegeben werden. Wollen Sie mehrere Adressen in ein Feld eingeben, trennen Sie diese durch ein Semikolon (;). Wenige Sekunden nach der Eingabe prüft Outlook die Adressen auf Gültigkeit. Wenn es sich um eine technisch gültige E-Mail-Adresse handelt, wird diese unterstrichen dargestellt. Das bedeutet selbstverständlich nicht, dass die Adresse existiert.

*Überprüfung auf technische Gültigkeit*

| Senden | An... | eva.scheuer@outlook.de |
|--------|-------|------------------------|
|        | Cc... |                        |
|        | Bcc...|   &#124;     |

### Adressbücher verwenden

Sofern die E-Mail-Adressen der gewünschten Empfänger in Outlook gespeichert wurden, können diese durch Verwendung von Adressbüchern in eine E-Mail eingefügt werden. Durch Anklicken der Schaltflächen *An*, *Cc* oder *Bcc* erhalten Sie Zugriff. Die genaue Vorgehensweise wird auf Seite 52 beschrieben.

### Namen überprüfen

Das Adressbuch bezieht die E-Mail-Adressen aus dem Funktionsbereich *Personen* oder aus der *Globalen Adressliste* (siehe nächste Seite). Bei Speicherung der Kontaktinformationen wurde in der Regel neben der E-Mail-Adresse zumindest ein Name eingegeben.

Namen überprüfen

Im Grunde ist es ausreichend, wenn Sie in das Adressfeld den Namen des gespeicherten Kontakts eingeben. Outlook prüft, ob eine Person mit diesem Namen im Adressbuch vorhanden ist und ergänzt die E-Mail-Adresse entsprechend. Sie können diese Funktion auch manuell anstoßen mit *Nachricht* ▶ *Namen* ▶ *Namen überprüfen*.

Falls keine übereinstimmenden Adressinformationen gefunden wurden, erhalten Sie eine Meldung. Tippen Sie dann auf die Schaltfläche *Weitere Vorschläge*, um einen Eintrag aus dem Adressbuch auszuwählen. Werden aufgrund Ihrer Eingabe mehrere Personen gefunden oder sind für eine Person mehrere E-Mail-Adressen eingetragen, muss eine Adresse aus der Vorschlagsliste ausgewählt werden.

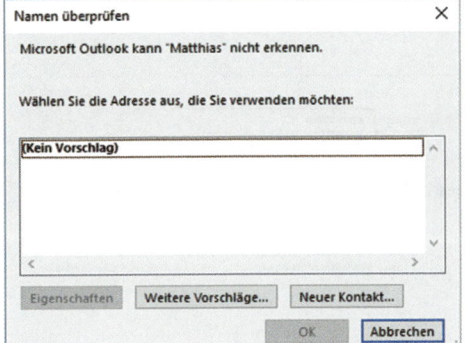
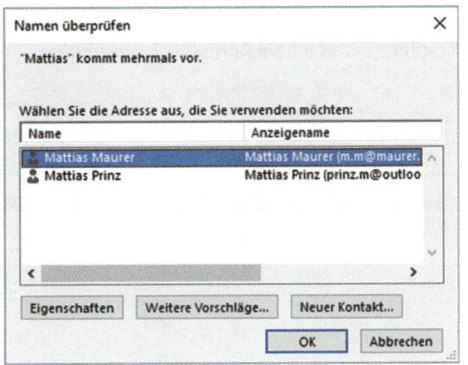

*Namensprüfung*

### Vorgeschlagene Adresse übernehmen

Beim Eintippen einer E-Mail-Adresse erhalten Sie automatisch Vorschläge. Diese stammen aus dem Adressbuch. Aber auch E-Mail-Adressen, die Sie händisch eingegeben haben, hat sich Outlook gemerkt und fügt sie der Vorschlagsliste hinzu. Eine vorgeschlagene Adresse wählen Sie entweder mit der Maus aus oder Sie verwenden die Pfeiltasten, um durch die Liste zu scrollen und die Enter-Taste zur Auswahl des Eintrags. Selbstverständlich können Sie auch einfach weiterschreiben und eine andere Adresse eintippen.

Hin und wieder kommt es vor, dass sich in dieser Liste fehlerhafte E-Mail-Adressen einschleichen. Sie entfernen einen Eintrag aus der AutoVervollständigungsliste, indem Sie auf den vorgeschlagenen Eintrag mit der Maus zeigen und auf das *x* klicken.

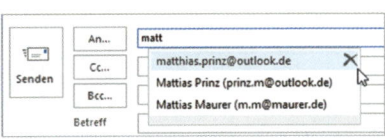

Wenn Sie keine Vorschläge zur Eingabe ins Adressfeld erhalten möchten, schalten Sie das Feature über *Datei* ▶ *Optionen* ▶ *E-Mail* ▶ Abschnitt *Nachrichten senden* ▶ *Beim Ausfüllen der Zeilen An, Cc und Bcc Namen mithilfe der AutoVervollständigung vorschlagen* ab.

### Adressbücher verwenden

Adressbuch

In Outlook steht Ihnen das Adressbuch *Kontakte* zum schnellen Einfügen von E-Mail-Adressen in eine Nachricht zur Verfügung. Das Adressbuch *Kontakte* zeigt alle E-Mail-Adressen an, die Sie gespeichert haben.

Arbeiten Sie mit einem Exchange Server-Postfach, so verfügen Sie zusätzlich über eine *Globale Adressliste*. Die dort befindlichen Adressen werden vom Administrator eingetragen und enthalten neben den Adressen Ihrer Kolleginnen und Kollegen unter Umständen noch weitere Adressen von Kunden und Lieferanten oder z. B. von Teams, Räumen oder Geräten; dazu später mehr. Die Handhabung aller Arten von Adressbüchern ist dieselbe.

*Links: Globale Adressliste*

*Rechts: Kontakte*

**Empfänger aus einem Adressbuch auswählen**

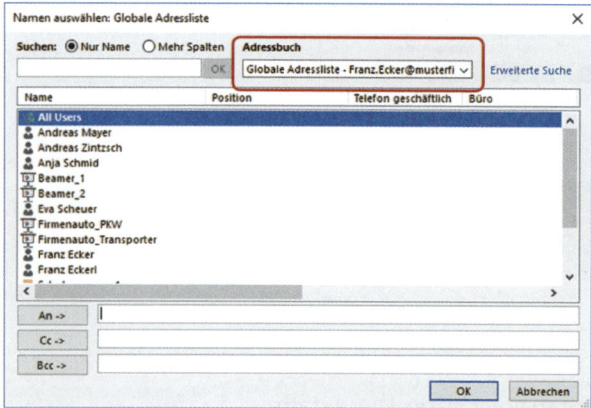
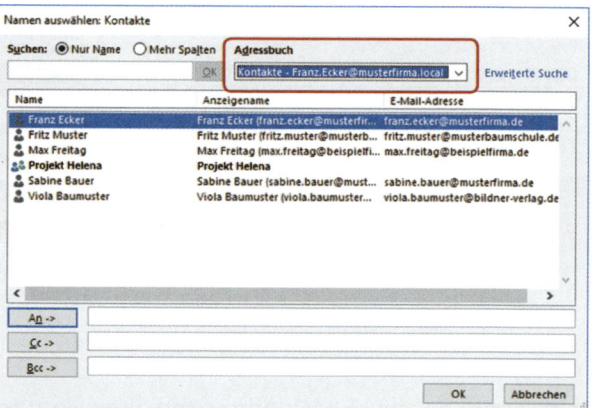

**1**    Zum Einfügen einer Adresse, klicken Sie im Nachrichtenformular auf die Schaltfläche *An* (bzw. *Cc* oder *Bcc*) oder Sie tippen im Register *Nachricht* auf *Adressbuch*. Outlook öffnet das Dialogfenster *Namen auswählen*.

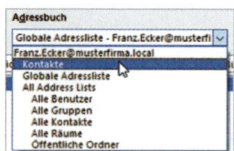

**2**    Adressbuch auswählen: Unter Umständen muss über das Dropdown-Feld bei *Adressbuch* das gewünschte Adressbuch angeklickt werden.

**3**    Markieren Sie den Empfänger Ihrer Nachricht und klicken Sie auf die Schaltfläche *An* bzw. *Cc* oder *Bcc* und dann auf *OK*. Alternativ hierzu reicht auch ein Doppelklick auf den Namen des Empfängers. Dieser wird im Feld *An* eingefügt bzw. in das Feld, welches Sie zuletzt benutzt haben.

**Empfänger im Adressbuch suchen**

Wenn Sie im Dialogfenster *Namen auswählen* den gewünschten Empfänger nicht auf Anhieb finden, können Sie hier auch nach diesem suchen.

Die Adressbücher in Outlook sind standardmäßig nach Vornamen sortiert. Geben Sie im Feld *Suchen* den Vornamen der Person ein und klicken Sie auf *Ok*. Achten Sie darauf, das richtige Adressbuch auszuwählen. Der erste Treffer wird markiert.

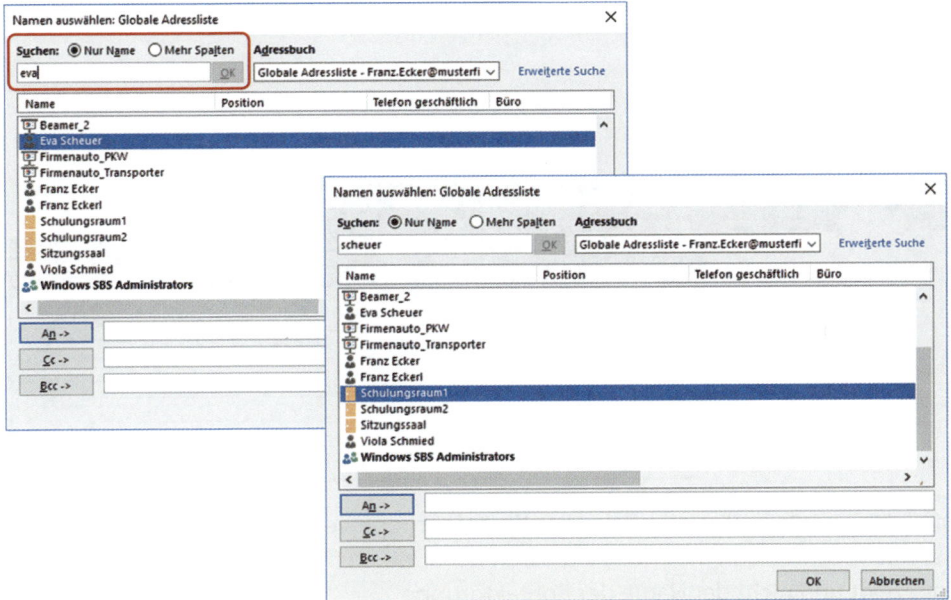

*Gesucht wird nach „Eva Scheuer": Im Bild links wird im Suchfeld der Vorname eingegeben und die Person gefunden.*

*Eine Suche nach dem Nachnamen „Scheuer" erbringt als Treffer den „Schulungsraum".*

🟨 **Wie kann ich nach Nachnamen suchen?**

Wie Sie im oberen Beispiel sehen, erbringt eine Suche nach dem Nachnamen kein korrektes Ergebnis. Was tun, wenn man sich an den Vornamen gerade nicht erinnern kann? Aktivieren Sie in diesen Fällen die Option *Mehr Spalten* und wiederholen Sie die Suche mit dem Nachnamen.

Wie Sie ihr Adressbuch nach Nachnamen sortiert anzeigen, lesen Sie auf Seite 121.

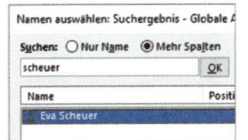

Die Auswahl der Option *Mehr Spalten* bleibt erhalten. Beim nächsten Öffnen des Adressbuchs muss auf die Option *Nur Name* gewechselt werden, damit die einzelnen Einträge angezeigt werden.

## An eine Kontaktgruppe mailen

Wenn Sie oft an einen bestimmten Personenkreis mailen, ist es von Vorteil, die E-Mail-Adressen der einzelnen Empfänger in einer Kontaktgruppe zusammenzufassen. Kontaktgruppen werden im Funktionsbereich *Personen* erstellt und gespeichert bzw. stehen in der *Globalen Adressliste* zur Verfügung. Sie erkennen eine Kontaktgruppe an diesem Symbol 👥. In der Globalen Adressliste steht standardmäßig die Kontaktgruppe *All User* zur Verfügung. Diese enthält alle Kontakte der Globalen Adressliste.

Wie Sie eine Kontaktgruppe erstellen, erfahren Sie auf Seite 135.

*Kontaktgruppe im Adressbuch als Empfänger der Nachricht auswählen*

Die Kontaktgruppe wird wie einzelne Kontakte im Adressbuch ausgewählt. Im Nachrichtenformular erscheint der Name der Kontaktgruppe. Falls Sie im Feld *An* des Nachrichtenformulars die einzelnen E-Mail-Adressen der Kontaktgruppe anzeigen möchten, klicken Sie auf das Plus-Zeichen.

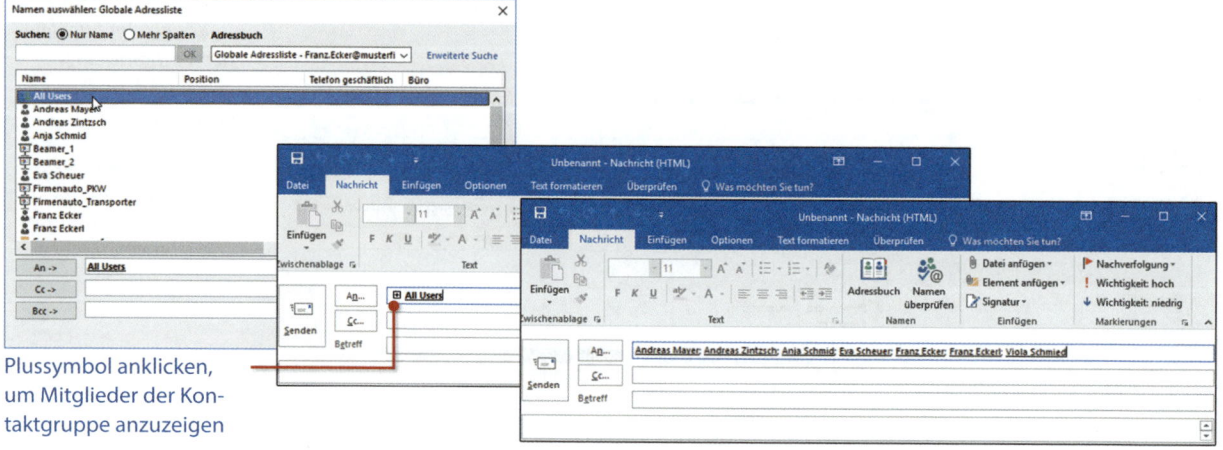

Plussymbol anklicken, um Mitglieder der Kontaktgruppe anzuzeigen

Die E-Mail wird an alle Mitglieder der Kontaktgruppe versandt. Bei den Empfängern der Nachricht werden die E-Mail-Adressen der anderen Mitglieder der Kontaktgruppe angezeigt und nicht der Name der Kontaktgruppe.

### Nachricht als Entwurf speichern

Nachrichten, die zu einem späteren Zeitpunkt versendet werden sollen, können als Entwurf gespeichert werden. Klicken Sie dazu in der Symbolleiste für den Schnellzugriff des Nachrichtenformulars auf die Schaltfläche *Speichern* und schließen Sie dann das Nachrichtenformular. Die E-Mail wird im Ordner *Entwürfe* gespeichert.

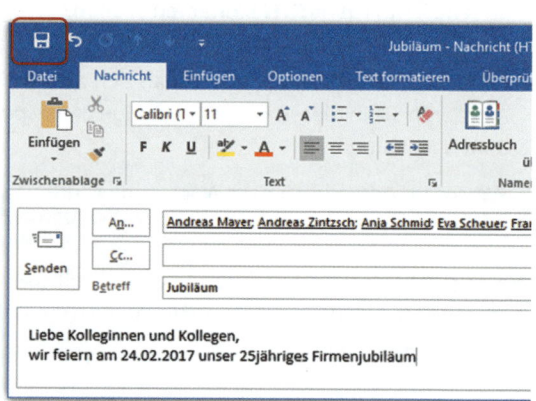

Zum Bearbeiten und Versenden der Nachricht wählen Sie den Ordner *Entwürfe* aus und markieren in der Nachrichtenliste die gewünschte E-Mail. Im Lesebereich ergänzen Sie den Text, fügen E-Mail-Adressen hinzu oder ändern den Betreff. Alternativ können Sie die E-Mail mit einem Doppelklick öffnen und die Änderungen in einem gesonderten Fenster vornehmen. Klicken Sie auf Senden, um die E-Mail abzuschicken. Nachdem Sie die Nachricht versandt haben, wird Sie nicht mehr im Ordner *Entwürfe* angezeigt.

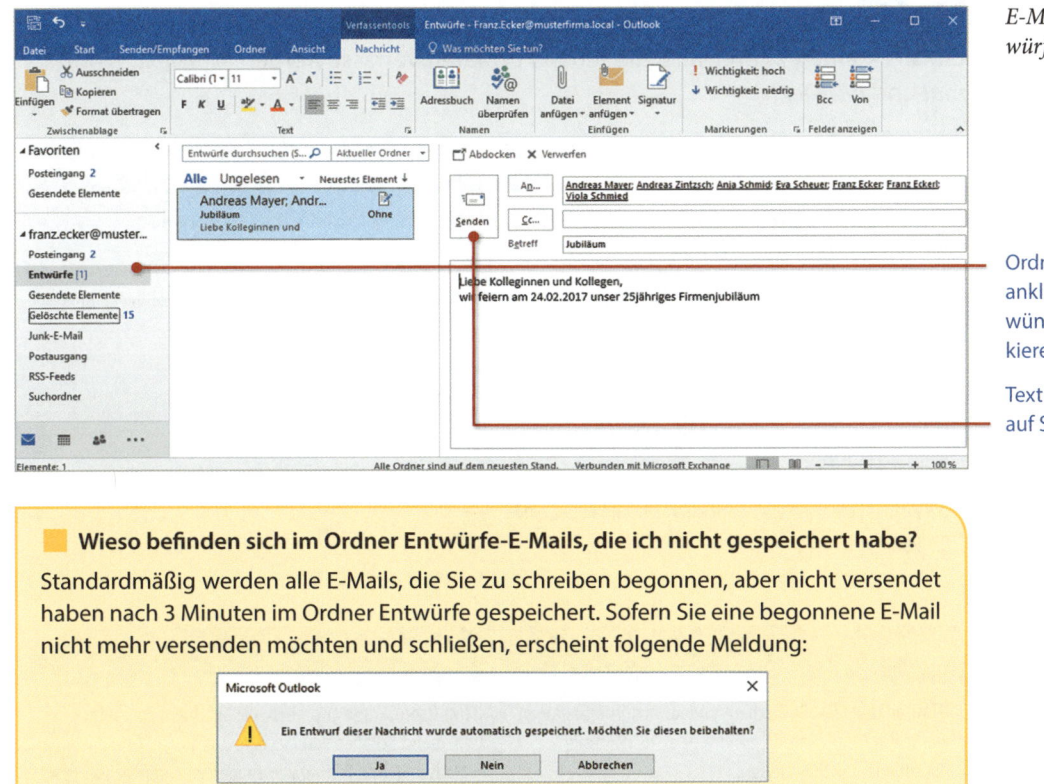

*E-Mail-Ordner Entwürfe mit Inhalt*

Ordner Entwürfe anklicken, ggf. gewünschte E-Mail markieren

Text hinzufügen und auf Senden klicken

> 🟨 **Wieso befinden sich im Ordner Entwürfe-E-Mails, die ich nicht gespeichert habe?**
>
> Standardmäßig werden alle E-Mails, die Sie zu schreiben begonnen, aber nicht versendet haben nach 3 Minuten im Ordner Entwürfe gespeichert. Sofern Sie eine begonnene E-Mail nicht mehr versenden möchten und schließen, erscheint folgende Meldung:
>
>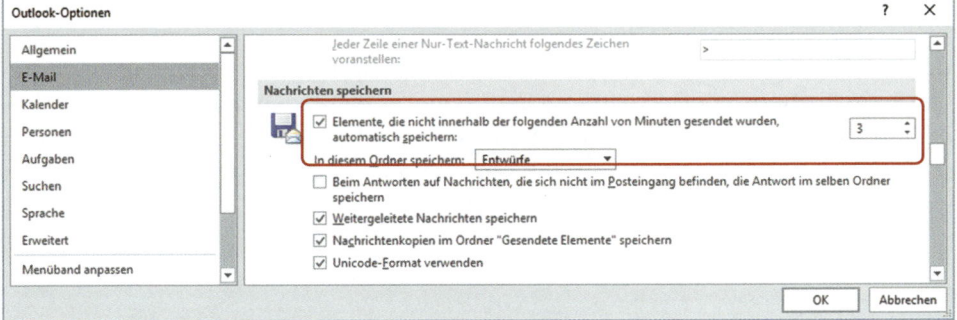
>
> Wenn Sie hier *Ja* auswählen, bleibt die E-Mail im Ordner Entwürfe erhalten. Falls Sie keine weitere Speicherung wünschen, klicken Sie auf *Nein*.

Die automatische Speicherung erfolgt aufgrund eines Eintrags unter *Datei* ▶ *Optionen* ▶ *E-Mail* ▶ Bereich *Nachrichten speichern*.

### E-Mail-Formate

E-Mails können in drei verschiedenen Formaten verfasst werden: *Nur-Text*, *HTML-Format* und *Rich-Text*:

## Nur Text

In der einfachsten Form versenden Sie eine Nachricht im Nur-Text-Format. Diese enthält keinerlei Formatierung.

| Vorteile | Nachteile |
| --- | --- |
| Der Inhalt der E-Mail wird beim Empfänger genauso dargestellt, wie er eingegeben wurde. | Die Gestaltungsmöglichkeiten sind sehr gering. |
| Der Text kann von jedem beliebigen E-Mail-Programm angezeigt werden. | Sie können in den Nachrichtentext keinerlei Bilder einfügen. |
| Im Gegensatz zu E-Mails im HTML-Format kann der Nachrichtentext im Nur-Text-Format keinerlei ausführbare Skripte enthalten und stellt damit für den Empfänger kein Sicherheitsrisiko dar. | |
| Die E-Mails benötigen wenig Speicherplatz und haben eine geringe Übertragungsdauer. | |

## HTML

HTML ist eigentlich ein Dateiformat für Webseiten, kann aber auch für die Gestaltung von E-Mails verwendet werden und ist das am weitesten verbreitete Format für E-Mails.

| Vorteile | Nachteile |
| --- | --- |
| HTML erlaubt fast alle Zeichen- und Absatzformatierungen wie Schriftart und -größe, Schriftfarbe, Ausrichtung, Aufzählung und Nummerierung | HTML kann Skripte enthalten, die auf Ihrem Computer unbemerkt Schäden verursachen. Aus diesem Grund werden E-Mails im HTML-Format von einigen wenigen Mailservern zurückgewiesen. |
| Grafiken, z. B. das Firmenlogo und sonstige Gestaltungselemente, wie Hintergrundfarben können im Nachrichtentext verwendet werden. | Eine E-Mail im HTML-Format mit integrierten Grafiken benötigt nicht nur mehr Speicherplatz, sondern hat auch eine längere Übertragungsdauer. |
| Das HTML-Format vereint die Vorteile von Nur-Text (z. B. Anlagenvorschau) und Rich-Text (z. B. Formatierung) ohne deren Nachteile. | |

## Rich-Text

Das Rich-Text-Format stellt ein spezielles Microsoft Nachrichtenformat dar. Ihnen stehen Formatierungsmöglichkeiten zur Verfügung, es bietet gegenüber HTML aber keine Vorteile. Dieses Format wird nicht von allen E-Mail-Programmen dargestellt und sollte daher, wenn überhaupt, nur für Nachrichten im internen Netzwerk verwendet werden.

### Änderung E-Mail-Format

Sie sehen das aktuell verwendete Format in der Titelleiste des Nachrichtenformulars. Zum Ändern des E-Mail-Formats für die geöffnete E-Mail wählen Sie im Nachrichtenformular auf der Registerkarte *Text formatieren* in der Gruppe *Format* das gewünschte Format durch Anklicken aus.

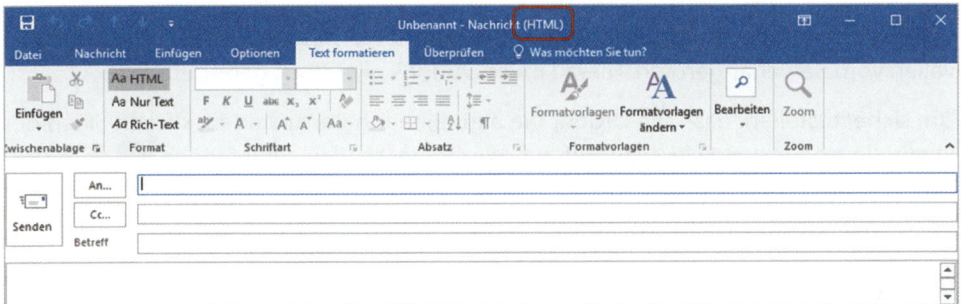

*Format für die aktuelle E--Mail austauschen*

Um die Standardeinstellung des E-Mail-Formats zu verändern, wählen Sie auf der Registerkarte *Datei* den Bereich *Optionen* aus. Sie gelangen zum Fenster *Outlook-Optionen*. Klicken Sie hier links im Fenster *E-Mail* an und wählen Sie im Abschnitt *Nachrichten verfassen* das gewünschte Format aus.

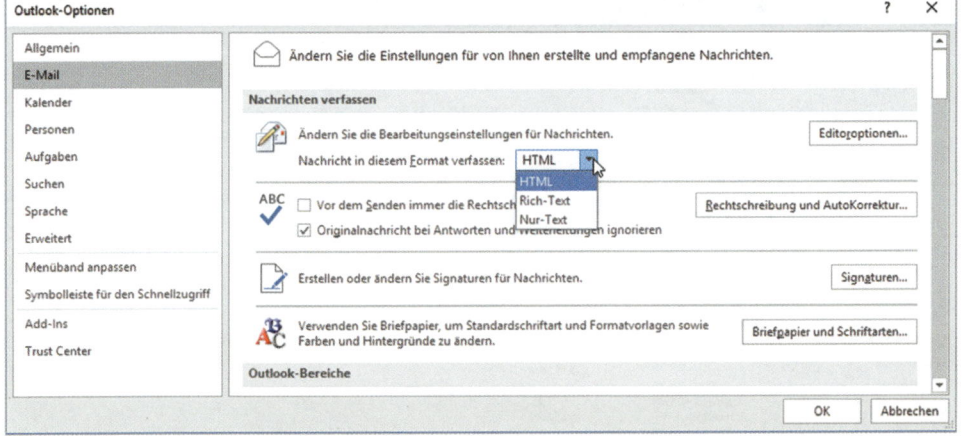

*Standard-Format für E-Mails festlegen*

> ■ **Manche Empfänger erhalten meine E-Mail nicht.**
>
> Neben einer Vielzahl an weiteren Gründen, die für dieses Problem verantwortlich sein können, besteht auch die Möglichkeit, dass deren Mailserver Nachrichten im HTML-Format löscht. In den letzten Jahren sind immer mehr Firmen dazu übergegangen, das HTML-Format zu erlauben. Dennoch finden sich immer wieder Adressaten, die keine HTML-Nachrichten empfangen können. Wenn ein Übermittlungsproblem auftritt, versenden Sie die E-Mail zur Sicherheit im Nur-Text Format.

## 2.3    E-Mails lesen, beantworten und löschen

### E-Mails empfangen

Meist werden Nachrichten bei bestehender Internetverbindung in festgelegten Intervallen vom Server abgerufen. Hierzu muss Outlook allerdings geöffnet sein.

Um sicherzustellen, dass alle Ordner die aktuellen Inhalte anzeigen, klicken Sie in der Symbolleiste für den Schnellzugriff auf *Alle Ordner senden / empfangen* 🔃 oder drücken Sie die Funktionstaste F9.

Haben Sie neue Nachrichten erhalten, erscheint eine Zahl hinter dem Ordner *Posteingang* im Ordnerbereich. Diese gibt die Anzahl der ungelesenen E-Mails an. Außerdem werden Sie im Infobereich der Taskleiste am rechten unteren Bildschirmrand durch ein Briefsymbol auf neue ungelesene E-Mails aufmerksam gemacht und erhalten unter Windows 10 kurz eine Vorschau auf die Nachricht. Jede ungelesene E-Mail wird im Anzeigebereich mit einem senkrechten blauen Strich versehen.

*E-Mail im Lesebereich ansehen*

Anzahl der ungelesenen E-Mails

Nachricht, deren Inhalt im Lesebereich angezeigt wird

ungelesene Nachricht

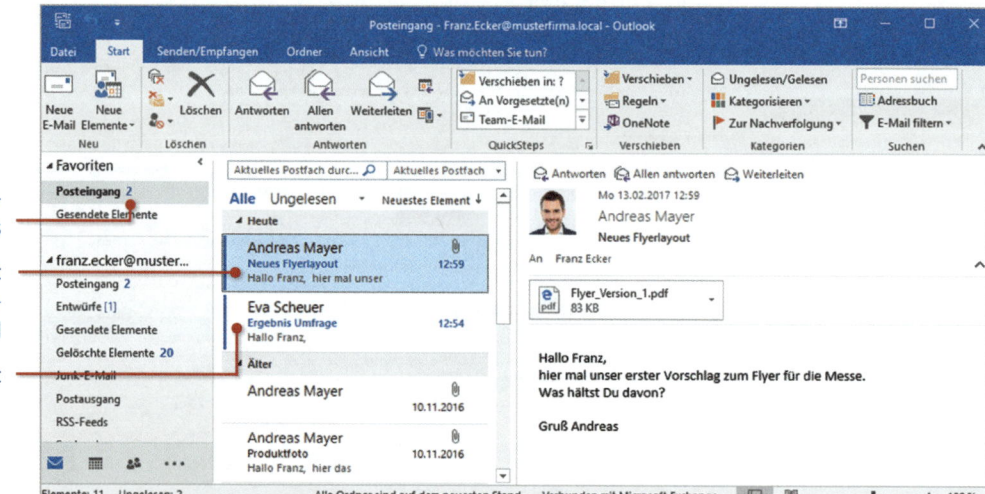

Um den Inhalt einer E-Mail anzuzeigen:

**1**    Klicken Sie im Ordnerbereich auf den Ordner *Posteingang*.

**2**    Der Inhalt des Ordners Posteingang wird rechts daneben im Anzeigebereich angezeigt. Klicken Sie einmal auf die gewünschte E-Mail.

**3**    Im Lesebereich wird der Inhalt der markierten E-Mail dargestellt.

Alternative: Ein Doppelklick auf die E-Mail im Anzeigebereich öffnet diese in einem neuen Fenster.

Im Kopfbereich sehen Sie diverse Informationen zur E-Mail:

▶ Datum und Uhrzeit des E-Mail-Empfangs.

▶ Name des Absenders und gegebenenfalls ein Bild des Absenders, sofern dieses von Ihnen in den Kontaktdaten gespeichert wurde.

▶ Betreff der E-Mail.

▶ Empfänger der E-Mail: Ihr Name und unter Umständen weitere. Sollten Sie eine E-Mail erhalten, in der Sie nicht aufgeführt sind, wurde Ihnen diese Mail als Blind Carbon Copy *Bcc* übersandt.

Je nach Einstellung und Inhalt der E-Mail können weitere Informationen dargestellt werden, z. B. ob und wann die E-Mail beantwortet und/oder weitergeleitet wurde, Anlagen, die der E-Mail beigefügt wurden oder Informationen zu Darstellungsproblemen.

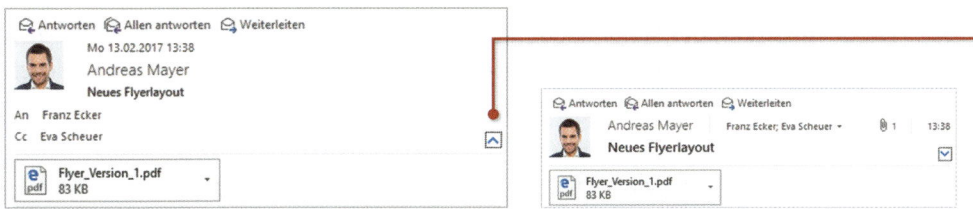

Der Kopfbereich kann entweder erweitert oder reduziert angezeigt werden. Zum Wechsel klicken Sie auf diese Schaltfläche.

*Anzeige der E-Mail im Lesebereich*

## E-Mails beantworten und weiterleiten

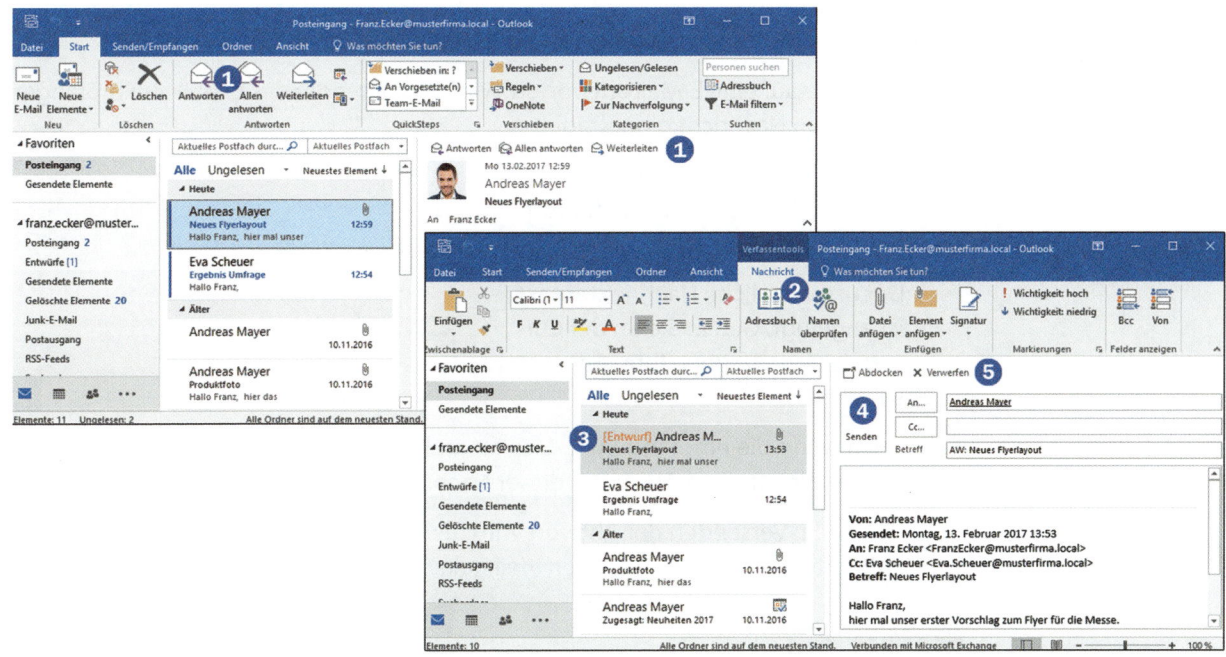

*E-Mail beantworten*

**1** Die Schaltflächen für Antworten und Weiterleiten finden Sie auf der Registerkarte *Start* in der Gruppe *Antworten* oder im Lesebereich der E-Mail. Markieren Sie die E-Mail im Anzeigebereich und klicken Sie auf die entsprechende Schaltfläche.

**2** Dadurch werden im Lesebereich die notwendigen Eingabefelder angezeigt und das kontextbezogene Register *Verfassentools - Nachricht* eingeblendet.

**3** Sobald Sie mit der Texteingabe beginnen, wird Ihre Antwort als Entwurf gespeichert, leicht zu erkennen am Hinweis im Anzeigebereich. Dadurch ist es möglich, die Bearbeitung zu unterbrechen und zu einem anderen Bereich von Outlook zu wechseln, ohne den bereits eingegebenen Text zu verlieren. Sobald Sie zur ursprünglichen Nachricht zurückkehren, wird der eingegebene Text wieder im Lesebereich angezeigt.

**4** Um die Nachricht zu verschicken, klicken Sie auf *Senden*.

**5** Durch Anklicken der Schaltfläche *Abdocken* zeigen Sie die E-Mail in einem extra Fenster an. Mit der Schaltfläche *Verwerfen* brechen Sie die Aktion ab. Dadurch wird auch der automatisch erstellte Entwurf gelöscht.

> Wenn Sie nicht mit dem Lesebereich im Modul E-Mail arbeiten, dann wird die E-Mail beim Anklicken von *Antworten* oder *Weiterleiten* in einem neuen Fenster geöffnet. Die Bearbeitung erfolgt analog zu obiger Beschreibung.

### Antworten

▶ Wenn Sie auf eine E-Mail antworten, wird der Absender der E-Mail als Empfänger der neuen Nachricht eingetragen.

▶ Der Betreff wird beibehalten, ergänzt durch das Kürzel *AW* für Antwort bzw. *RE* für Reply.

▶ Der ursprüngliche Nachrichtentext ist angefügt. Geben Sie an der Cursorposition darüber Ihre Antwort ein.

▶ Auch wenn die empfangene E-Mail an mehrere Personen gesendet wurde, antworten Sie nur dem Absender dieser Nachricht.

▶ Nach dem Versenden der Antwort wird die E-Mail im Posteingangsordner als beantwortet durch einen violetten Pfeil gekennzeichnet.

### Allen Antworten

Wurde eine E-Mail an mehrere Empfänger versandt, so können Sie allen Empfängern Ihre Antwort senden. Markieren Sie die E-Mail und klicken Sie dann auf die Schaltfläche *Allen Antworten*. Empfänger, die die Nachricht als Blind Carbon Copy erhalten haben, bekommen jedoch keine Antwort. Machen Sie von dieser Möglichkeit nur Gebrauch, wenn Sie sicher sind, dass alle Empfänger Ihre Antwort auch benötigen.

### Weiterleiten

▶ Sie haben eine E-Mail erhalten und möchten diese einer anderen Person zusenden. Diese Aufgabe erfüllt die Schaltfläche *Weiterleiten*.

▶ Die Empfängeradresse muss nun selbst eingegeben werden. Der Betreff wird übernommen, ergänzt durch das Kürzel *WG* für Weitergeleitet bzw. *FW* für Forward.

▶ Auch beim Weiterleiten können Sie der Nachricht einen eigenen Text hinzufügen. Anlagen zur E-Mail werden ebenfalls weitergeleitet.

▶ In Ihrem Posteingangsordner wird die E-Mail als weitergeleitet mit einem blauen Pfeil gekennzeichnet.

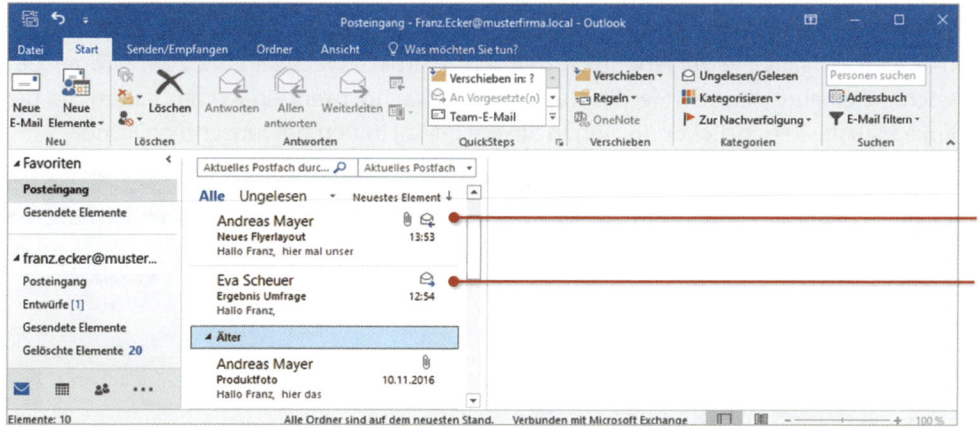

*beantwortete und weitergeleitete Nachricht*

Diese Nachricht wurde beantwortet.

Diese Nachricht wurde weitergeleitet.

### E-Mails erneut versenden

Möchten Sie eine versendete Nachricht erneut senden, gehen Sie wie folgt vor:

**1** Wechseln Sie in den Ordner *Gesendete Elemente*, der Kopien aller ausgehenden Nachrichten enthält und öffnen Sie die gewünschte E-Mail mit einem Doppelklick.

**2** Wählen Sie *Nachricht* ▶ Gruppe *Verschieben* ▶ *Aktionen* ▶ *Diese Nachricht erneut senden* aus.

**3** Das Nachrichtenformular wird erneut angezeigt. Hier können jetzt Änderungen vorgenommen werden. Verschicken Sie die E-Mail über die Schaltfläche *Senden*.

### E-Mails löschen

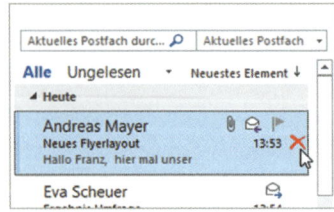

▶ Markieren Sie eine E-Mail im Nachrichtenbereich und klicken auf *Start* ▶ Gruppe *Löschen* ▶ *Löschen* .

▶ Alternativ zeigen Sie im Nachrichtenbereich auf die E-Mail, die gelöscht werden soll und klicken Sie auf das Löschen-Symbol am Ende der Zeile.

▶ Markieren Sie die E-Mail im Nachrichtenbereich und drücken Sie die Entf-Taste auf der Tastatur.

> In früheren Versionen wurde der Ordner *Gelöschte Elemente* als *Gelöschte Objekte* bezeichnet. Unter Umständen, z. B. bei einer Migration auf Outlook 2016, wurde dieser Ordnername in Ihrem Postfach beibehalten.

Sie können auch mehrere E-Mails gleichzeitig löschen. Klicken Sie dazu die erste E-Mail an, halten Sie die Strg-Taste gedrückt, klicken Sie die zweite E-Mail an usw. Alle markierten Nachrichten können dann wie oben beschrieben gelöscht werden.

Gelöschte Nachrichten werden in den Ordner *Gelöschte Elemente* verschoben. Dieser Ordner dient allen Funktionsbereichen zur Aufbewahrung gelöschter Elemente. Somit finden Sie hier auch gelöschte Termine oder Kontakte.

E-Mails können aus dem Ordner *Gelöschte Elemente* wieder in andere Ordner verschoben werden, falls Sie versehentlich gelöscht wurden. Wechseln Sie zum Ordner *Gelöschte Elemente*. Klicken Sie die Nachricht im Nachrichtenbereich an, halten Sie die linke Maustaste gedrückt und ziehen Sie die E-Mail in den gewünschten Ordner.

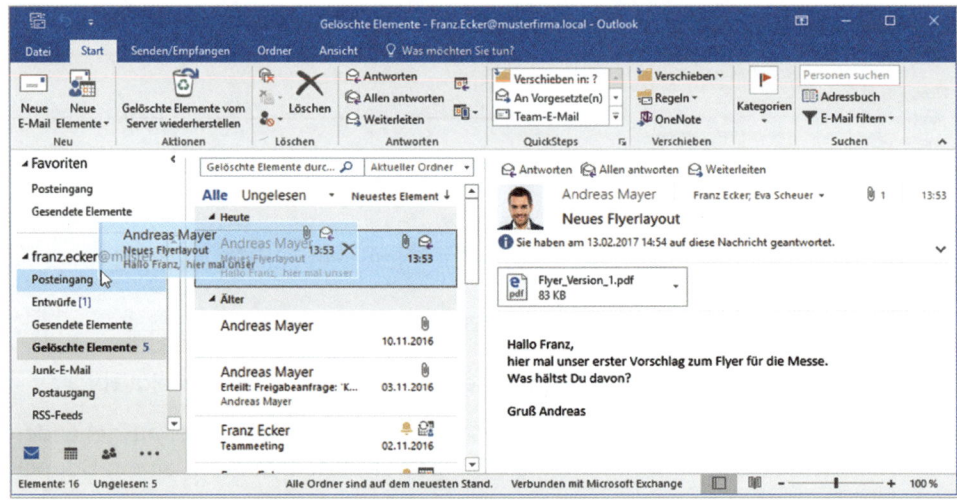

Versehentlich gelöschte E-Mail wird wieder in den Ordner Posteingang verschoben.

*Ordner Gelöschte Elemente*

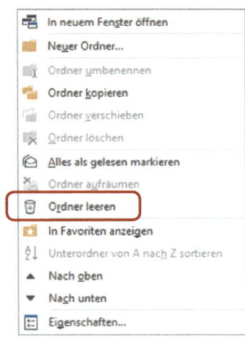

Sie sollten auch von Zeit zu Zeit den Ordner Gelöschte Elemente leeren. E-Mails, die Sie hier löschen sind endgültig entfernt. Löschen Sie entweder, wie oben beschrieben, einzelne Elemente oder klicken Sie den Ordner mit der rechten Maustaste an und wählen *Ordner leeren*. Dann sollten Sie sich allerdings sicher sein, dass Sie kein gelöschtes Element mehr benötigen.

## 2.4 E-Mail Anlage

Als Anlage zu einer E-Mail können Word-Dokumente, Excel-Tabellen, Bilder, komprimierte Dateien etc. versendet und empfangen werden. Antworten Sie auf eine E-Mail,
die eine Anlage enthält, wird diese nicht in die Antwort-E-Mail integriert. Leiten Sie
eine E-Mail mit Anlage weiter, wird auch die Anlage weitergeleitet.

### Datei als Anlage versenden

▶ Öffnen Sie ein neues Nachrichtenformular und tragen Sie die Empfängeradresse,
den Betreff und Ihren Nachrichtentext ein.

▶ Klicken Sie auf *Nachricht* ▶ Gruppe *Einfügen* ▶ *Datei anfügen*. Zunächst erhalten
Sie eine Liste aller zuletzt verwendeten Elemente (ähnlich der Anzeige der *Zuletzt verwendeten Dateien* ❶ im Datei-Explorer). Hier werden Dateien angezeigt,
Word-Dokumente, Excel-Dateien, PDFs oder Grafikdateien etc., die Sie erst kürz-
lich gespeichert haben. Falls das Gewünschte hier schon dabei ist, können Sie es
durch Anklicken als Anlage einfügen.

Wenn Sie keine neue
Nachricht verfassen,
sondern auf eine E-Mail
antworten, dann steht
die Schaltfläche *Datei
anfügen* im Register
*Verfassentools-Nachricht*
ebenfalls zur Verfü-
gung.

▶ Ansonsten klicken Sie auf *Diesen PC durchsuchen* ❷. Das Dialogfenster *Datei einfügen* öffnet sich. Rufen Sie den Speicherort der gewünschten Datei auf, markieren Sie diese und klicken Sie auf die Schaltfläche *Einfügen*. Durch Mehrfachmar-
kierung können mehrere Dateien gleichzeitig eingefügt werden. Halten Sie dazu
die Strg-Taste gedrückt und markieren Sie alle Dateien.

▶ Im Feld *Angefügt* sehen Sie jetzt die Datei mit Dateiname, Dateityp und Datei-
größe. Versenden Sie die E-Mail wie gewohnt. Möchten Sie eine eingefügte Datei
wieder löschen, klicken Sie diese an und drücken die Entf-Taste auf der Tastatur
oder tippen Sie das kleine Dreieck am Ende des Anhangs an ❸ und wählen *Anlage entfernen*.

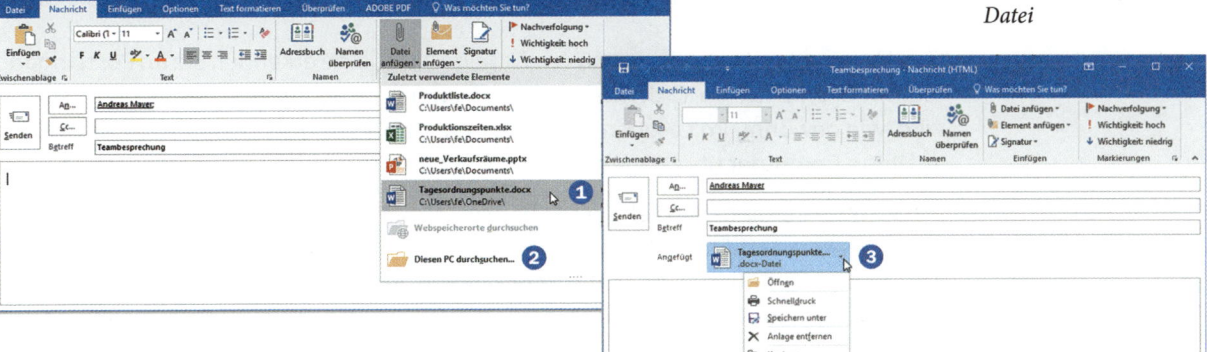

*E-Mail mit angefügter
Datei*

An eine E-Mail können Dateien nur bis zu einer bestimmten Größe angefügt werden, oft ist ab 20 MB Schluss. Das Limit wird entweder durch Outlook, den Exchange Server oder den E-Mail-Provider bestimmt. Darüber hinaus können an eine E-Mail-Nachricht nur Dateien, aber keine Ordner angehängt werden. In diesem Fall komprimieren Sie den Ordner mit einem entsprechenden Programm, z. B. WinZip, WinRar oder 7-Zip. Dann kann er an eine E-Mail angehängt werden.

### Anlagedateien werden blockiert

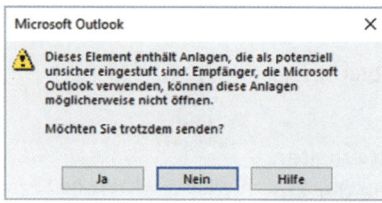

Die Dateien einer Anlage können Schadprogramme enthalten, die Ihren Computer infizieren. Deshalb hat Outlook verschiedene Vorsichtsmaßnahmen integriert, die schon beim Versenden von Nachrichten aktiv werden. Versenden Sie beispielsweise eine ausführbare Datei (Dateierweiterung .exe), so wird der Versand blockiert. Auch wenn Sie die Warnung über die Schaltfläche *Ja* bestätigen, ist es möglich, dass der Empfänger die Anlage nicht erhält.

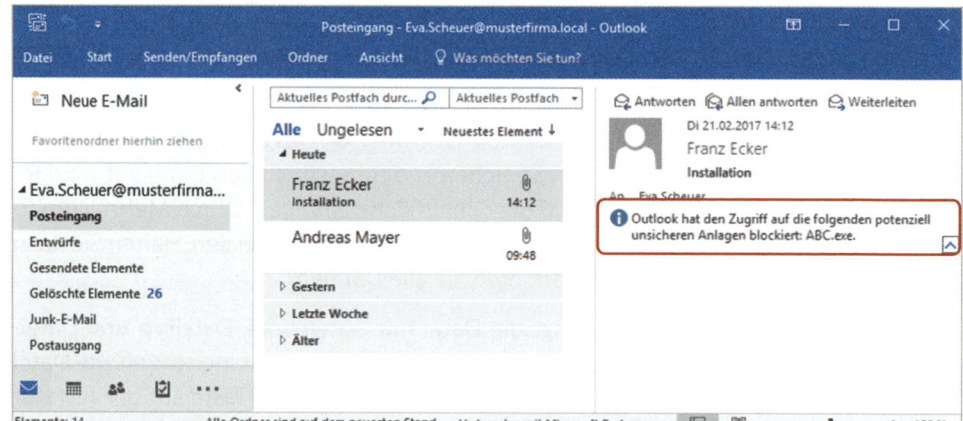

*Potenziell gefährliche Anlage wurde blockiert*

## Datei als Anlage erhalten

Eine Nachricht mit ein oder mehreren Dateien als Anlage erkennen Sie im Posteingang (und in allen anderen Ordnern) am Büroklammersymbol. Die eigentliche Nachricht wird, wie gewohnt, im Lesebereich angezeigt. Da angefügte Dateien auch Schädlinge auf Ihren Computer übertragen können, wird zunächst keine Vorschau geöffnet.

Schadsoftware kann beispielsweise durch eine komprimierte Datei oder eine Excel-Datei, die Makros enthält, auf fremden Rechnern installiert werden. Hier gibt es viele Möglichkeiten, wie der Empfänger ausgetrickst wird. Beispielsweise tarnen sich E-Mails als Bewerbungsschreiben oder Preislisten, um vom Empfänger geöffnet zu werden.

Öffnen Sie Dateianlagen nur, wenn Sie sicher sind, dass Sie aus einer vertrauenswürdigen Quelle stammen.

## Anlagenvorschau und Anlagen bearbeiten

Klicken Sie einmal auf die Anlage, um eine Vorschau zu erhalten. Je nach Dateityp sehen Sie die Vorschau sofort, oder erst nach Anklicken der Schaltfläche *Dateivorschau*. Für manche Dateien ist keine Vorschau möglich.

*PDF-Datei als Anlage*

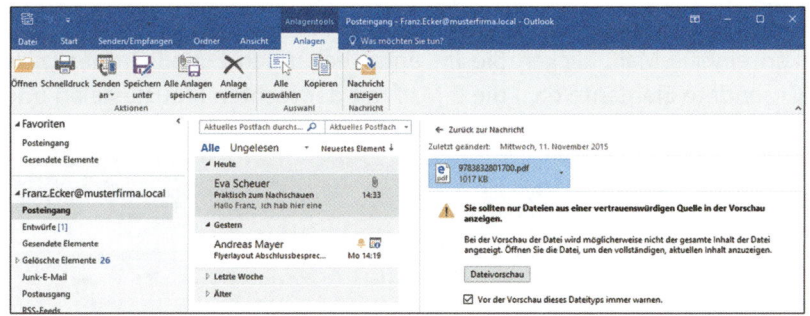

Wenn die Anlage markiert ist, wird das kontextbezogene Register *Anlagentools - Anlagen* eingeblendet, das alle Befehle zur Weiterverarbeitung der Anlagendatei enthält. Alternativ klicken Sie auf das DropDown-Menü der Anlage und wählen den entsprechenden Befehl aus. Um eine Anlage zu öffnen, können Sie die Datei auch doppelt anklicken.

*E-Mail Anlage bearbeiten*

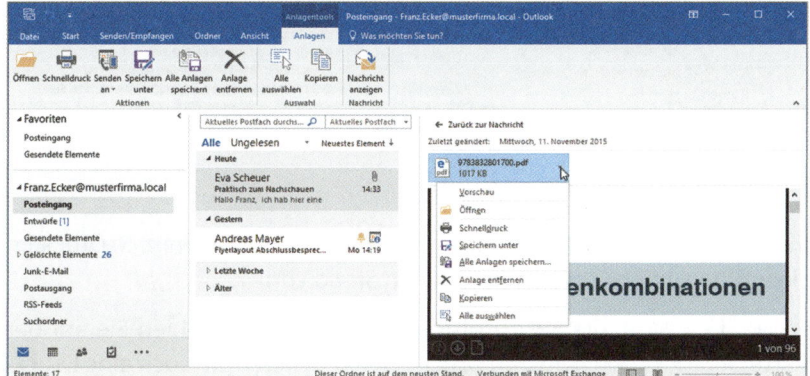

> Anlagen können nur geöffnet oder in der Vorschau betrachtet werden, wenn das entsprechende Programm auf dem Computer installiert ist. Erhalten Sie beispielsweise eine Excel-Datei (.xlsx), benötigen Sie das Programm Microsoft Excel, um die Datei zu öffnen.

## Mehrere Anlagen gleichzeitig abspeichern

Enthält eine E-Mail mehrere Anlagedateien, empfiehlt es sich, alle Anlagen gemeinsam abzuspeichern. Markieren Sie eine Anlage und klicken Sie im Register *Anlagentools - Anlagen* auf die Schaltfläche *Alle Anlagen speichern*. Das Dialogfenster *Alle Anlagen speichern* wird angezeigt. Hier können mit der Strg-Taste und Anklicken der gewünschten Datei, auch einzelne Anlagen aus der Auswahl entfernen. Klicken Sie dann auf *OK* und wählen Sie den Speicherort aus. Schließen Sie das Fenster über die gleichnamige Schaltfläche.

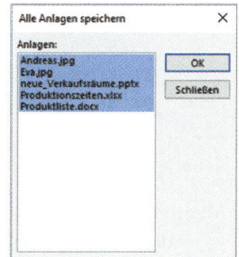

## 2.5    E-Mails drucken

### Schnelldruck einer E-Mail

Zum Ausdrucken einer E-Mail, klicken Sie im entsprechenden E-Mail-Ordner (z. B. Posteingang, Gesendete Elemente etc.) die E-Mail mit der rechten Maustaste an und wählen im Kontextmenü *Schnelldruck* aus.

*Schnelldruck einer E-Mail*

*Rechtsklick auf die E-Mail und Auswahl von Schnelldruck*

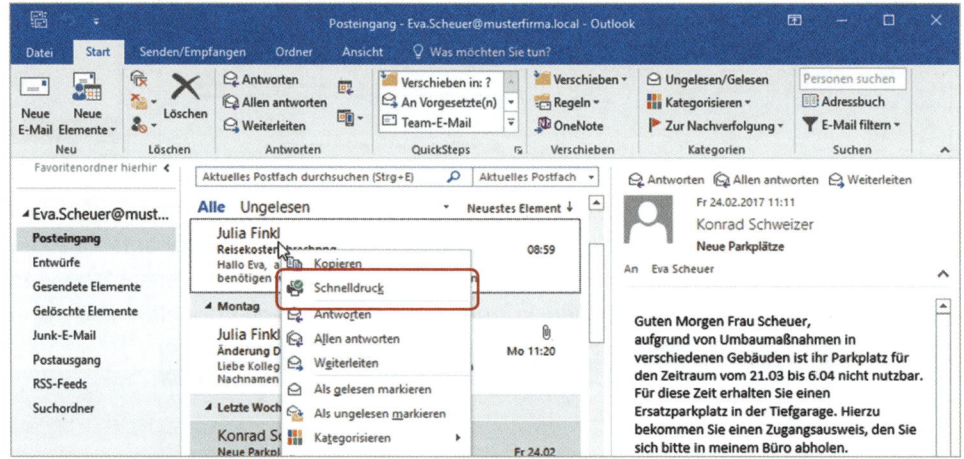

### Weitere Einstellungsmöglichkeiten

Um weitere Einstellungen für den Ausdruck einer E-Mail vorzunehmen, z. B. Druck im Querformat, Hinzufügen einer Kopfzeile etc., gehen Sie so vor:

*Einstellungen und Druckvorschau*

▶ Markieren Sie die E-Mail, die Sie ausdrucken möchten und wählen Sie auf der Registerkarte *Datei* ▶ *Drucken* aus. Im Druckbereich erhalten Sie auch eine Druckvorschau.

Schaltfläche Drucken

Druckoptionen

Memoformat zum Ausdruck von E-Mails

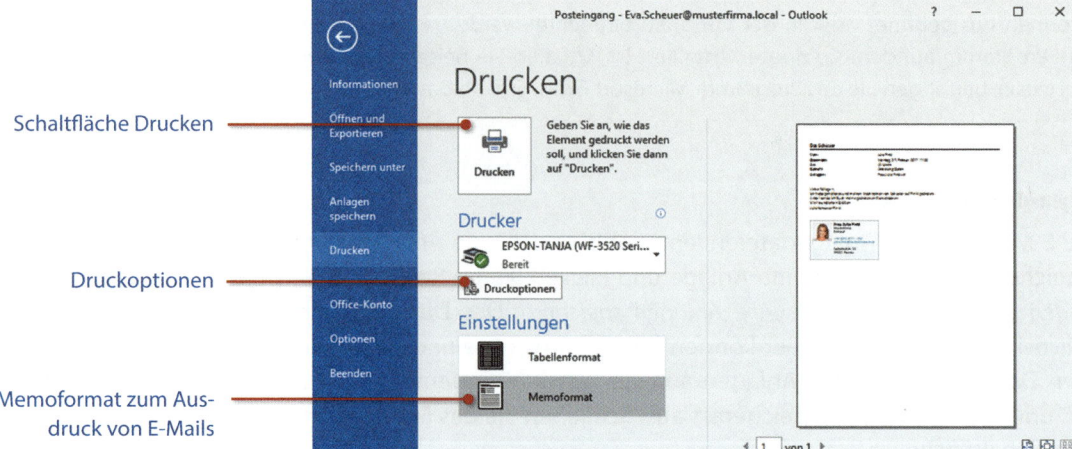

▶ Wählen Sie bei Einstellungen *Memoformat* aus. Dies eignet sich zum Ausdruck von einzelnen E-Mails. Im Feld rechts erhalten Sie eine Vorschau auf den Ausdruck. Zum Starten des Drucks, klicken Sie auf die Schaltfläche *Drucken*.

▶ Über die Schaltfläche *Druckoptionen* erhalten Sie weitere Einstellungsmöglichkeiten: Hier wählen Sie beispielsweise aus, wie oft die E-Mail ausgedruckt werden soll. Oder klicken Sie auf die Schaltfläche *Seite einrichten*, um beispielsweise die Schriftart zu verändern, das Blatt im Querformat auszudrucken oder Kopf- und Fußzeilen hinzuzufügen. Bestätigen Sie Ihre Auswahl über die Schaltfläche *OK*.

## Den Inhalt eines E-Mail-Ordners ausdrucken

Möchten Sie eine Inhaltsübersicht eines E-Mail-Ordners ausdrucken, gehen Sie wie folgt vor:

▶ Klicken Sie im Ordnerbereich auf den Ordner, dessen Übersicht Sie ausdrucken möchten und wählen Sie *Datei* ▸ *Drucken* aus.

▶ Wählen Sie in der Gruppe *Einstellungen* das *Tabellenformat*. Der Inhalt des Ordners wird als tabellarische Übersicht dargestellt.

▶ Auch hier können Sie über die Schaltfläche *Druckoptionen* weitere Einstellungen vornehmen.

▶ Zum Ausdruck klicken Sie auf die Schaltfläche *Drucken*.

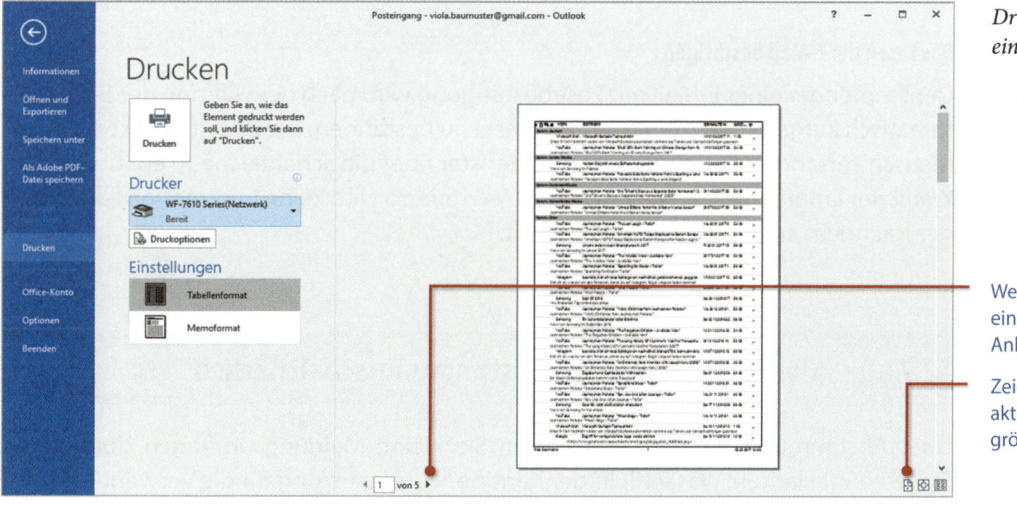

*Drucken des Inhalts eines Ordners*

Wechseln Sie durch die einzelnen Seite durch Anklicken der Dreiecke

Zeigt einen Teil der aktuelle Seite in Originalgröße an

## 2.6     Lesebestätigung anfordern

Um sicherzustellen, dass wichtige E-Mails beim Empfänger auch angekommen sind, können Sie eine Lesebestätigung anfordern. Der Empfänger erhält beim Öffnen der E-Mail eine entsprechende Meldung und kann, muss aber nicht den Erhalt bestätigen.

### Lesebestätigung anfordern

Verfassen Sie eine E-Mail mit Empfänger, Betreff und Nachrichtentext. Wechseln Sie im Nachrichtenformular auf die Registerkarte *Optionen* und aktivieren Sie in der Gruppe *Verlauf* das Kontrollkästchen vor *Lesebestät. anfordern*. Versenden Sie die E-Mail wie gewohnt. Nachdem der Empfänger den Eingang Ihrer E-Mail bestätigt hat, erhalten Sie automatisch eine Lesebestätigung per E-Mail.

*Sender der Nachricht fordert eine Lesebestätigung an und der Empfänger kann diese bestätigen*

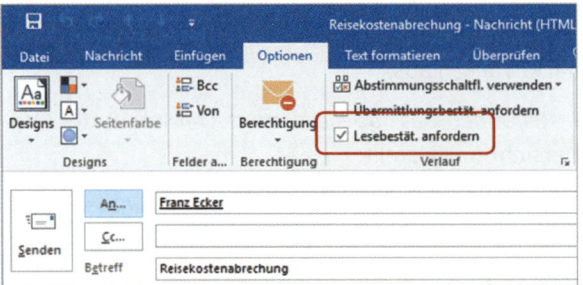 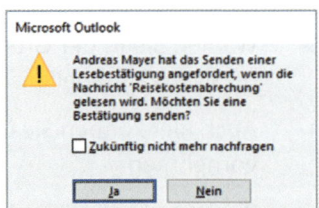

### Das Lesen der E-Mail bestätigen

Der Empfänger einer E-Mail mit Lesebestätigung wird nach dem Öffnen der E-Mail automatisch aufgefordert, den Eingang dieser zu bestätigen. Die Bestätigung wird automatisch versandt, sobald dies im Dialogfenster über die Schaltfläche *Ja* erlaubt wurde. Wählt der Empfänger der Nachricht hier *Nein* aus, so wird keine Information zum Erhalt der Nachricht an den Absender versandt.

## 2.7     Kleine Umfragen mit Abstimmungsschaltflächen

Über Abstimmungsschaltflächen führen Sie kleine Meinungsumfragen durch. Eine Frage könnte lauten: Was fehlt in der Kantine? Voraussetzung für die Verwendung von Abstimmungsschaltflächen ist, dass die Antwortalternativen gegeben sind, z. B. Veganes Gericht, Salatteller, Preiswerter Snack, Bin zufrieden.

In Ihre E-Mail werden die Antwortalternativen so eingefügt, dass die Empfänger nur noch auf eine der Alternativen klicken müssen, um abzustimmen. Der große Vorteil für Sie ist, dass Sie bei der Auswertung entlastet werden. Sie erhalten eine Statusübersicht, der Sie mit einem Blick entnehmen, welche Option am meisten Stimmen erhalten hat.

**E-Mail mit Abstimmungsschaltfläche verfassen**

▶ Verfassen Sie eine E-Mail mit Empfänger, Betreff und Nachrichtentext.

▶ Wechseln Sie im Nachrichtenformular auf die Registerkarte *Optionen* und klicken Sie in der Gruppe *Verlauf* auf *Abstimmungsschaltfläche verwenden*. Über das Listenfeld erhalten Sie eine Auswahl vordefinierter Schaltflächen. Über *Benutzerdefiniert* können Sie eigene Schaltflächen festsetzen. Klicken Sie auf *Benutzerdefiniert*.

▶ Das Dialogfenster *Eigenschaften* öffnet sich. Tragen Sie im Abschnitt *Abstimmungs- und Verlaufsoptionen* in das Feld *Abstimmungsschaltflächen verwenden* die Bezeichnungen der einzelnen Möglichkeiten, getrennt durch einen Semikolon (;) ein. Bestätigen Sie das Fenster über die Schaltfläche *Schließen*.

Viele Empfänger übersehen, dass die E-Mail Abstimmungsschaltflächen enthält. Es kann nicht schaden, wenn Sie direkt im Nachrichtentext noch einmal auf diese hinweisen.

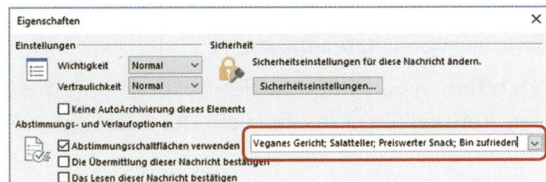

*Abstimmungsschaltflächen definieren*

▶ Im Nachrichtenformular erhalten Sie lediglich eine Information, die eigentlichen Abstimmungsschaltflächen sehen Sie als Absender nicht. Versenden Sie die E-Mail wie gewohnt.

*E-Mail mit Abstimmungsschaltflächen*

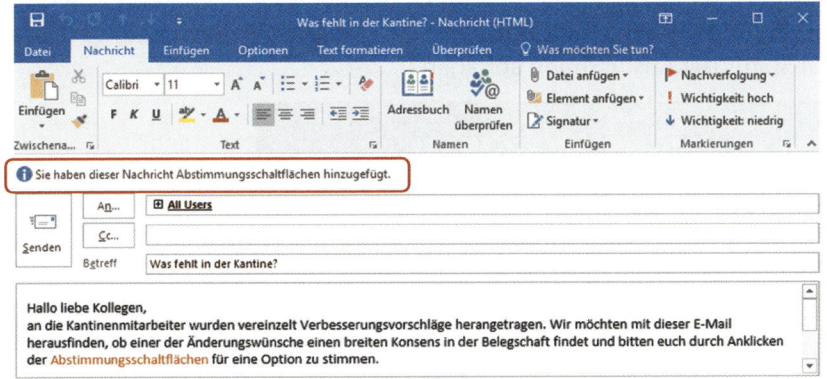

**Abstimmungsschaltflächen in einer E-Mail verwenden**

▶ Die Empfänger der E-Mail sehen im Lesebereich der E-Mail zunächst nur einen Hinweis auf das Vorhandensein von Abstimmungsschaltflächen. Klicken Sie den Hinweis mit der linken Maustaste an, um die Schaltflächen anzuzeigen und die gewünschte Option auszuwählen. Im folgenden Dialogfenster bestätigen Sie die Versendung. Sie können hier auch noch eine Nachricht beifügen.

▶ Sollten Sie den Inhalt der Nachricht nicht im Lesebereich betrachten, sondern die E-Mail mit einem Doppelklick geöffnet haben, finden Sie die Abstimmungsschaltflächen unter *Nachricht ▶ Abstimmen*.

*Lesebereich des Empfängers*                 *Nachrichtenfenster des Empfängers*

### Abstimmungsresultate anzeigen

Nachdem Sie als Initiator der Abstimmung die ersten E-Mail-Antworten erhalten haben, können Sie eine Übersicht der derzeitigen Stimmverteilung anzeigen:

▶ Zeigen Sie den Inhalt einer E-Mail-Antwort auf Ihre Umfrage im Lesebereich an, klicken Sie die Infoleiste an und klicken nochmals auf *Abstimmungsresultate anzeigen*. Sie erhalten die Einzelantworten in übersichtlicher Form und sehen in der Infoleiste oberhalb eine Zusammenfassung der Ergebnisse.

▶ Alternativ können Sie auch Ihre unter *Gesendete Elemente* gespeicherte Kopie der Umfrage-E-Mail öffnen. Mit *Nachricht* ▶ Gruppe *Anzeigen* ▶ *Status* können Sie den Status der Abstimmung abfragen.

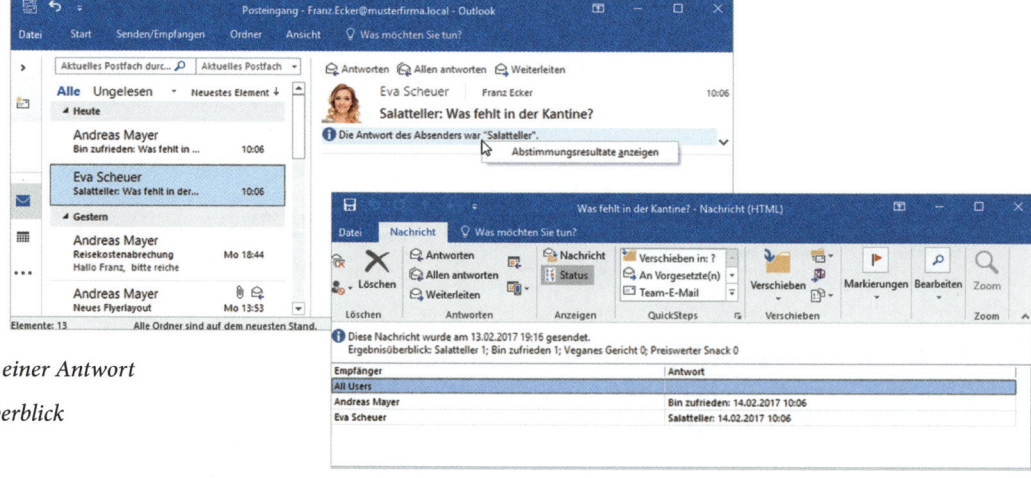

*Links: Infoleiste in einer Antwort*

*Rechts: Ergebnisüberblick*

## 2.8    Nachverfolgung: E-Mails auf Wiedervorlage

Sowohl E-Mails, die Sie versenden, als auch E-Mails, die Sie erhalten, können zur Nachverfolgung gekennzeichnet werden. Die Nachverfolgung erinnert Sie, dass im Zusammenhang mit dieser E-Mail weiterer Handlungsbedarf besteht. Die Nachverfolgung legt sozusagen E-Mails auf Wiedervorlage. Durch die Kennzeichnung der E-Mail wird ein Aufgabenelement erstellt, das im Funktionsbereich Aufgaben in der Aufgabenliste sowie im Popup Aufgaben und ggf. in der Aufgabenleiste mit Fälligkeitsdatum angezeigt wird.

*Mehr zu Aufgaben erfahren Sie in Kapitel 5*

### E-Mail kennzeichnen

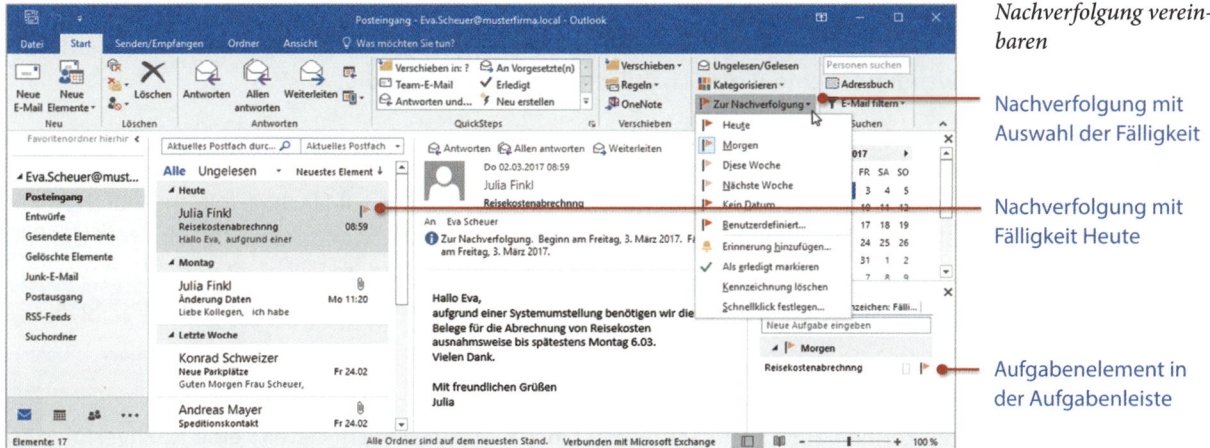

*Nachverfolgung vereinbaren*

Nachverfolgung mit Auswahl der Fälligkeit

Nachverfolgung mit Fälligkeit Heute

Aufgabenelement in der Aufgabenleiste

#### Schnelle Kennzeichnung mit Fälligkeit Heute

Zeigen Sie in der Nachrichtenliste mit der Maus auf die gewünschte E-Mail. Klicken Sie das Fähnchen-Symbol an. Die E-Mail-Nachricht wird dadurch zur Nachverfolgung gekennzeichnet mit Fälligkeit *Heute*.

#### Kennzeichnung mit Auswahl eines Zeitpunkts / Zeitraums

Markieren Sie in der Nachrichtenliste die E-Mail, die zur Nachverfolgung gekennzeichnet werden soll. Klicken Sie auf *Start* ▶ Gruppe *Kategorien* ▶ *Zur Nachverfolgung*. Hier wählen Sie einen Zeitpunkt, z. B. *Morgen* oder einen Zeitraum *Nächste Woche* als Fälligkeit aus.

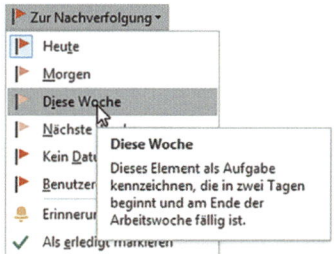

> Zeigen Sie auf einen Eintrag bei *Zur Nachverfolgung*, um Angaben zu Beginn und Fälligkeit zu erhalten.

Eine nachverfolgte E-Mail erkennen Sie am roten Nachverfolgungsfähnchen in der Nachrichtenliste. Außerdem wurde durch die Nachverfolgung ein Eintrag im Funktionsbereich Aufgaben erstellt. Als Bezeichnung des Aufgabenelements dient der E-Mail Betreff. Das Aufgabenelement wird je nach gewähltem Zeitpunkt eingeordnet. So können Sie die Erledigung nicht vergessen.

### Benutzerdefinierte Nachverfolgung

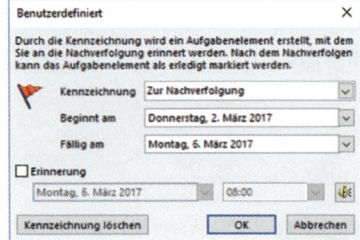

Sie können für eine Nachverfolgung auch ein bestimmtes Fälligkeitsdatum vereinbaren. Verfahren Sie wie oben beschrieben und wählen über die Schaltfläche *Zur Nachverfolgung* die Alternative *Benutzerdefiniert* aus. Tragen Sie Beginn, Fälligkeit und gegebenenfalls eine Erinnerungsmeldung ein und bestätigen Sie das Dialogfenster über die Schaltfläche *OK*.

### Fälligkeit nachträglich verändern

Um nachträglich die Fälligkeit einer nachverfolgten E-Mail zu ändern, verwenden Sie erneut die Schaltfläche *Zur Nachverfolgung*.

### Fälligkeit des Schnellklicks festlegen

Als Schnellklick bezeichnet man die Kennzeichnung zur Nachverfolgung durch Anklicken des Fähnchensymbols in der Nachrichtenliste. Standardmäßig wird hier die Fälligkeit *Heute* festgelegt. Soll standardmäßig eine andere Fälligkeit vereinbart werden, wählen Sie *Start* ▶ Gruppe *Kategorien* ▶ *Zur Nachverfolgung* ▶ *Schnellklick festlegen*.

### E-Mail im Nachrichtenformular zur Nachverfolgung kennzeichnen

Sie können auch beim Schreiben einer E-Mail-Nachricht bereits eine Nachverfolgung festlegen. Hier besteht die Möglichkeit neben der Erstellung eines eigenen Aufgabenelements, die zu versendende E-Mail auch gleich für den Empfänger mit einer Kennzeichnung und einer Erinnerung zu versehen. Der Empfänger entscheidet bei Empfang der E-Mail selbst, ob er die Nachricht zur Nachverfolgung kennzeichnet und damit ein eigenes Aufgabenelement erstellt.

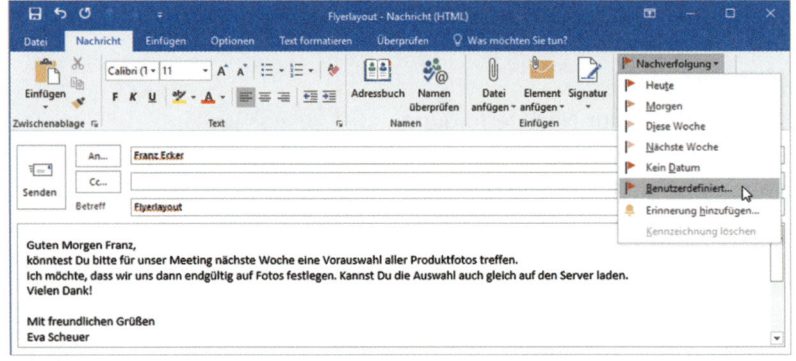

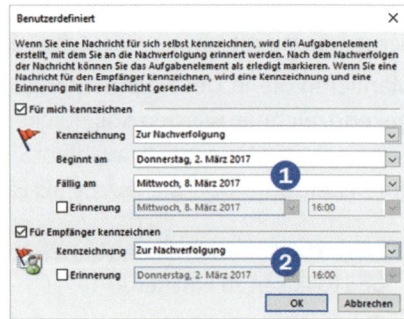

Öffnen Sie ein Nachrichtenformular und tragen Sie Empfänger, Betreff und Text ein. Klicken Sie auf *Nachricht* ▸ Gruppe *Kategorien* ▸ *Nachverfolgung* und wählen einen Zeitraum oder klicken auf *Benutzerdefiniert*, um detaillierte Informationen ❶ und ggf. eine Kennzeichnung für den Empfänger ❷ einzutragen. Versenden Sie die E-Mail wie gewohnt.

Die E-Mail wird im Ordner *Gesendete Elemente* mit einem roten Nachverfolgungsfähnchen versehen und in der *Aufgabenliste* des Funktionsbereichs Aufgaben eingetragen. Für den Empfänger der nachverfolgten E-Mail ist die Kennzeichnung nicht ersichtlich, es sei denn, Sie haben explizit eine Kennzeichnung für den Empfänger definiert. Diese Kennzeichnung informiert lediglich den Empfänger der Nachricht, dass Sie eine Nachverfolgung vereinbart haben. Dadurch wird kein Aufgabenelement beim Empfänger erstellt.

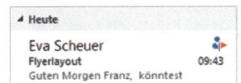

Darstellung der gekennzeichneten E-Mail beim Emfpänger

## Nachverfolgung erledigen

Die nachverfolgte E-Mail wird als Aufgabenelement angezeigt. Ein Doppelklick auf den Text der Aufgabe öffnet die E-Mail-Nachricht. So können Sie sich jederzeit über die Aufgabe informieren.

Wenn Sie den Auftrag erfüllt haben, sollten Sie die nachverfolgte E-Mail als erledigt kennzeichnen. Dadurch verschwindet das Aufgabenelement aus der Aufgabenliste. Um eine Aufgabe als erledigt zu kennzeichnen, klicken Sie auf das rote Nachverfolgungsfähnchen der E-Mail in der Nachrichtenliste oder im Funktionsbereich Aufgaben.

 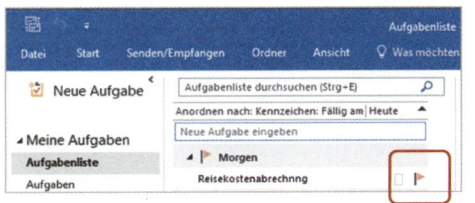

*Aufgaben erledigen in der Nachrichtenliste oder in der Aufgabenliste*

Im E-Mail-Ordner wird die nachverfolgte Nachricht mit einem Häkchen als erledigt gekennzeichnet.

> Nachverfolgte E-Mails werden am Tag Ihrer Fälligkeit im E-Mail-Ordner (Posteingang, Gesendete Elemente) in roter Schriftfarbe dargestellt, sofern sie nicht erledigt wurden.

## Nachverfolgung löschen

Versehentlich vereinbarte Nachverfolgungen können über *Start* ▸ Gruppe *Kategorien* ▸ *Zur Nachverfolgung* und Auswahl von *Kennzeichnung löschen* wieder entfernt werden. Die E-Mail muss dazu markiert werden.

## 2.9     Signaturen verwenden

Bestandteile einer E-Mail, wie z. B. Grußformel, Name, Firma, Anschrift etc. müssen nicht für jede E-Mail erneut eingeben werden. Diese Informationen werden als Signatur hinterlegt und automatisch in jede neue E-Mail eingefügt.

*Visitenkarte siehe Lektion 3*

Neben einer einfachen Textsignatur steht Ihnen in Outlook auch das Feature „Visitenkarte" zur Verfügung. Eine Visitenkarte enthält ebenfalls Kontaktinformationen und wird im Funktionsbereich *Personen* erstellt. Versenden Sie eine Visitenkarte per E-Mail, um dem Empfänger die Speicherung Ihrer Kontaktinformationen zu erleichtern. Die Textsignatur dagegen dient zur Anzeige notwendiger und wiederkehrender Inhalte im Nachrichtentext Ihrer E-Mail.

*Neues Nachrichtenformular mit Signatur*

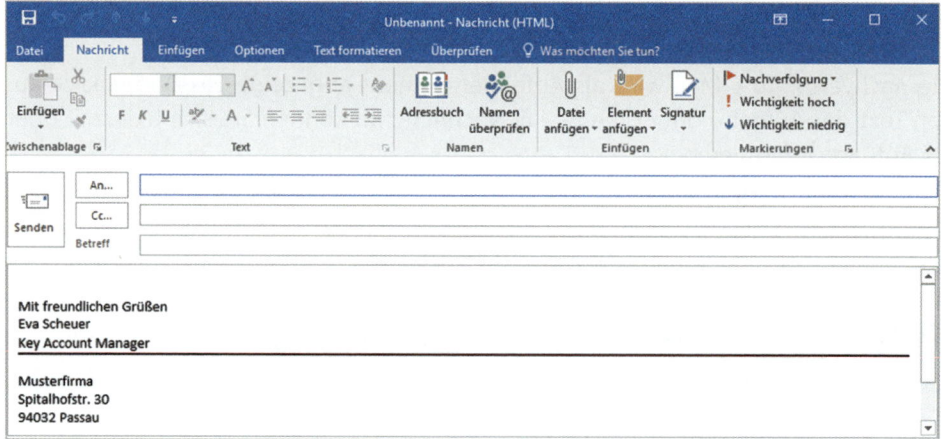

### Signatur erstellen

Öffnen Sie ein neues Nachrichtenformular und klicken Sie auf *Nachricht* ▶ Gruppe *Einfügen* ▶ *Signatur* ▶ *Signaturen*. Das Dialogfenster *Signaturen und Briefpapier* wird geöffnet. Alternativ wählen Sie das Register *Datei* und klicken Sie hier auf *Optionen* und dann auf *E-Mail*. Klicken Sie dann auf die Schaltfläche *Signaturen*.

**4**   Klicken Sie die Schaltfläche *Neu* an und geben Sie einen Namen für die Signatur ein, z. B. *intern* oder *extern*. Bestätigen Sie über die Schaltfläche *OK*. Die neue Signatur wird jetzt im Abschnitt *Signatur zum Bearbeiten auswählen* aufgeführt.

**5**   Tragen Sie nun im Abschnitt *Signatur bearbeiten* eine Grußformel, ihren Namen, die Firmenanschrift etc. ein und formatieren sie den Text. Bestätigen Sie die Eingabe über die Schaltfläche *OK*.

**6** Bei *Standardsignatur auswählen* legen Sie fest, welche Signatur standardmäßig in einer neuen E-Mail und beim Antworten auf oder Weiterleiten von einer Nachricht angezeigt wird. Ein Wechsel zwischen verschiedenen Signaturen ist unabhängig davon möglich. Außerdem kann jede Signatur in der E-Mail wie Text gelöscht werden.

Da Outlook ja mit mehreren E-Mail-Konten verbunden werden kann, wechseln Sie gegebenenfalls bei *E-Mail-Konto* zum nächsten und bestimmen auch für dieses Konto, welche Signatur standardmäßig angezeigt werden soll.

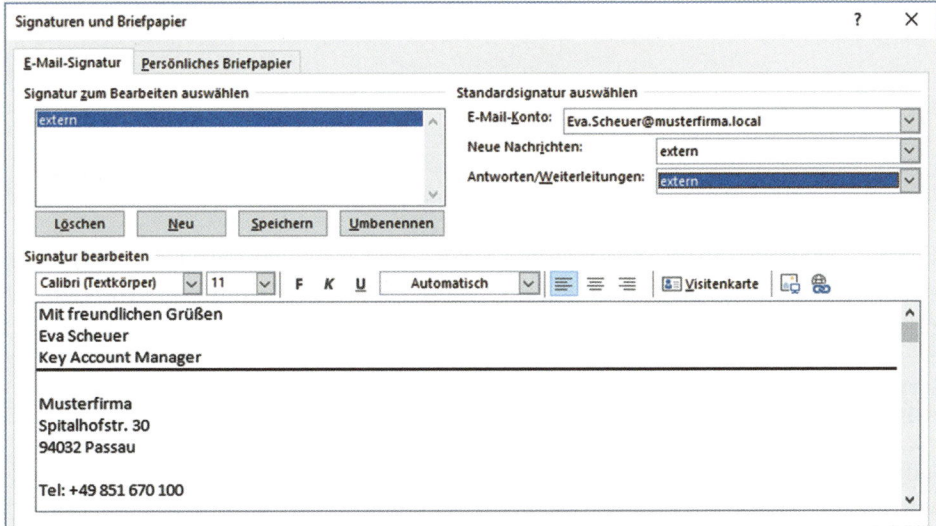

*Neue Signatur erstellen*

## Weitere Signaturen anlegen und bearbeiten

Outlook bietet die Möglichkeit, mehrere Signaturen anzulegen und je nach Art der E-Mail-Nachricht zwischen den Signaturen zu wechseln. So können Sie eine Signatur *intern* anlegen, für E-Mails an Kollegen oder eine Signatur *Erstkontakt*, die verwendet wird um Neukunden weitere Informationen, wie z. B. eine Visitenkarte zukommen zu lassen.

Rufen Sie, wie oben beschrieben das Dialogfenster *Signaturen und Briefpapier* auf. Legen Sie über die Schaltfläche *Neu* eine weitere Signatur an, z. B. intern, und geben Sie im Abschnitt *Signatur bearbeiten* einen neuen Text ein. Wählen Sie unter *Standardsignatur auswählen* für *Neue Nachrichten* und gegebenenfalls für *Antworten/Weiterleitungen* die Signatur aus, die Sie häufiger benutzen. Diese wird dann standardmäßig im Nachrichtenformular angezeigt.

*Mehrere Signaturen verwenden*

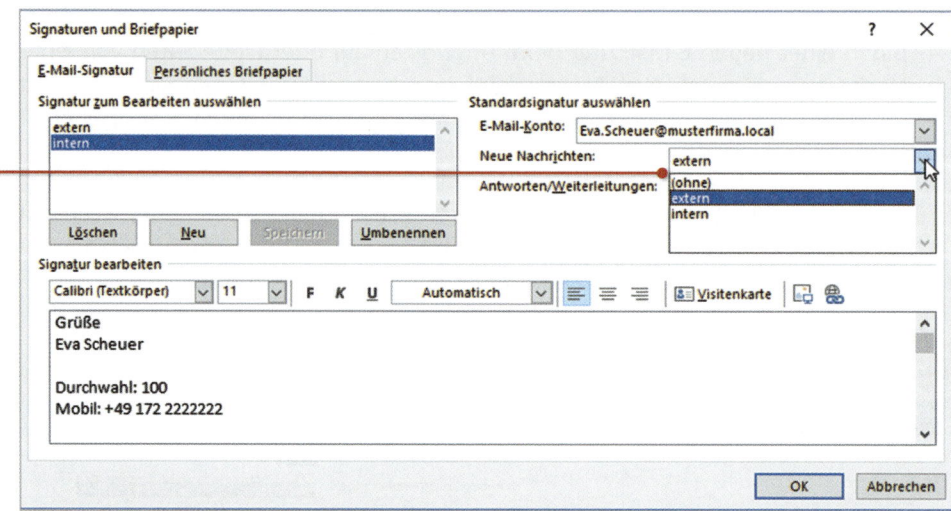

Signatur auswählen, die standardmäßig angezeigt werden soll

Über die Schaltfläche *Löschen* entfernen Sie die markierte Signatur. Änderungen am Text der Signatur nehmen Sie im Bereich *Signatur bearbeiten* vor und bestätigen die Änderung mit *Ok*.

### Zwischen Signaturen wechseln

Wenn Sie in einem neuen Nachrichtenformular die Signatur wechseln möchten, klicken Sie auf *Nachricht* ▸ Gruppe *Einfügen* ▸ *Signatur*. Alle festgelegten Signaturen erscheinen und können ausgewählt werden.

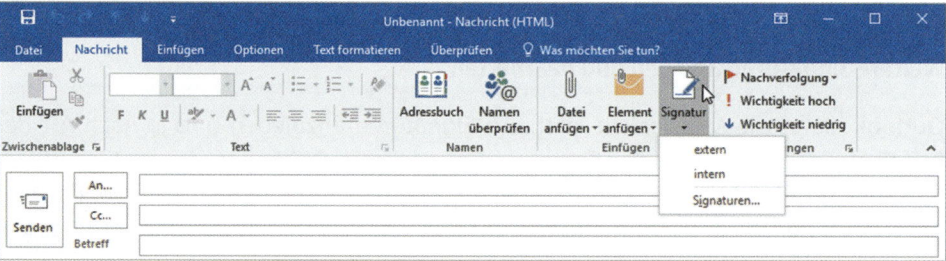

## 2.10 Schnellbausteine: Vorgefertigte Texte einfügen

Wenn Sie in verschiedenen E-Mails immer wieder dieselben Texte benötigen, ersparen Sie sich viel Tipparbeit durch die Verwendung von Schnellbausteinen. In einem
Schnellbaustein speichern Sie Text samt Formatierung, Grafiken, Tabellen, Symbolen
oder sogar Formen. Der Schnellbaustein steht für jede neue E-Mail-Nachricht zur Verfügung und kann nachträglich verändert oder gelöscht werden. Schnellbausteine finden Sie im Nachrichtenformular über *Einfügen ▸* Gruppe *Text ▸ Schnellbausteine*. Standardmäßig werden in Outlook keine vorgefertigten Schnellbausteine angeboten. Sie
müssen vom Benutzer angelegt werden.

### Schnellbaustein erstellen

**1** Öffnen Sie ein neues Nachrichtenformular und fügen Sie den gewünschten Text,
Grafiken, Tabellen etc. hinzu und formatieren Sie den Text.

**2** Markieren Sie die Inhalte und wählen *Einfügen ▸* Gruppe *Text ▸ Schnellbausteine
▸ Auswahl im Schnellbaustein-Katalog speichern* aus.

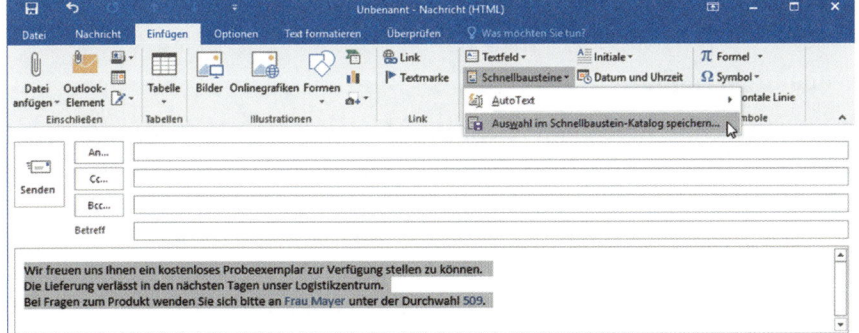

*Anlegen eines neuen
Bausteins*

**3** Geben Sie einen Namen für den Schnellbaustein ein. Vorge-
schlagen werden automatisch die ersten Zeichen des eingegebenen Texts. Die Schnellbausteine werden innerhalb einer
Kategorie alphabetisch sortiert angezeigt. Häufig benötigte
Bausteine können durch das Voranstellen einer Zahl oder des
Buchstabens A an den Anfang der Liste gestellt und so schneller
gefunden werden.

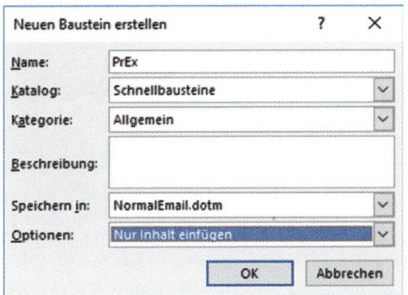

Sie müssen einen Namen verwenden, der nicht schon für einen
anderen Baustein in diesem Katalog vergeben ist. Andernfalls
würden Sie den vorhandenen Baustein überschreiben.

**4** Bei *Katalog* legen Sie fest, wo das erstellte Element zur Verfügung steht. In anderen Office-Programmen ist eine Aufteilung durchaus sinnvoll. Hier sollten Sie den
Katalog *Schnellbausteine* verwenden.

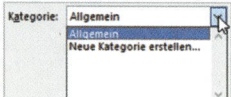

**5** Den Eintrag für den Baustein legen Sie entweder in der Kategorie *Allgemein* an oder, falls noch eine ganze Reihe an Schnellbausteinen folgen, erstellen Sie hier weitere Kategorien als zusätzliches Ordnungssystem.

**6** Zusätzlich kann ein Text zur Beschreibung des Schnellbausteins eingetragen werden, dieser wird in der QuickInfo angezeigt, wenn Sie bei Auswahl des Schnellbausteins mit der Maus auf den entsprechenden Eintrag zeigen.

**7** Im Feld *Speichern in* belassen Sie die aktuelle Auswahl.

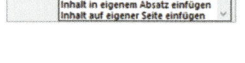

**8** Bei *Optionen* legen Sie fest, welche Umbrüche den eingefügten Schnellbaustein umgeben. Bei Auswahl von *Inhalt in eigenem Absatz einfügen* wird vor dem Text des Schnellbausteins ein Zeilenumbruch eingefügt. Mit *Nur Inhalt einfügen* wird der Schnellbaustein ohne weitere Absätze in die E-Mail-Nachricht eingefügt.

> **Ich habe „Nur Inhalt einfügen" ausgewählt, dennoch wird nach dem Schnellbaustein eine neue Zeile eingefügt.**
>
> Zusätzlich zur Auswahl unter *Optionen* kommt es auch darauf an, wie der Text markiert wurde. Wenn bei der Erstellung des Schnellbausteins der Zeilenumbruch am Ende des Eintrags markiert wurde, wird beim späteren Einfügen des Schnellbausteins ein Zeilenumbruch erzeugt und es kann nicht nahtlos weitergeschrieben werden.

Geben Sie den Code ein:
12ACgbjlsd$589PUZ

Mit Zeilenumbruch

Geben Sie den Code ein:
12ACgbjlsd$589PUZ

Ohne Zeilenumbruch

### Schnellbaustein einfügen

Die Schnellbausteine werden im Nachrichtenformular über *Einfügen* ▶ Gruppe *Text* ▶ *Schnellbausteine* angeboten. Jeder Eintrag ist mit einem Vorschaubild abgelegt. Oberhalb des Vorschaubildes steht der Name des Bausteins. Die Schnellbausteine im Katalog sind alphabetisch geordnet. Arbeiten Sie mit vielen Schnellbausteinen, sind thematische Anordnungen meist sinnvoller, dann erstellen Sie verschiedene Kategorien, denen die einzelnen Schnellbausteine zugeordnet werden. Dadurch wird die Liste der verfügbaren Schnellbausteine mit Zwischenüberschriften durchsetzt.

*Liste der Schnellbausteine*

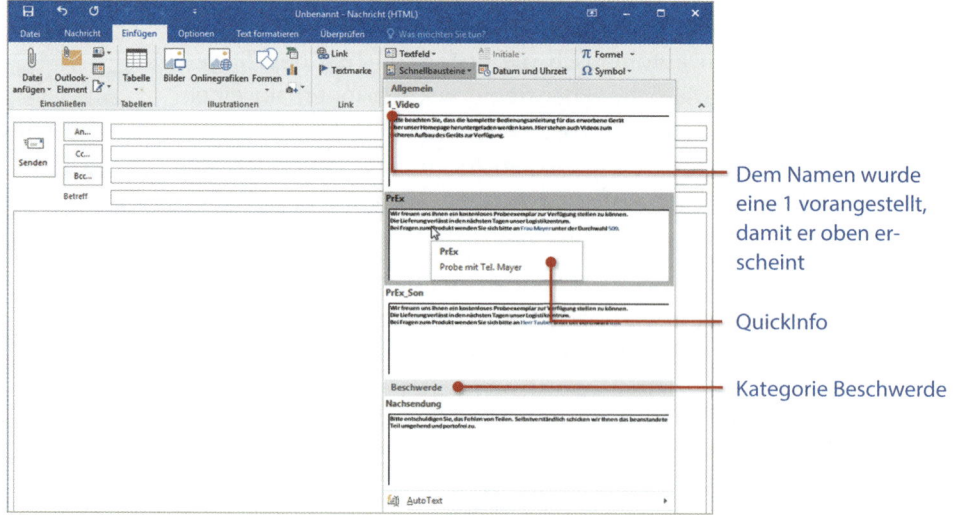

Dem Namen wurde eine 1 vorangestellt, damit er oben erscheint

QuickInfo

Kategorie Beschwerde

- Durch Anklicken des Eintrages, wird der dahinter gespeicherte Inhalt an der aktuellen Cursorposition im Nachrichtenformular eingefügt.

- Alternativ geben Sie den Namen des Schnellbausteins im Nachrichtenformular ein und drücken die Funktionstaste F3. Daraufhin wird der Inhalt eingefügt.

## Schnellbausteine verwalten und löschen

Zeigen Sie im Nachrichtenformular *Einfügen* ▸ Gruppe *Text* ▸ *Schnellbausteine* an und klicken Sie in der Liste den gewünschten Schnellbaustein mit der rechten Maustaste an. Im Kontextmenü wählen Sie *Organisieren und löschen*. Das Dialogfenster *Organizer für Bausteine* wird angezeigt. Der gewünschte Schnellbaustein ist bereits markiert.

Im Organizer verwalten Sie alle Bausteine, können deren Eigenschaften bearbeiten oder den markierten Baustein löschen. Wollen Sie einen anderen Eintrag bearbeiten, finden Sie diesen schneller, wenn Sie die Einträge nach *Name*, *Katalog*, *Kategorie* etc. sortieren: klicken Sie dazu einfach mit der Maus in die Überschrift der betreffenden Spalte.

- Baustein löschen: Um den markierten Schnellbaustein zu löschen, klicken Sie auf die Schaltfläche *Löschen*.

- Inhalt ändern: Den Text bzw. die Formatierung eines Schnellbausteins können Sie dagegen nur ändern, indem Sie den Baustein in ein Nachrichtenformular einfügen, hier alle erforderlichen Änderungen vornehmen, und ihn anschließend erneut unter dem bisherigen Namen speichern. Bestätigen Sie die nachfolgende Meldung, ob Sie den Baustein neu definieren möchten mit der Schaltfläche *Ja*.

*Schnellbausteine organisieren und löschen*

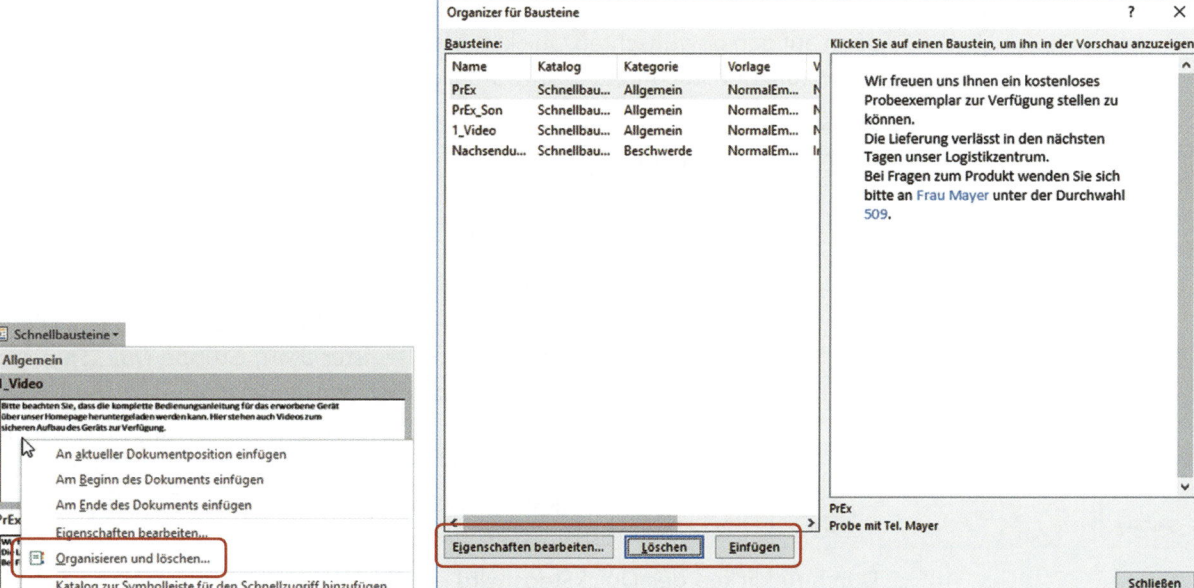

## 2.11 QuickSteps: Mehrere Aktionen zusammenfassen

QuickSteps fassen Routinearbeitsschritte zusammen und ermöglichen eine schnelle Anwendung mit einem Mausklick. Beispielsweise können durch einen QuickStep die Bearbeitungsschritte „Antworten auf die markierte E-Mail" und „Löschen der ursprünglichen Nachricht nach Versendung" zusammengefasst werden.

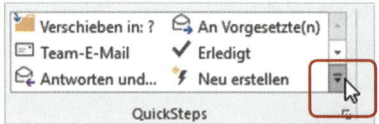

Für gängige Bearbeitungen existieren bereits QuickSteps. Sie finden diese im Register *Start*, Gruppe *QuickSteps*. Zeigen Sie mit der Maus auf einen QuickStep, um Informationen zu dessen Funktion zu erhalten. Durch Anklicken von *Weitere* zeigen Sie alle verfügbaren QuickStep-Inhalte an.

*\* Welcher Ordner, welche Personen hierbei verwendet werden, wird jeweils bei der ersten Verwendung eines QuickSteps hinterlegt.*

| QuickSteps | Funktionsbeschreibung |
|---|---|
| Verschieben in:? | Verschiebt die ausgewählte E-Mail in einen Ordner*, nachdem sie als gelesen markiert wurde. |
| An Vorgesetzte(n) | Leitet die ausgewählte E-Mail an die vorgesetzte Person* weiter. |
| Team-E-Mail | Erstellt eine neue E-Mail an Ihr Team*. |
| Erledigt | Markiert die ausgewählte E-Mail als erledigt, verschiebt sie in einen Ordner* und markiert sie als gelesen. |
| Antworten und löschen | Antwortet dem Absender und löscht die ursprüngliche E-Mail |

### QuickSteps ausführen

▷ Um einen QuickStep auszuführen, markieren Sie zunächst die E-Mail und klicken dann auf den gewünschten QuickStep. Einige der vorhandenen QuickSteps sind schon funktionstüchtig, z. B. *Antworten und löschen*.

▷ Andere benötigen zusätzliche Informationen, die beim ersten Anklicken abgefragt werden, z. B. *An Vorgesetzte(n)*. Mit diesem QuickStep wird eine E-Mail an eine oder mehrere Personen weitergeleitet.

*Standard-QuickStep einrichten*

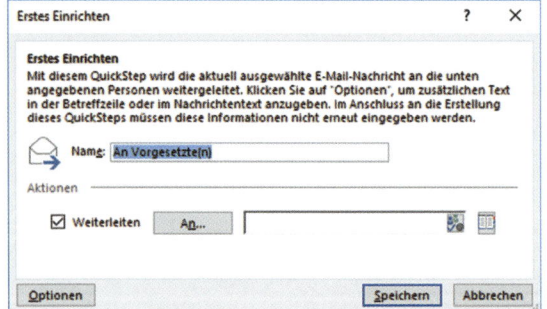

▪ Nach Anklicken des QuickSteps *An Vorgesetzte(n)* wird das Dialogfenster *Erstes Einrichten* angezeigt.

▪ Tragen Sie einen Namen für den QuickStep ein. Dieser wird nachher im Register *Start*, Gruppe *QuickSteps* anstelle von *An Vorgesetzte(n)* angezeigt.

▪ Klicken Sie auf die Schaltfläche *An*, um aus dem Adressbuch eine oder mehrere E-Mail-Adressen auszuwählen. Beenden Sie die Bearbeitung über die Schaltfläche *Speichern*.

Durch Anklicken des QuickSteps wird ein Nachrichtenfenster zur Weiterleitung der markierten E-Mail angezeigt. Die festgelegte E-Mail-Adresse ist eingetragen.

## Neuen QuickStep erstellen

### E-Mail mit einer Kategorie versehen und in einen Ordner verschieben

Kategorisierung siehe
Seite 82

Klicken Sie in der Gruppe *QuickSteps* auf *Weitere* und zeigen Sie auf *Neuer QuickStep*.
Falls einer der angebotenen Befehle Ihren Wünschen entspricht, z. B. *Kategorisieren
und verschieben...*, wählen Sie diesen aus. Vergeben Sie einen Namen für den QuickStep
und in diesem Beispiel einen Zielordner und eine Kategorisierung. Der Zielordner
muss zuvor erstellt werden (siehe Seite 89 ).

*Neuen QuickStep erstellen und einrichten*

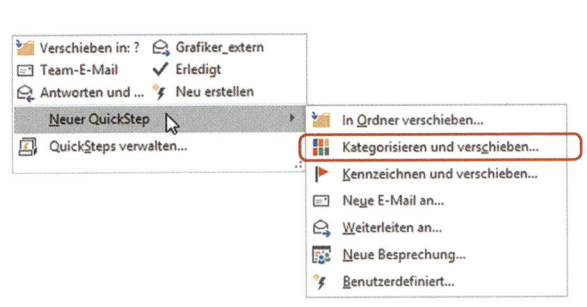
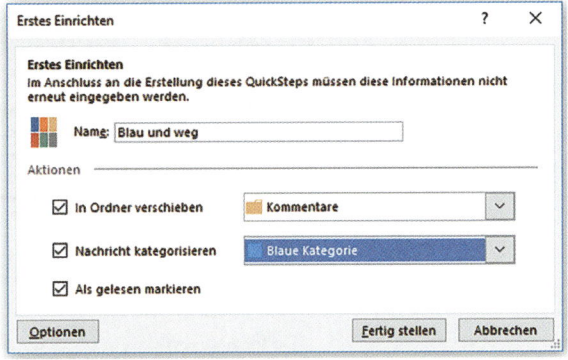

### E-Mail beantworten und in einen Ordner verschieben

Im oberen Beispiel waren die einzelnen Befehle schon vorbereitet. Über *Benutzerdefiniert* erstellen Sie einen ganz eigenen QuickStep, z. B. Antworten auf eine E-Mail und
Verschieben der Nachricht in einen Ordner:

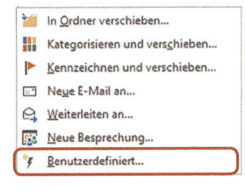

Vergeben Sie wieder einen Namen für den QuickStep und wählen Sie über den Drop-
Down-Pfeil die erste Aktion aus. Eine zusätzliche Aktion fügen Sie über die Schaltfläche *Aktion hinzufügen* an. Falls Sie eine Aktion wieder entfernen möchten klicken Sie
auf das Symbol hinter der Aktion.

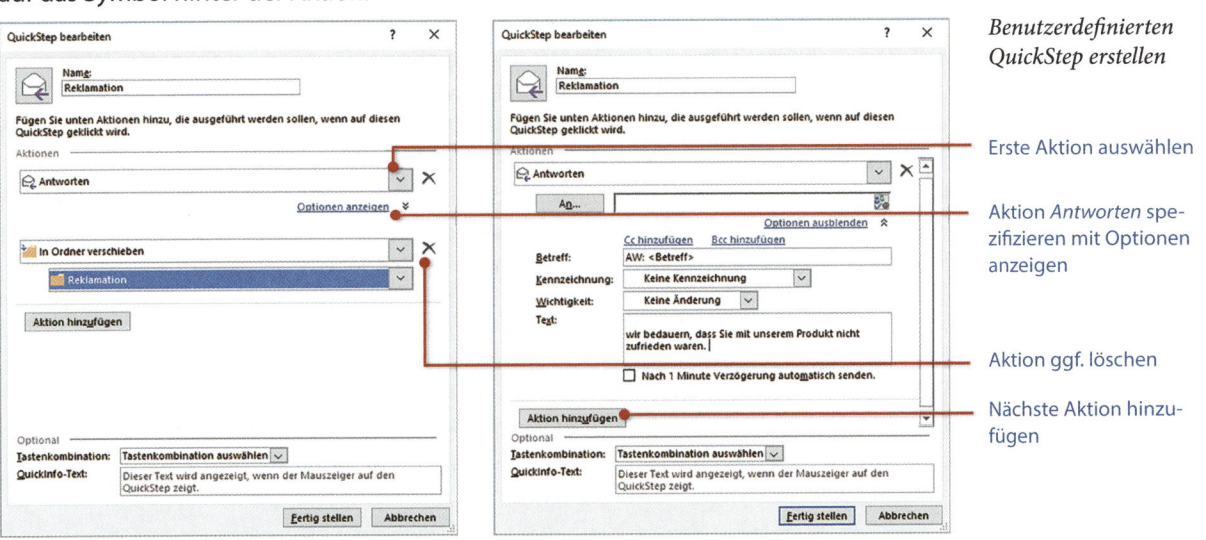

*Benutzerdefinierten
QuickStep erstellen*

Erste Aktion auswählen

Aktion *Antworten* spezifizieren mit Optionen
anzeigen

Aktion ggf. löschen

Nächste Aktion hinzufügen

### QuickSteps verwalten

Im Dialogfenster *QuickSteps verwalten* bearbeiten, löschen oder erstellen Sie neue QuickSteps. Ebenso ändern Sie die Anzeigenreihenfolge über die blauen Pfeile. Sie rufen das Dialogfenster durch Anklicken des Gruppensymbols ⬀ von *QuickSteps* auf.

*QuickSteps verwalten*

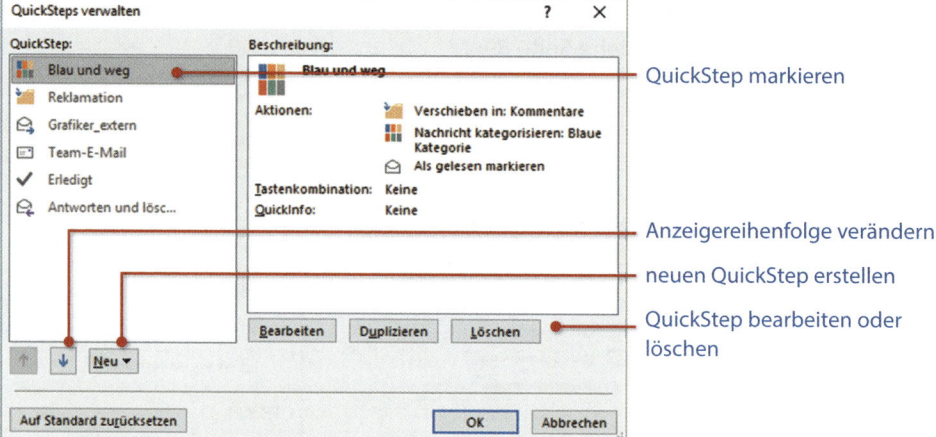

QuickStep markieren

Anzeigereihenfolge verändern

neuen QuickStep erstellen

QuickStep bearbeiten oder löschen

## 2.12 Nachrichten verwalten

### Kategorisieren

Outlook bietet Ihnen die Möglichkeit, einzelne Elemente wie E-Mails, Termine oder Aufgaben, thematisch und farbig zu kennzeichnen. Dadurch etablieren Sie ordnerübergreifend ein Farbleitsystem, z. B. alle Termine, Aufgaben und E-Mails eines Projekts erhalten dasselbe Stichwort und dieselbe Farbe. So schaffen Sie einen visuellen Reiz für die Zusammengehörigkeit der Elemente und sorgen für mehr Übersichtlichkeit. Outlook stellt Ihnen standardmäßig sechs Kategorien in verschiedenen Farben zur Verfügung. Jede Kategorie kann individuell benannt werden. Zusätzlich haben Sie die Möglichkeit, beliebig weitere Kategorien mit insgesamt 25 Farben zu erstellen.

Eine E-Mail, ein Termin oder eine Aufgabe kann auch mit mehreren Kategoriezuweisungen versehen werden.

Praktisch ist auch, dass nach Kategorien gesucht werden kann und E-Mails oder Aufgaben nach Kategorien angeordnet werden können. Die Verwendung von Kategorien wird am Beispiel des Funktionsbereichs E-Mail beschrieben.

### E-Mail kategorisieren

▶ Markieren Sie die E-Mail, der Sie eine Kategorie zuweisen möchten und klicken
Sie auf *Start* ▶ Gruppe *Kategorien* ▶ *Kategorisieren*.

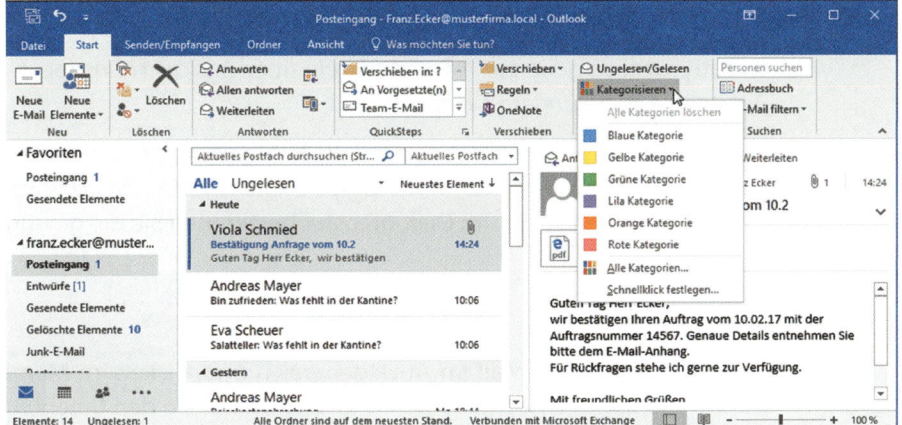

▶ Wählen Sie eine Kategorie aus. Verwenden Sie eine Standard-Kategorie zum ersten Mal, öffnet sich ein Dialogfenster und bietet Ihnen an, die Kategorie umzube-
nennen. Tragen Sie den neuen Namen ein und bestätigen Sie die Eingabe über
die Schaltfläche *Ja* oder brechen Sie die Anfrage über die Schaltfläche *Nein* ab.

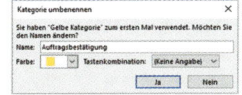

▶ Die markierte E-Mail erhält nun die ausgewählte Farbe. Außerdem erscheint im
Lesebereich der E-Mail der Name der Kategorie, z. B. „Auftragsbestätigung" oder
„Blaue Kategorie".

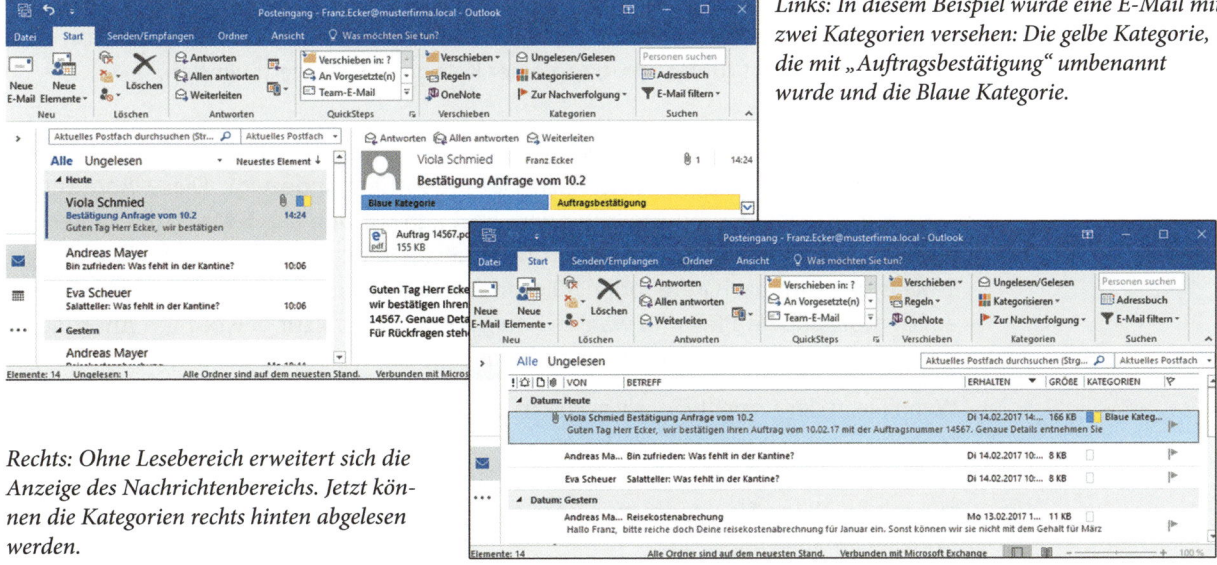

*Links: In diesem Beispiel wurde eine E-Mail mit
zwei Kategorien versehen: Die gelbe Kategorie,
die mit „Auftragsbestätigung" umbenannt
wurde und die Blaue Kategorie.*

*Rechts: Ohne Lesebereich erweitert sich die
Anzeige des Nachrichtenbereichs. Jetzt können die Kategorien rechts hinten abgelesen
werden.*

### Schnellklick verwenden

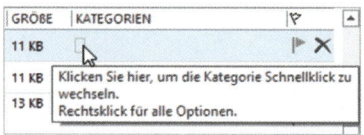

Mit dem Schnellklick legen Sie für eine E-Mail schnell eine Kategorie fest, standardmäßig die rote. Dazu klicken Sie auf das weiße Rechteck in der Spalte *Kategorie* der Nachrichtenliste. Die Spalte wird in der Ansicht *Kompakt* nur angezeigt, wenn die Nachrichtenliste eine gewisse Breite hat. Alternativ wechseln Sie zur Ansicht *Einzeln* über *Ansicht* ▶ Gruppe *Aktuelle Ansicht* ▶ *Ansicht ändern* ▶ *Einzeln*.

Natürlich sollten Sie auf die Funktion *Schnellklick* die Kategorie legen, die Sie am häufigsten verwenden. Klicken Sie dazu auf *Start* ▶ Gruppe *Kategorien* ▶ *Kategorisieren* und wählen Sie *Schnellklick festlegen* aus. Im Dialogfenster bestimmen Sie die gewünschte Kategorie.

### Kategorie entfernen

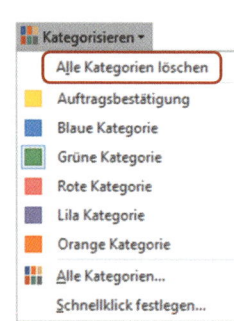

Markieren Sie die gewünschte E-Mail im Anzeigebereich und klicken im Menüband auf *Start* ▶ Gruppe *Kategorien* ▶ *Kategorisieren* und verwenden Sie den Befehl *Alle Kategorien löschen*. Wurden mehrere Kategorien vergeben und sollen nicht alle gelöscht werden, wählen Sie die Schaltfläche *Kategorisieren* und klicken dann die vergebene Kategorie an, die Sie entfernen möchten.

Wenn Sie die Nachrichtenliste in der Ansicht *Einzeln* anzeigen, dann können Sie auch durch nochmaliges Anklicken des farbigen Rechtecks die Kategorie entfernen.

### Kategorien bearbeiten

Alle Bearbeitungsmöglichkeiten finden Sie unter *Start* ▶ Gruppe *Kategorien* ▶ *Kategorisieren* ▶ *Alle Kategorien*. Hier können neue Kategorien erstellt, Kategorien umbenannt, gelöscht oder mit einer anderen Farbe versehen werden. Darüber hinaus kann eine Tastenkombination zur Übertragung einer Kategorie festgelegt werden.

### E-Mails getrennt nach Kategorien anzeigen

Standardmäßig werden E-Mails nach Datum sortiert angezeigt. Diese Anordnung kann auf *Kategorien* umgestellt werden. Dadurch werden alle E-Mails, die keiner Kategorie zugeordnet sind, gemeinsam in einer Gruppe angezeigt und alle weiteren E-Mails getrennt nach Kategorien. Klicken Sie in der Nachrichtenliste bei *Nach Datum* auf den Dropdown-Pfeil und wählen *Kategorien* aus.  Um zur gewohnten Anordnung nach Datum zurückzukehren, wählen Sie in der selben Liste wieder *Datum* aus.

Wenn Sie in der Ansicht *Einzeln* arbeiten, tippen Sie auf die Spaltenbeschriftungen *Kategorien*. Dadurch werden alle kategorisierten E-Mails oben angezeigt. Nochmaliges Anklicken der Spaltenbeschriftung zeigt zunächst alle E-Mails ohne Kategorie, dann alle mit an. Wenn Sie wieder zu einer Sortierung nach Datum wechseln möchten, klicken Sie *Erhalten* an.

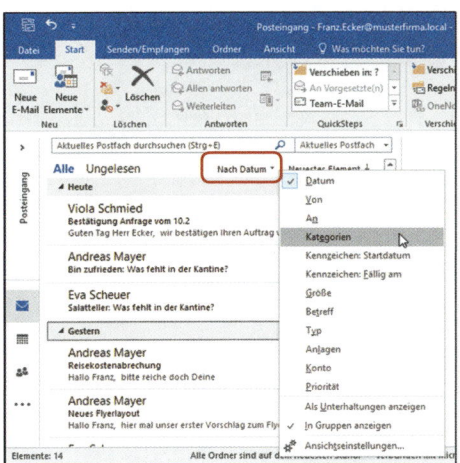 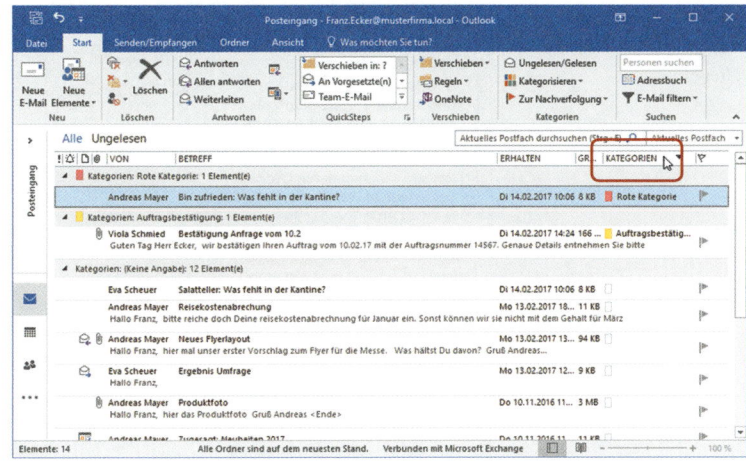

*Nach Kategorien anordnen: Links in der Ansicht Kompakt Rechts in der Ansicht Einzeln*

## Bedingte Formatierung von E-Mails

Outlook bietet die Möglichkeit automatisch bestimmte Formate auf E-Mails zu übertragen, sofern eine von Ihnen festgelegte Bedingung eintritt. Ein Anwendungsbereich ist beispielsweise, E-Mails einer Person im Posteingang farblich zu markieren. Einige bedingte Formatierungen sind bereits voreingestellt, z. B. das Format *Fett* für alle ungelesenen Nachrichten.

Beispiel: Alle E-Mails von Eva Scheuer sollen in der Schriftfarbe grün dargestellt werden.

> Rot eignet sich unter Umständen nicht als Farbe für die bedingte Formatierung, da E-Mails, die zur Nachverfolgung gekennzeichnet wurden, am Fälligkeitstag auch in roter Schriftfarbe dargestellt werden.

**1**  Zeigen Sie den E-Mail-Ordner an, für den Sie eine bedingte Formatierung festlegen möchten; für unser Beispiel den Ordner *Posteingang*.

**2**  Klicken Sie im Funktionsbereich *E-Mail* auf den Befehl *Ansicht* ▸ Gruppe *Aktuelle Ansicht* ▸ *Ansichtseinstellungen*. Das Dialogfenster *Erweiterte Ansichtseinstellungen* öffnet sich. Klicken Sie auf die Schaltfläche *Bedingte Formatierung*.

**3**  Klicken Sie im Dialogfenster *Bedingte Formatierung* auf die Schaltfläche *Hinzufügen*. Im Feld *Name* tragen Sie eine Bezeichnung für die festzulegende Regel ein. Über die Schaltfläche *Schriftart* wählen Sie eine Schriftfarbe für die bedingte Formatierung aus.

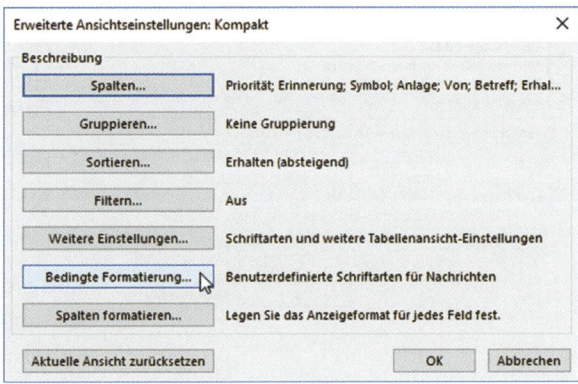

*Kriterien für die bedingte Formatierung festlegen*

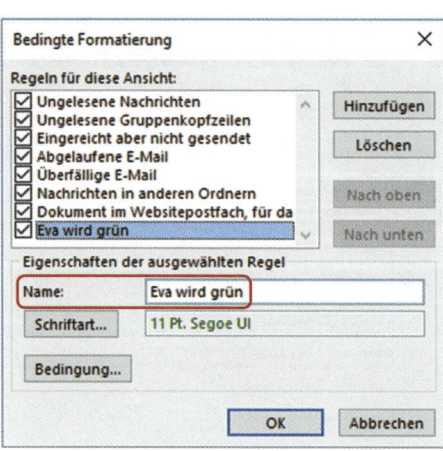
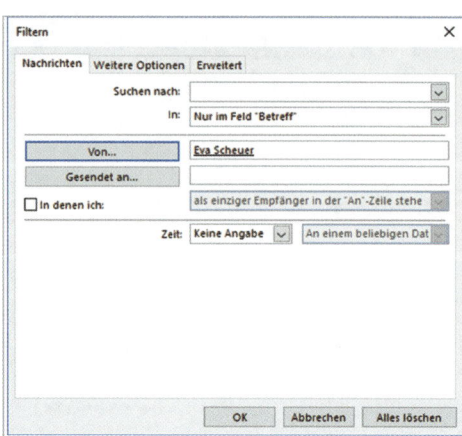

**4**    Klicken Sie auf die Schaltfläche *Bedingung* und wählen Sie im Dialogfenster *Filtern* über die Schaltfläche *Von* die Person aus, deren Mails farbig formatiert werden sollen. Bestätigen Sie alle Fenster mit *OK*. Alle E-Mails von *Eva Scheuer* werden ab jetzt im Ordner *Posteingang* in der Schriftfarbe *grün* dargestellt.

> ■ **Fehlerquellen**
>
> Stimmen E-Mail-Ordner und Bedingung nicht überein, wird keine bedingte Formatierung übernommen, d. h. im Ordner *Gesendete Elemente* können Sie nicht vereinbaren, dass alle E-Mails, die Ihnen von einer bestimmten Person übersandt wurden, speziell formatiert werden.
>
> Die bedingte Formatierung wird immer für eine spezielle Ansicht vereinbart. In diesem Beispiel ist die aktuelle Ansicht *Kompakt*. Die im Folgenden festgelegte bedingte Formatierung gilt also nur für die Ansicht *Kompakt*. Wechseln Sie zu einer anderen Ansicht, z. B. *Einzeln*, wird die bedingte Formatierung nicht angezeigt.

**Bedingte Formatierung löschen**

▷ Wählen Sie den E-Mail-Ordner aus, für den die bedingte Formatierung erstellt wurde.

▷ Klicken Sie auf *Ansicht* ▶ Gruppe *Aktuelle Ansicht* ▶ *Ansichtsein-stellungen* und klicken Sie dann auf die Schaltfläche *Bedingte Formatierung*.

▷ Markieren Sie die Regel, die Sie löschen möchten und klicken Sie auf die Schaltfläche *Löschen*. Bestätigen Sie alle Fenster mit *OK*.

Falls Sie die Bedingte Formatierung zu einem späteren Zeitpunkt wieder verwenden möchten, löschen Sie die Regel nicht, sondern entfernen nur das Häkchen vor der Regel.

## Unterhaltungsansicht

Ein Großteil des E-Mail-Verkehrs wird durch Antworten auf erhaltene E-Mails erledigt. Alle E-Mails, die auf diese Weise zum selben Betreff generiert werden, bezeichnet man als Unterhaltung. Eine Unterhaltung ist eine automatisch gebildete Gruppe von E-Mails.

Dabei kann die Unterhaltung zwischen zwei oder mehreren Personen geführt werden. In der Unterhaltungsansicht werden E-Mails mit demselben Betreff zusammengefasst und nur die neueste E-Mail der Unterhaltung im Ordner angezeigt. Besonders vorteilhaft ist, dass E-Mails verschiedener Ordner, z. B. *Gesendete Elemente* und *Posteingang* in einer Unterhaltung gemeinsam angezeigt werden können. Die Möglichkeit, schnell eine Unterhaltung aufzuräumen und unnötige E-Mails zu löschen, ist ebenfalls praktisch.

Die Nutzung der Unterhaltungsansicht ist besonders interessant, wenn Sie eine E-Mail an mehrere Personen senden, da die Antworten aller Empfänger in der Unterhaltungsansicht übersichtlich zusammengefasst werden.

### Unterhaltungsansicht aktivieren

Sie aktivieren die Unterhaltungsansicht, indem Sie das Kontrollkästchen bei *Ansicht* ▸ Gruppe *Nachrichten* ▸ *Als Unterhaltung anzeigen* anklicken. Entscheiden Sie im sich öffnenden Dialogfenster, ob die Unterhaltungsansicht für alle E-Mail-Ordner oder nur für den aktuellen Ordner aktiviert werden soll.

Die Unterhaltungsansicht wird zusätzlich zur Standardanordnung *Datum* aktiviert, d. h. die Ordnerinhalte werden auch weiterhin sortiert nach Datum angezeigt, nur reduziert um einige E-Mails. Für einige Anordnungen, z. B. *Von* oder *Betreff*, steht die Unterhaltungsansicht nicht zur Verfügung.

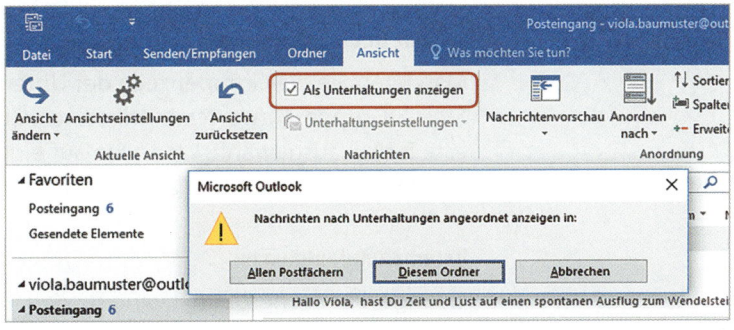

### Alle E-Mails der Unterhaltung anzeigen

Zur Anzeige aller E-Mails einer Unterhaltung klicken Sie auf das weiße Dreieck. Dabei werden in der Standardeinstellung nicht nur die E-Mails des aktuellen Ordners (Posteingang) abgebildet, sondern auch Nachrichten anderer Ordner (Gesendete Elemente). So erhalten Sie ein übersichtliches Protokoll Ihres E-Mail-Verkehrs zu einem Thema.

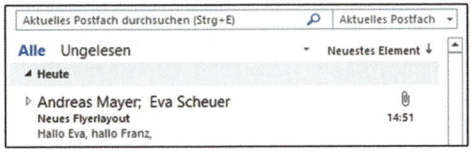

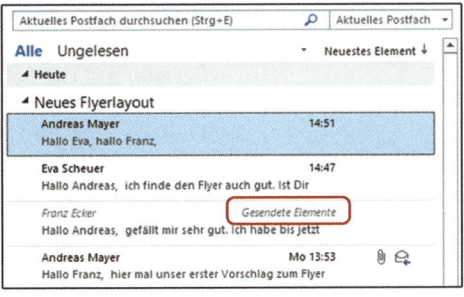

Ist die Unterhaltungsansicht minimiert, werden die Namen der an der Unterhaltung beteiligten Personen angezeigt. Bei einer erweiterten Unterhaltung sehen Sie zunächst den Betreff und darunter alle erhaltenen und gesendeten E-Mails einzeln.

Sofern eine neue E-Mail zu einer bestehenden Unterhaltung eingeht, wird die gesamte Unterhaltung in der Gruppe *Heute* im *Posteingang* angezeigt. Analog verhält es sich für den Ordner *Gesendete Elemente*.

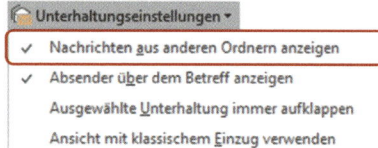

Falls die Inhalte anderer Ordner nicht angezeigt werden, aktivieren Sie *Ansicht* ▶ Gruppe *Unterhaltungen* ▶ *Unterhaltungseinstellungen* ▶ *Nachrichten aus anderen Ordnern anzeigen*.

> 🟨 **In der Unterhaltung fehlen Nachrichten!**
>
> Vielleicht hat die Person zwar auf Ihre E-Mail geantwortet, aber dem Betreff noch ein Wort hinzugefügt, also den Betreff geändert. Dadurch wird diese E-Mail nicht mehr als Teil der Unterhaltung angezeigt.

Andererseits werden auch nicht alle Nachrichten mit demselben Betreff automatisch als eine Unterhaltung angezeigt. Obwohl Outlook die Nachrichten einer Unterhaltung augenscheinlich nach dem Betreff zuordnet, arbeitet das Programm durchaus differenzierter. Tatsächlich werden nur E-Mails in einer Unterhaltung gruppiert, die durch *Antworten* auf eine Nachricht der Unterhaltung entstanden sind. E-Mails, die zufällig denselben Betreff-Text enthalten, werden nicht in einer Unterhaltung gesammelt.

### Auf eine Unterhaltung antworten

Markieren Sie die Gruppenzeile der Unterhaltung im Posteingang und klicken Sie auf *Start* ▶ Gruppe *Antworten* ▶ *Antworten*. Zur Beantwortung wird automatisch die neueste E-Mail ausgewählt. Wenn Sie auf eine andere Nachricht antworten wollen, muss diese E-Mail markiert und auf die Schaltfläche *Antworten* geklickt werden.

### Unterhaltung aufräumen

Geringe Postfachgrößen zwingen den Benutzer zu Recht, sich von überflüssigen E-Mails zu trennen. Dazu gehören sicherlich die meisten E-Mails einer Unterhaltung, da bei der Beantwortung der Nachrichtentext der vorigen E-Mail in die neue übernommen wird. So enthält die neueste Nachricht in der Regel alle Informationen der gesamten Unterhaltung, was das Aufbewahren der anderen E-Mails überflüssig macht.

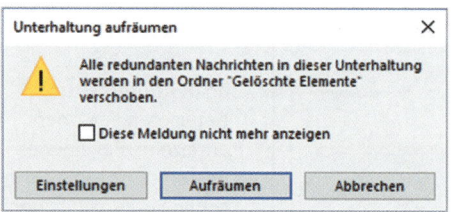

▶ Markieren Sie die Unterhaltung, die Sie aufräumen möchten. Über *Start* ▶ Gruppe *Löschen* ▶ *Aufräumen* ▶ *Unterhaltung aufräumen* starten Sie das Aufräumen. Klicken Sie im folgenden Fenster auf die Schaltfläche *Aufräumen*.

▶ Falls Sie sich informieren möchten, was gelöscht wird, klicken Sie auf die Schaltfläche *Einstellungen*. Sie gelangen zu den Outlook-Optionen, Bereich *E-Mail*. Scrollen Sie zum Abschnitt *Unterhaltungen aufräumen*.

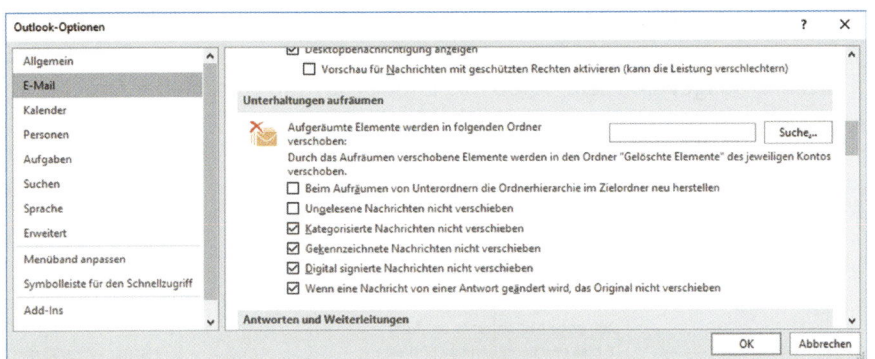

*Outlookoptionen zum Aufräumen von Unterhaltungen*

▶ E-Mails, die eine Anlage enthalten, werden nicht aus der Unterhaltung gelöscht, da die neueste E-Mail die Anlage nicht enthält.

▶ Alle entfernten Nachrichten werden standardmäßig in den Ordner *Gelöschte Elemente* verschoben. Falls Sie das Ergebnis des Aufräumens zu Beginn genauer kontrollieren möchten, kann in den Outlook-Optionen auch anstelle des Ordners Gelöschte Elemente ein anderer Ordner festgelegt werden, in den die „aufgeräumten Elemente" verschoben werden.

▶ Selbstverständlich können E-Mails einer Unterhaltung auch wie gewohnt mit der Entf-Taste oder über die Schaltfläche *Löschen* entfernt werden.

## Mehr Übersichtlichkeit durch eigene Ordner

Sie möchten spezielle E-Mails gerne in gesonderten Ordnern anzeigen, z. B. Reklamationen von Kunden oder E-Mails an die Personalabteilung etc. Die Ordner *Posteingang* und *Gesendete Elemente* können durch Unterordner gegliedert und so übersichtlicher gestaltet werden. Die einzelnen E-Mails müssen allerdings von Hand in die Unterordner verschoben werden, wobei Regeln diesen Vorgang automatisieren können.

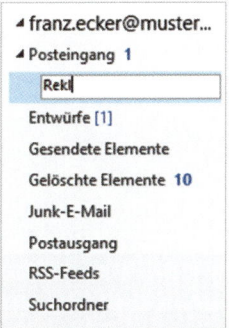

### Neuen Ordner erstellen - über das Kontextmenü
Beispiel: Erstellung eines Unterordners „Reklamation" im *Posteingang*:

▶ Klicken Sie mit der rechten Maustaste im Ordnerbereich auf *Posteingang* und wählen Sie im Kontextmenü *Neuer Ordner* aus.

▶ Im Ordnerbereich wird unter *Posteingang* eine neue leere Zeile sichtbar. Hier müssen Sie nur den Namen des neuen Ordners eingeben, sonst verschwindet die Zeile - und damit der Ordner - wieder.

### Neuen Ordner erstellen - über das Menüband
Beispiel: Erstellung eines Ordners „Testergebnisse" direkt im Postfach:

▶ Markieren Sie Ihr Postfach (Ihre E-Mail-Adresse im Ordnerbereich). Verwenden Sie den Befehl *Ordner* ▶ Gruppe *Neu* ▶ *Neuer Ordner*.

Neuer Ordner

▶ Im folgenden Dialogfenster tragen Sie den Namen des neuen Ordners ein, z. B. Testergebnisse. Im Feld *Ordner enthält Elemente des Typs* muss *E-Mail und Bereitstellung* ausgewählt sein, sofern Sie E-Mails dorthin verschieben möchten.

▶ Wählen Sie im Listenfeld, falls nicht schon geschehen, das Postfach *Franz.Ecker@ musterfirma.local* aus, und bestätigen Sie den neuen Ordner mit *OK*.

*Erstellen eines eigenen Ordners im Postfach*

Postfach markieren ——

Ordnername eintragen ——

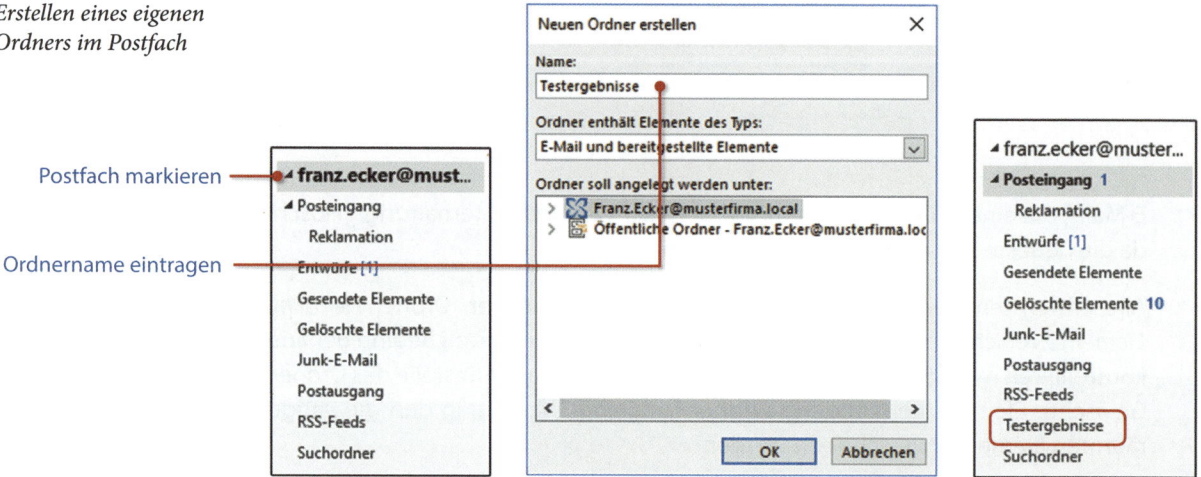

Im Ordnerbereich werden die neuen Ordner *Reklamation* und *Testergebnisse* angezeigt. Durch Anklicken des Dreiecks vor Posteingang wird die Anzeige des Unterordners reduziert bzw. erweitert.

> Alternativ zum Anlegen neuer Ordner stehen auch verschiedene Ansichtsoptionen für E-Mail-Ordner zur Verfügung, z. B. eine Sortierung des Posteingangs nach *Von*, falls Sie E-Mails sortiert nach Absender anzeigen möchten. Außerdem verfügen Sie mit der *Sofortsuche* und den *Suchordnern* über wirkungsvolle Features, um alle E-Mail-Nachrichten effizient nach verschiedenen Suchbegriffen zu durchsuchen und gefiltert anzuzeigen. Somit kann auf das Anlegen eigener Ordner und Unterordner unter Umständen auch verzichtet werden. Entscheiden Sie selbst, was praktischer für Sie ist.

### Nachrichten manuell in Ordner verschieben

E-Mails werden mit der Maus von einem Ordner in einen anderen verschoben. Nehmen Sie die E-Mail mit gedrückter linker Maustaste in der Nachrichtenliste auf und ziehen Sie diese auf den Unterordner im Ordnerbereich. Diese Technik nennt man Drag & Drop. Sollen gleich mehrere E-Mails verschoben werden, können Sie diese gemeinsam markieren. Markieren Sie die erste E-Mail, halten Sie die Strg-Taste gedrückt, markieren Sie die nächste E-Mail usw. Danach verfahren Sie, wie oben beschrieben.

E-Mails lassen sich auch automatisch mithilfe von Regeln verschieben. Dazu erfahren Sie gleich mehr im nächsten Abschnitt.

## Regeln zur Nachrichtenverwaltung erstellen

Nachrichten im *Posteingang* oder im Ordner *Gesendete Elemente* können mit Hilfe von Regeln unmittelbar nach dem Erhalt bzw. Senden gekennzeichnet oder verschoben werden.

### Einfache Regel schnell erstellen

Beispiel: Alle Nachrichten einer Person in einen Ordner verschieben

1    Legen Sie einen Ordner an, in dem die Nachrichten aufbewahrt werden sollen.

2    Markieren Sie eine E-Mail der betreffenden Person.

3    Klicken Sie auf *Start* ▶ Gruppe *Verschieben* ▶ *Regeln* ▶ *Nachrichten von … immer verschieben*. Im folgenden Fenster bestimmen Sie einen Ordner bzw. Unterordner, in den die Nachrichten verschoben werden sollen.

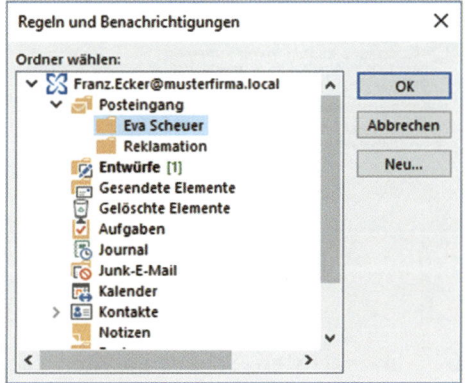

*E-Mails von Eva Scheuer in den Ordner Eva Scheuer verschieben*

### Regel selbst erstellen

Beispiel: Kunden können über die Homepage Anfragen stellen. Diese erhalten Sie via E-Mail. Der Betreff lautet bei allen E-Mails „Kontaktformular". Diese E-Mails sollen automatisch mit der orangen Kategorie versehen werden.

1    Markieren Sie eine der betreffenden E-Mails.

2    Klicken Sie auf *Start* ▶ Gruppe *Verschieben* ▶ *Regeln* ▶ *Regel erstellen*.

3    Aktivieren Sie *Betreff enthält* und löschen Sie außer dem Wort „Kontaktformular" jeden weiteren Text. Klicken Sie dann auf *Erweiterte Optionen*.

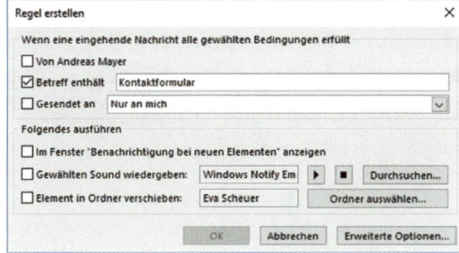

**4**    Der Regel-Assistent wird angezeigt. Die Bedingung wurde bereits festgelegt. Diese sehen Sie unten im Fenster. Klicken Sie auf *Weiter*.

**5**    Im nächsten Schritt entscheiden Sie, was geschehen soll, wenn die Regel erfüllt ist. Aktivieren Sie oben *diese der Kategorie zuordnen* und klicken Sie unten auf *Kategorie* und wählen die *Orange Kategorie* aus. Dann klicken Sie auf *Weiter*.

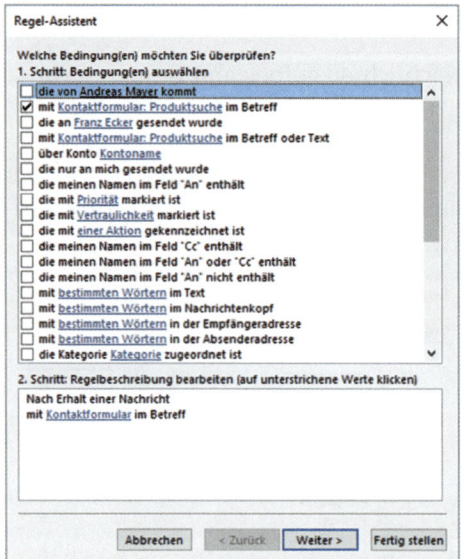 

**6**    Im nächsten Schritt könnten Sie noch eine Ausnahme von der Regel definieren. In unserem Beispiel ist das nicht nötig. Klicken Sie auf *Weiter*.

**7**    Im letzten Schritt vergeben Sie einen aussagekräftigen Namen für die Regel. Wahrscheinlich befinden sich im Posteingang bereits E-Mails mit dem Betreff „Kontaktformular". Wenn diese auch die orange Kategorie erhalten sollen aktivieren Sie *Diese Regel jetzt auf Nachrichten anwenden, die sich bereits im Ordner „Posteingang" befinden*. Klicken Sie dann auf *Fertig stellen*.

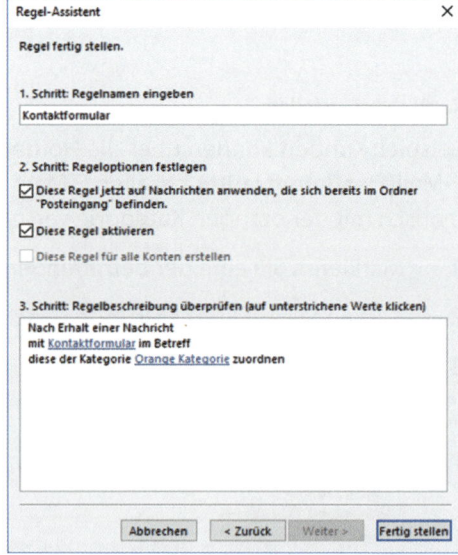

> **▮ Wie kann ich nur E-Mails anzeigen, die mit der orangen Kategorie versehen sind?**
>
> Zeigen Sie den Posteingang an und wählen Sie *Start* ▸ Gruppe *Suchen* ▸ *E-Mail filtern* ▸ *Kategorisiert* ▸ *Orange Kategorie*. Jetzt sehen Sie in der Nachrichtenliste nur E-Mails, die mit der orangen Kategorie versehen sind.
>
> Sollen wieder alle E-Mails angezeigt werden, schließen sie die Suche in der Nachrichtenliste.

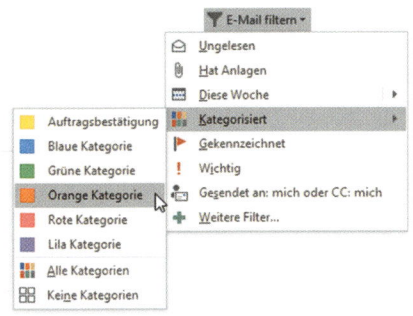
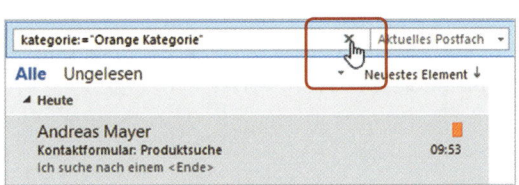

*E-Mails nach oranger Kategorie filtern*

Die Problemstellung dieses Beispiels kann auch mit einem Suchordner gelöst werden. Lesen Sie mehr dazu auf Seite 216.

### Regel löschen

Um eine Regel zu löschen, verwenden Sie *Start* ▸ Gruppe *Verschieben* ▸ *Regeln* ▸ *Regeln und Benachrichtigungen verwalten*, markieren die Regel und klicken auf die Schaltfläche *Löschen*.

Soll die Regel nur vorübergehend nicht verwendet werden, entfernen Sie das Häkchen vor der Regel.

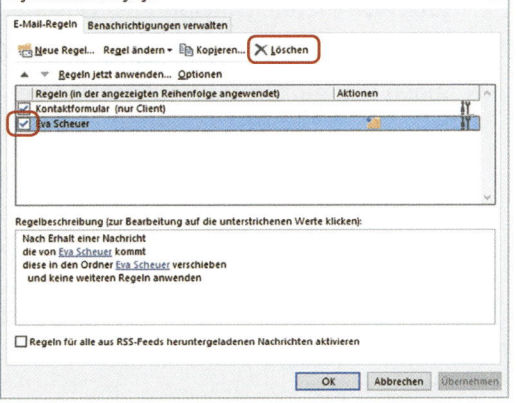

*Regel löschen bzw. deaktivieren*

Eine Alternative zur Erstellung von Regeln können QuickSteps sein. Regeln gelten immer für alle E-Mails *von* oder *an* eine Person bzw. für einen *Betreff*, während QuickSteps für die markierte E-Mail ausgewählt werden. Die Regel hat den Vorteil, dass sie automatisch abläuft, beim QuickStep ist vorteilhaft, dass Sie von Fall zu Fall entscheiden können, ob Sie die Aktion anwenden möchten.

## 2.13    E-Mail-Verwaltung bei Abwesenheit

### Automatische Antworten erstellen

Mit einer Abwesenheitsmeldung informieren Sie Kollegen, Kunden, Lieferanten etc., dass Sie für längere Zeit nicht am Arbeitsplatz sind. Jede Person, die Ihnen eine E-Mail sendet, erhält automatisch eine Abwesenheitsmeldung.

*Automatische Antworten nur mit Microsoft Exchange*

Dieses Feature steht nur mit Microsoft Exchange Server oder für Office 365 zur Verfügung und ist zudem abhängig von der Exchange-Version sowie dessen Konfiguration. Erkundigen Sie sich bei Ihrem Administrator über die Möglichkeiten der Nutzung.

> Jeder Absender erhält nur eine Meldung. Sendet derselbe Absender erneut eine E-Mail, so bleibt diese unbeantwortet.

### Abwesenheitsmeldung erstellen

▶ Klicken Sie im Register *Datei*, Bereich *Informationen* auf die Schaltfläche *Automatische Antworten*. Aktivieren Sie *Automatische Antworten senden*. Sie können den Zeitraum Ihrer Abwesenheit festlegen. Falls Sie darauf verzichten, werden ab jetzt Abwesenheitsmeldungen versendet bis Sie die Option wieder deaktivieren.

▶ Tragen Sie in das erste Register einen Text für Ihre Kollegen ein und in das zweite einen Text für Personen außerhalb Ihres Unternehmens.

Hier haben Sie die Möglichkeit, Meldungen an *Nur meine Kontakte* oder *Jeder außerhalb meiner Organisation* zu senden. Mit der Option *Nur meine Kontakte* ist ein Exchange-Server-Ordner gemeint, z. B. die *Globale Adressliste*. Sind Ihre Kontakte dort nicht hinterlegt, dann müssen Sie *Jeder außerhalb meiner Organisation* auswählen. Damit beantworten Sie natürlich auch Newsletter mit einer Abwesenheitsmeldung, stellen aber auch sicher, dass Neukunden ebenfalls informiert werden.

*Links: Meldung für Kollegen*

*Rechts: Meldung für Externe*

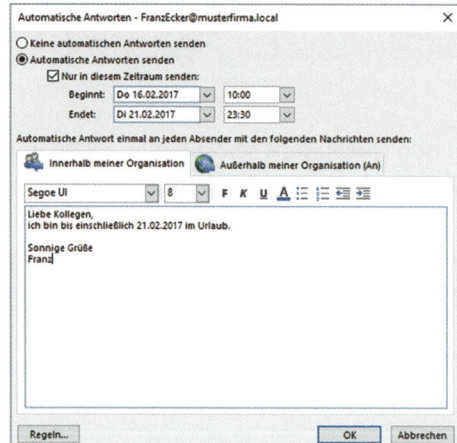
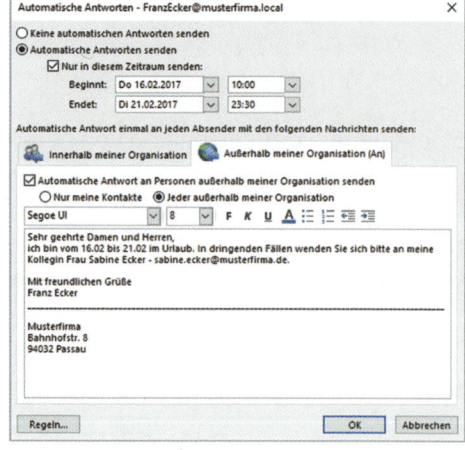

Eine vorhandene E-Mail-Signatur wird hier nicht mitversendet. Grußzeile, Adresse, Telefonnummern und alle anderen vorgeschriebenen Informationen müssen in das Feld eingetragen werden.

### Abwesenheitsmeldung deaktivieren

Während des Abwesenheitszeitraums erscheint in Outlook unter dem Menüband ein Hinweis. Über die Schaltfläche *Deaktivieren* können Sie die Versendung von Abwesenheitsmeldungen beenden; das gilt selbstverständlich auch, wenn Sie die Versendung von Meldungen innerhalb eines festgelegten Zeitraums unterbinden möchten.

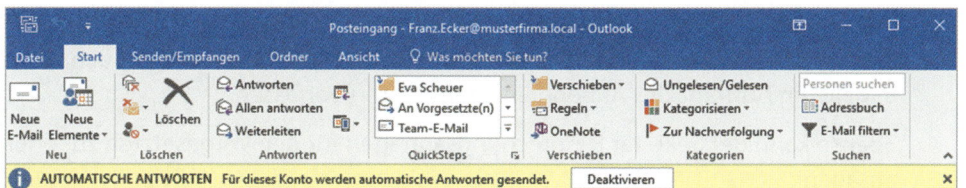

*Automatische Antworten deaktivieren*

### Abwesenheitsmeldung empfangen

In Outlook 2016 werden Sie bereits beim Versuch, an einen abwesenden Kollegen (also Personen innerhalb Ihrer Organisation) zu mailen, von dessen Abwesenheit in Kenntnis gesetzt. Unter Umständen wird damit das Schreiben der E-Mail unnötig - das spart Zeit. Zum einen wird ein Hinweis im Nachrichtenformular angezeigt, sobald die E-Mail-Adresse der abwesenden Person eingefügt wurde und zum anderen wird die E-Mail-Adresse grün dargestellt.

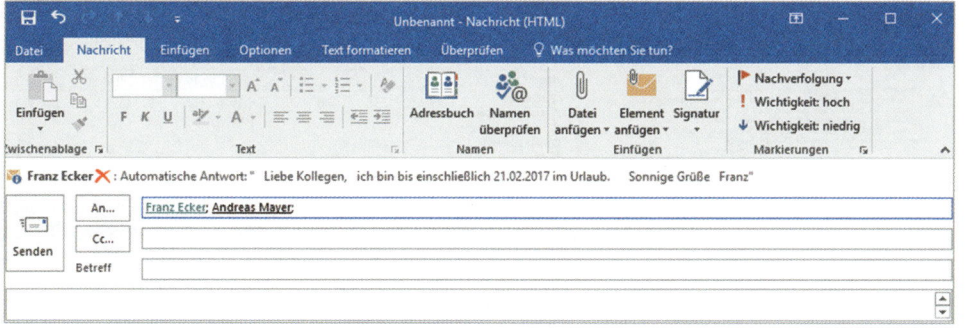

*E-Mail-Info: Abwesenheit des Empfängers*

Dieses Feature gehört zu den **E-Mail-Infos**, die den Benutzer warnen, wenn er an eine abwesende Person, an eine große Kontaktgruppe oder eine Person außerhalb der eigenen Organisation mailt. Allerdings funktionieren diese Features nur in einer Microsoft Exchange Umgebung.

## Stellvertretung einrichten

Wenn Sie in einer Microsoft Exchange Umgebung arbeiten, können Sie die Funktion *Stellvertretungen* nutzen und Kollegen als Stellvertreter bestimmen. Der Stellvertreter kann beispielsweise Ihre E-Mails lesen und beantworten, Besprechungsanfragen zu- oder absagen, Termine eintragen und vieles mehr. Was ein Stellvertreter einsehen und nutzen darf, legen Sie individuell fest.

Die Verwendung der Funktion *Stellvertretungen* eignet sich nicht nur für Krankheits- oder Urlaubsvertretung sondern auch für die tägliche, innerbetriebliche Organisation, beispielsweise zwischen Koordinator und Außendienstmitarbeiter oder Sekretariat und Abteilungsleitung:

▶ Der Außendienstmitarbeiter setzt den Koordinator als Stellvertreter ein. So kann dieser notwendige E-Mails beantworten, Termine vereinbaren oder auch neue E-Mails „im Auftrag" des Außendienstmitarbeiters verfassen.

▶ Ebenso kann der Sekretär Besprechungsanfragen für den Vorgesetzten zu- oder absagen.

### Stellvertreter erstellen

**1** Um einen Stellvertreter einzurichten, wählen Sie im Register *Datei* ▶ *Informationen* ▶ *Kontoeinstellungen* ▶ *Zugriffsrechte für Stellvertretung* aus.

**2** Im Dialogfenster *Stellvertretungen* klicken Sie auf die Schaltfläche *Hinzufügen…*, um das Fenster *Benutzer hinzufügen* zu öffnen. Wählen Sie aus den Benutzern einen oder mehrere aus, indem Sie auf den Namen doppelklicken und bestätigen Sie mit *OK*.

*Stellvertreter bestimmen*

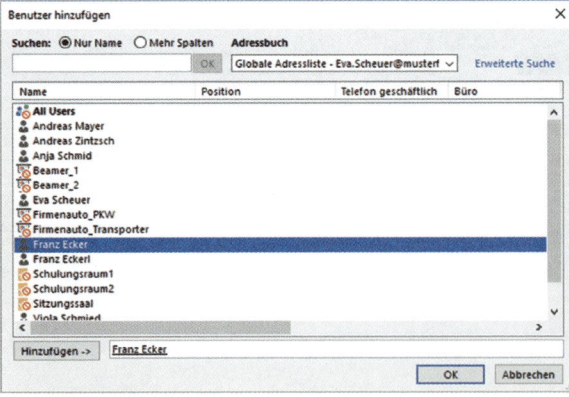

 Beachten Sie, dass Sie nur Personen aus Ihrem Adressbuch wählen können, die in derselben Exchange Umgebung arbeiten. Ressourcen und Kontaktgruppen können ebenfalls nicht ausgewählt werden. Diese erkennen Sie an einem kleinen roten Sperrsymbol.

**3** Im folgenden Fenster legen Sie fest, was der Stellvertreter einsehen und welche Veränderungen er vornehmen darf. Sie können jeweils für die Funktionsbereiche Kalender, Aufgaben, Posteingang, Kontakte und Notizen vier Berechtigungsstufen vergeben:

| Berechtigung | Funktion |
|---|---|
| Keine | Hat keinerlei Zugriffsrechte |
| Prüfer | Darf vorhandene Inhalte nur lesen |
| Autor | Darf vorhandene Inhalte lesen und neue erstellen |
| Bearbeiter | Darf vorhandene Inhalte lesen, verändern und neue erstellen |

**4** Um Ihre Stellvertreter automatisch per E-Mail über Ihre Berechtigungen zu informieren, aktivieren Sie das Kontrollfeld bei *Automatisch Zusammenfassung der Berechtigungen an Stellvertretung senden*. Wollen Sie den Zugriff auf *als Privat markierte Elemente* gestatten, aktivieren Sie den Punkt *Stellvertretung kann private Elemente sehen*. Bestätigen Sie das Dialogfenster mit *OK*.

**5** Im Dialogfenster *Stellvertretungen* wird jetzt der hinzugefügte Stellvertreter angezeigt. In den unteren drei Optionsfeldern stellen Sie den Empfänger von Besprechungsanfragen ein. Der Stellvertreter erhält die Besprechungsanfragen in seinem Posteingang. Um die Erstellung eines Stellvertreters abzuschließen, klicken Sie auf *OK*.

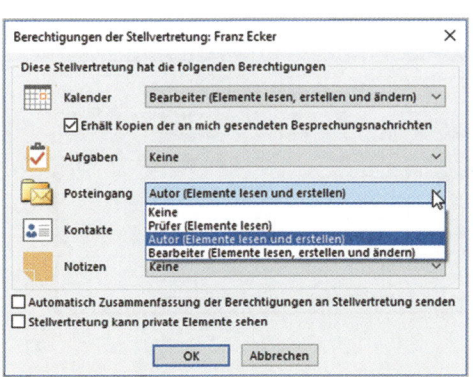

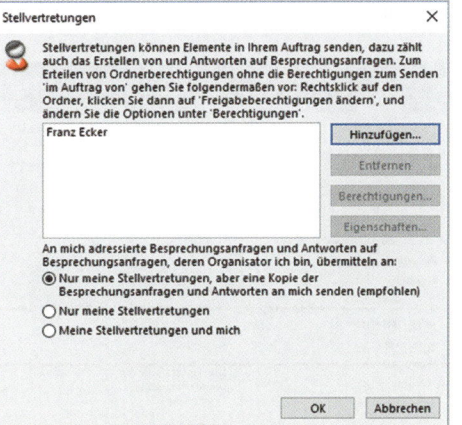

*Berechtigungen festlegen*

*Stellvertretung abschließen*

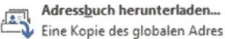
Adressbuch herunterladen...
Eine Kopie des globalen Adres

> ■ **Obwohl die Person, die ich zu meinem Stellvertreter machen möchte, innerhalb meiner Organisation ist, erhalte ich eine Fehlermeldung.**
> Synchronisieren Sie Ihr Globales Adressbuch über *Datei* ▶ *Informationen* ▶ *Kontoeinstellungen* ▶ *Adressbuch herunterladen...* und bestätigen Sie mit *OK*.

**Beispiel: Franz Ecker möchte, dass seine Kollegin Eva Scheuer als Stellvertreterin seine Termine plant. Dazu muss sie auch Besprechungsanfragen erhalten und Zusagen versenden können.**

Für diesen Fall ist es ausreichend, wenn Franz Ecker folgende Berechtigungen erteilt:

*Eva Scheuer als Stell-vertreterin hinzufügen*

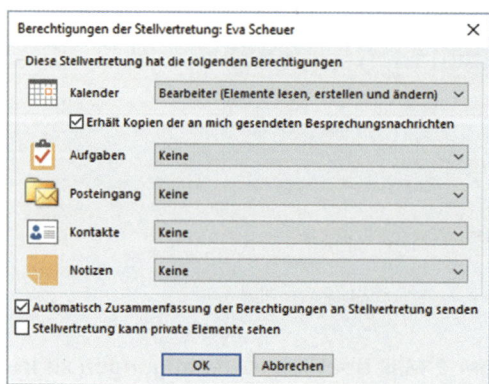
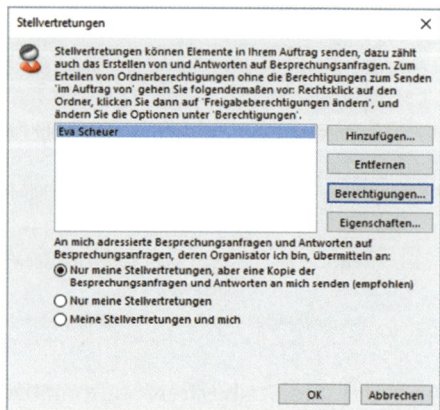

Eva Scheuer benötigt als Stellvertreterin Zugriff auf den *Kalender* mit der Berechtigung *Bearbeiter*. So kann sie neue Termine anlegen und verschieben. Wichtig ist auch, dass das Häkchen bei *Erhält Kopien der an mich gesendeten Besprechungsnachrichten* gesetzt ist. Da Eva Scheuer keinen Zugriff auf den Posteingang gewährt wurde, muss sie auf diesem Weg Kenntnis von Besprechungsanfragen erlangen. Im nächsten Schritt wird sichergestellt, dass auch Franz Ecker weiß, welche Besprechungen Eva Scheuer organisiert hat und welche Antworten von ihr gesendet wurden, durch Auswahl von *Nur meine Stellvertretungen, aber eine Kopie der Besprechungsanfragen und Antworten an mich senden (empfohlen)*.

Besprechungsanfrage für Franz Ecker empfangen im Posteingang der Stellvertreterin

Eva Scheuer kann jetzt *antworten*

Durch Antippen von *Kalender* wird der Kalender von Franz Ecker angezeigt und im Modul Kalender als *Freigegebener Kalender* geführt

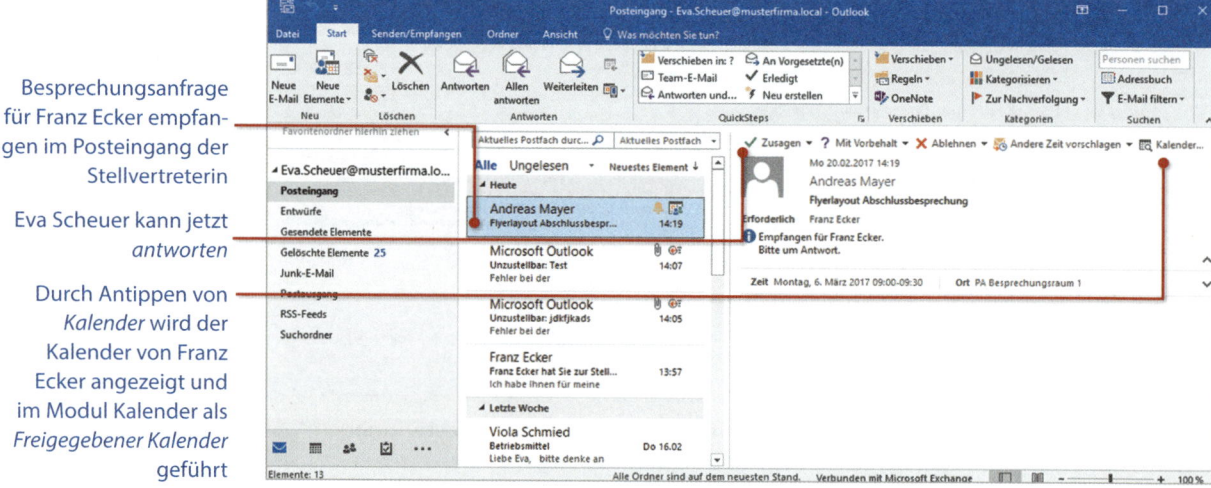

Wichtig zu wissen ist, dass Eva Scheuer aufgrund der eingestellten Berechtigungen zwar nicht den Posteingang von Franz Ecker einsehen kann, sie kann aber E-Mails in seinem Auftrag versenden (Dazu mehr auf Seite 96). Franz Ecker wird über die reine E-Mail-Versendung, die nicht im Zusammenhang mit einer Besprechung steht, nicht informiert. Sendet Eva Scheuer E-Mails für Franz Ecker, so erhalten diese im E-Mail Header den Zusatz *Eva Scheuer im Auftrag von Franz Ecker*.

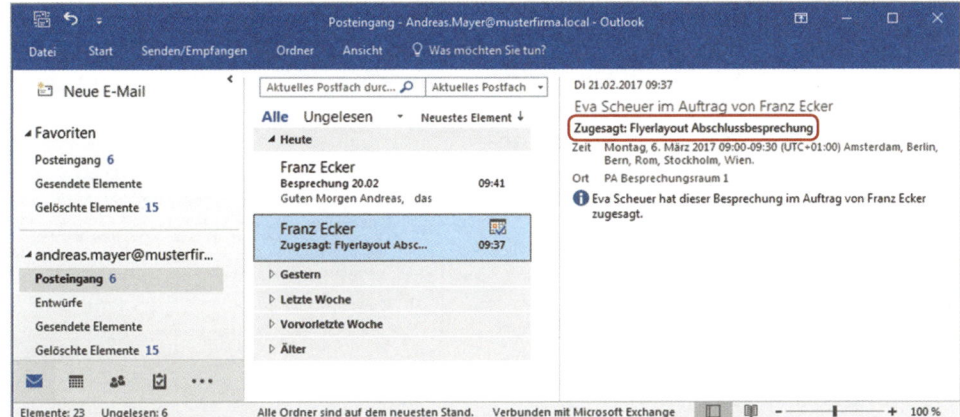

Anzeige der Besprechungszusage im Posteingang des Besprechungsorganisators

In der Nachrichtenliste erscheint die Besprechungszusage mit Absender Franz Ecker

Im Lesebereich erkennt der Empfänger, dass die Zusage von Eva Scheuer im Auftrag von Franz Ecker versendet wurde

Franz Ecker wird sowohl über die Besprechungsanfrage als auch über die Zusage von Eva Scheuer in seinem Posteingang informiert. Selbstverständlich ist die Besprechung ebenfalls in seinem Kalender eingetragen.

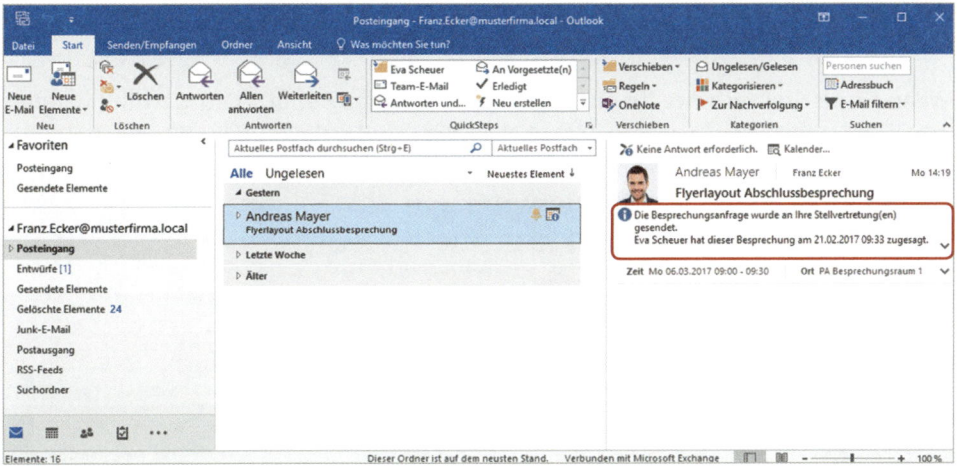

*Franz Ecker wird über die Zusagen die seine Stellvertretung für ihn getroffen hat informiert.*

**Stellvertreter verwalten**

Die Stellvertretung endet nicht automatisch. In vielen Anwendungsfällen ist das auch nicht wünschenswert. Allerdings soll ein Stellvertreter, der Sie für die Zeit Ihres Urlaubs vertreten hat, danach nicht mehr auf Ihren Posteingang zugreifen können oder Ihre Besprechungsanfragen erhalten. Entfernen Sie in diesem Fall den Stellvertreter ganz oder entziehen Sie die entsprechenden Berechtigungen.

▶ Klicken Sie auf *Datei* ▶ *Informationen* ▶ *Kontoeinstellungen* ▶ *Zugriffsrechte für Stellvertretung*, um das Fenster *Stellvertretungen* zu öffnen. In der Liste sehen Sie alle vorhandenen Stellvertreter. Markieren Sie den gewünschten Stellvertreter durch Anklicken und wählen Sie den Befehl *Entfernen*, um diese Stellvertretung zu löschen.

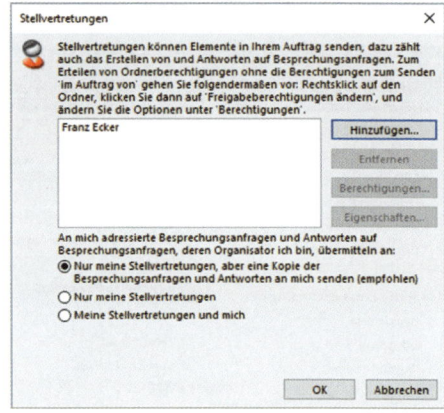

▶ Klicken Sie auf *Berechtigungen...*, um die Zugriffsrechte dieser Stellvertretung abzuändern.

▶ Unter *Eigenschaften...* erhalten Sie eine Zusammenfassung der Kontaktinformationen.

## Stellvertretung übernehmen

Wenn Sie als Stellvertreter für einen anderen Exchange Benutzer ausgewählt wurden, erhalten Sie üblicherweise eine E-Mail-Nachricht, in der Sie über Ihre Berechtigungen informiert werden.

*E-Mail Benachrichtigung über Stellvertretungen*

**Freigegebene Ordner öffnen**

Als Stellvertreter öffnen Sie den Ordner der zu vertretenden Person (z.B. Kalender oder Posteingang), indem Sie auf *Datei ▸ Öffnen und exportieren ▸ Ordner eines anderen Benutzers* klicken. Es erscheint das Fenster *Ordner eines anderen Benutzers öffnen*. Klicken Sie dort auf die Schaltfläche *Name*, um eine Liste aller Benutzer zu öffnen. Wählen Sie den Benutzer aus und bestätigen mit *OK*. Wählen Sie nun noch den Ordnertyp (z.B. Posteingang) aus und klicken auf *OK*. Der gewählte Ordner öffnet sich in Ihrer Outlook Standard-Ansicht.

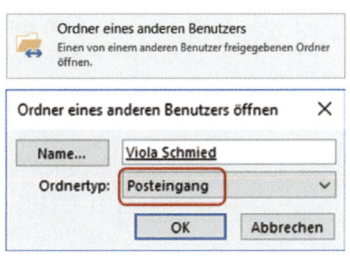

Im folgenden Beispiel hat Viola Schmied ihren Kollegen Franz Ecker zum Stellvertreter gemacht. Das Bild zeigt das Outlook-Postfach von Franz Ecker. Momentan wird der Posteingang von Viola Schmied in der Nachrichtenliste angezeigt. Sobald Franz Ecker einen eigenen Outlook-Ordner anklickt, wird der Posteingang von Viola Schmied nicht mehr angezeigt und muss erneut über die oben beschriebene Prozedur eingeblendet werden.

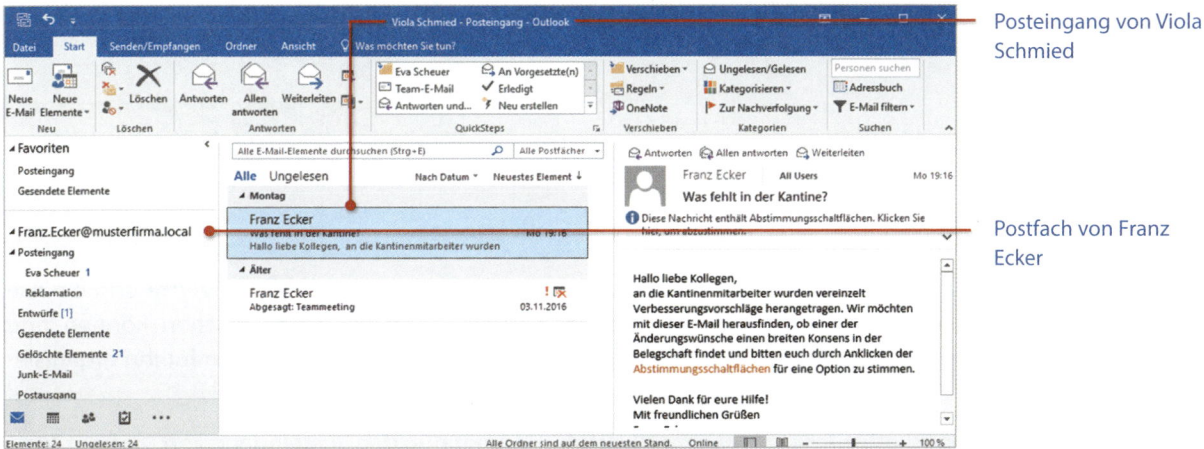

Posteingang von Viola Schmied

Postfach von Franz Ecker

Dagegen muss der Kalender nur einmal über *Ordner eines anderen Benutzers öffnen* angezeigt werden. Dieser wird dann den *Freigegebenen Kalendern* hinzugefügt; die Anzeige kann hier beliebig aktiviert und deaktiviert werden.

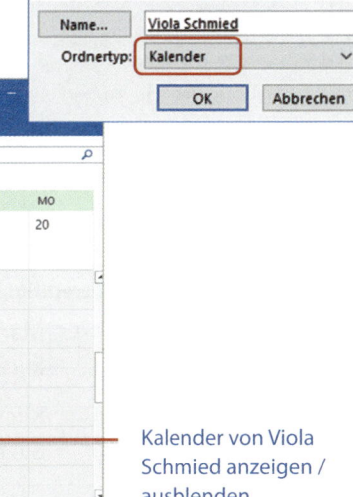

Kalender von Viola Schmied anzeigen / ausblenden

**E-Mail im Namen der vertretenen Person verschicken**

Um eine Nachricht als Stellvertreter für eine andere Person zu schreiben, öffnen Sie ein neues Nachrichtenformular. Aktivieren Sie im Register *Optionen* die Schaltfläche *Von* ❶. Nun klicken Sie in der E-Mail auf die Schaltfläche *Von* und wählen *Weitere E-Mail-Adresse...* ❷. Im Fenster *Von anderer E-Mail-Adresse senden* wählen Sie wiederum mit *Von...* ❸ den Benutzer, in dessen Namen Sie senden möchten, aus. Sofern die Stellvertretung Berechtigungen für den Posteingang erhalten hat, sieht der Empfänger der Nachricht nicht mehr, dass nicht der Absender der Nachricht geantwortet hat, sondern seine Stellvertretung.

*E-Mail im Namen einer anderen Person versenden*

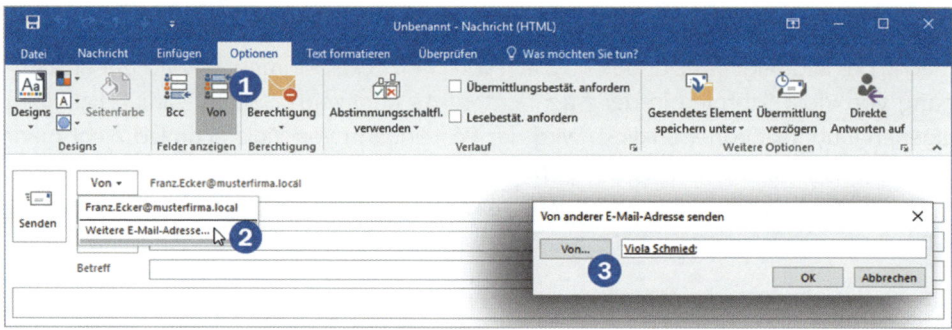

## Versendung von E-Mails durch den Stellvertreter

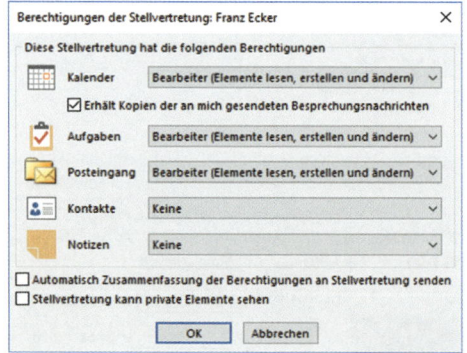

Andreas Mayer setzt Julia Finkl als seine Stellvertreterin ein. Sie soll E-Mails beantworten, erstellen und löschen können und auch Aufgaben eintragen und Besprechungen für ihn organisieren können.

Die Stellvertreterin zeigt nun den Posteingang von Andreas Mayer an und versendet und löscht E-Mails. Dabei wird die Kopie der gesendeten Nachricht und die gelöschte Nachricht in den entsprechenden Ordnern der Stellvertreterin! verschoben. Der Besitzer des Postfachs sieht also nicht, was gelöscht bzw. welche E-Mails versendet wurden.

Grund hierfür ist, dass der Stellvertreter keine Berechtigung zum Ändern des Inhalts dieser Ordner erhalten hat. Wenn Sie sehen möchten, was Ihr Stellvertreter geschrieben bzw. gelöscht hat, dann müssen Sie für diese Ordner eine Berechtigung erteilen.

**Berechtigung erteilen für Änderung von Ordnerinhalten durch den Stellvertreter**

▷   Markieren Sie den Ordner Gelöschte Elemente bzw. Gesendete Elemente und klicken Sie im Register *Ordner* auf *Ordnerberechtigungen*.

▷   Klicken Sie im nächsten Fenster auf die Schaltfläche *Hinzufügen...* ❶ und wählen Sie mit einem Doppelklick den Benutzer aus, dem Sie als Ihrem Stellvertreter die

Berechtigung für den Ordner Gelöschte Elemente bzw. Gesendete Elemente erteilen möchten.

▶ Wählen Sie bei *Berechtigungsstufe: Mitwirkender* ❷ und bestätigen Sie Ihre Änderungen mit *OK*.

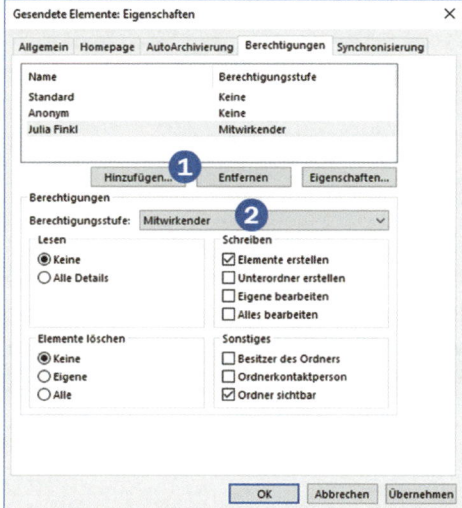

Das allein ist allerdings noch nicht ausreichend. Gleichzeitig muss eine Änderung der Registry (Datenbank, die Einstellungen des Windows-Betriebssystems und der installierten Programme enthält) vorgenommen werden. Dies geschieht in einem Unternehmen, meist vom Mitarbeiter unbemerkt, durch den Administrator.

## Postfach einer anderen Person dauerhaft anzeigen

Um das Postfach eines Kollegen, für den Sie die Stellvertretung übernommen haben, permanent in Ihrem Ordnerbereich anzuzeigen, gehen Sie wie folgt vor.

1   Klicken Sie auf *Datei* ▶ *Informationen* ▶ *Kontoeinstellungen* ▶ *Kontoeinstellungen...*, um das Fenster *Kontoeinstellungen* zu öffnen. Markieren Sie Ihr E-Mail-Konto und klicken auf *Ändern...* .

2   Im folgenden Fenster klicken Sie auf die Schaltfläche *Weitere Einstellungen...* und wählen das Register *Erweitert* aus.

3   Über die Schaltfläche *Hinzufügen...* können Sie nun den Namen der Person eingeben, deren Postfach Sie öffnen möchten. Bestätigen Sie durch klicken auf *OK* und schließen Sie das Dialogfenster *Konto ändern* mit *Weiter* ▶ *Fertigstellen*.

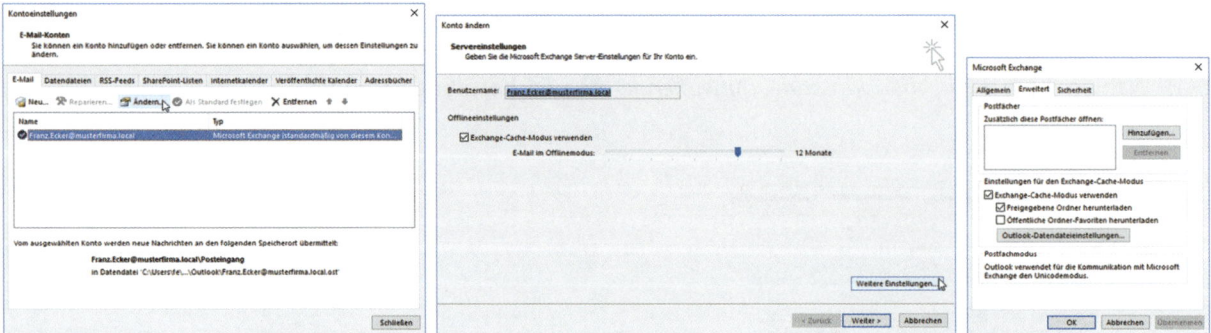

Nun wird im Ordnerbereich unter Ihrem Postfach auch das Konto Ihres Kollegen, für den Sie die Stellvertretung übernommen haben, angezeigt. Zunächst ist nur der Name sichtbar. Klicken Sie auf das Dreieck, um den Posteingang des fremden Postfachs anzuzeigen.

persönlicher Posteingang

Posteingang der Person für die Sie die Stellvertretung übernommen haben

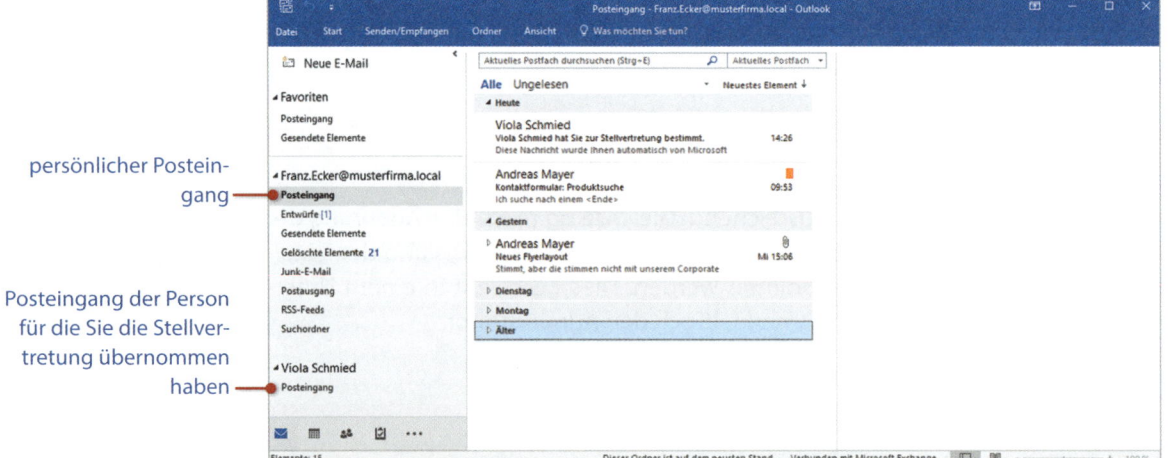

Unter Umständen erhalten Sie eine Fehlermeldung: *Der Ordner kann nicht erweitert werden, ein Clientvorgang ist fehlgeschlagen*. Dann muss der Kollege, für den Sie die Stellvertretung übernommen haben, sein Postfach in den Ordnerberechtigungen auf *sichtbar* stellen.

**Berechtigung vergeben zur dauerhaften Anzeige des Posteingangs im Ordnerbereich des Stellvertreters**

Falls die Stellvertretung nicht nur für die Dauer des Urlaubs besteht, ist es sinnvoll, dass der Stellvertreter Ihr Postfach permanent in seinem Ordnerbereich anzeigen kann. Dazu müssen Sie folgende Einstellungen vornehmen:

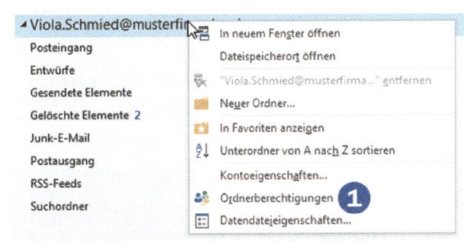

**1**  Klicken Sie mit der rechten Maustaste im Funktionsbereich *E-Mail* auf Ihr Postfach und wählen Sie im Kontextmenü *Ordnerberechtigungen* aus.

**2**  Im Dialogfenster wird das Register *Berechtigungen* angezeigt. Klicken Sie auf die Schaltfläche *Hinzufügen* und wählen Sie Ihren Stellvertreter aus.

**3**  Der Name des Stellvertreters wird angezeigt und ist markiert. Aktivieren Sie unter *Sonstiges* das Kontrollkästchen *Ordner sichtbar* und bestätigen Sie mit *OK*.

*Stellvertreter das*
*Recht einräumen den*
*Posteingang permanent*
*anzuzeigen*

## 2.14 Mit mehreren E-Mail-Konten arbeiten

Um ein weiteres E-Mail-Konto hinzuzufügen, wählen Sie *Datei* ▸ *Informationen* ▸ *Konto hinzufügen* und geben die Informationen ein, wie in Kapitel 1 gezeigt wurde.

*zweites Konto hinzu-
fügen*

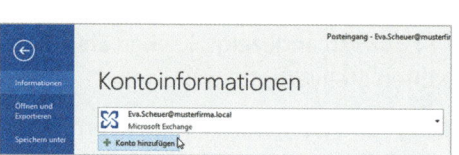
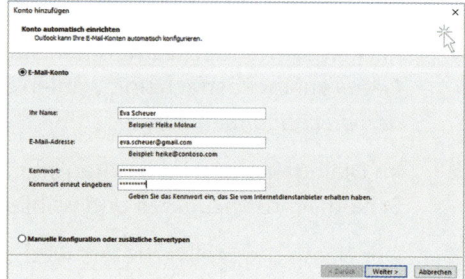

Enthält Outlook mehrere E-Mail-Konten, so werden diese getrennt voneinander im Ordnerbereich angezeigt. Sie bestimmen, welches E-Mail-Konto eine Nachricht versendet, indem Sie einen E-Mail-Ordner des entsprechenden Kontos anklicken und dann ein neues Nachrichtenformular aufrufen.

*Absenderkonto auswäh-
len*

Um diese E-Mail-Adres-
se als Absender einer
neuen Nachricht aus-
zuwählen, markieren
Sie das Postfach und
klicken dann auf Neue
E-Mail

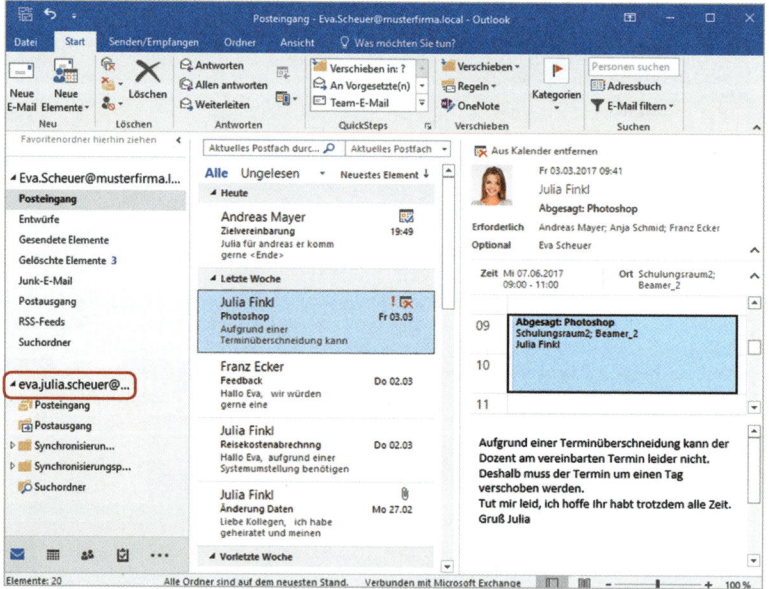

Auch im Nachrichtenformular selbst können Sie noch auswählen, welche Absenderadresse Sie verwenden. Klicken Sie dazu auf die Schaltfläche *Von*, die automatisch angezeigt wird, wenn mehrere E-Mail-Konten existieren und wählen Sie eine Adresse aus.

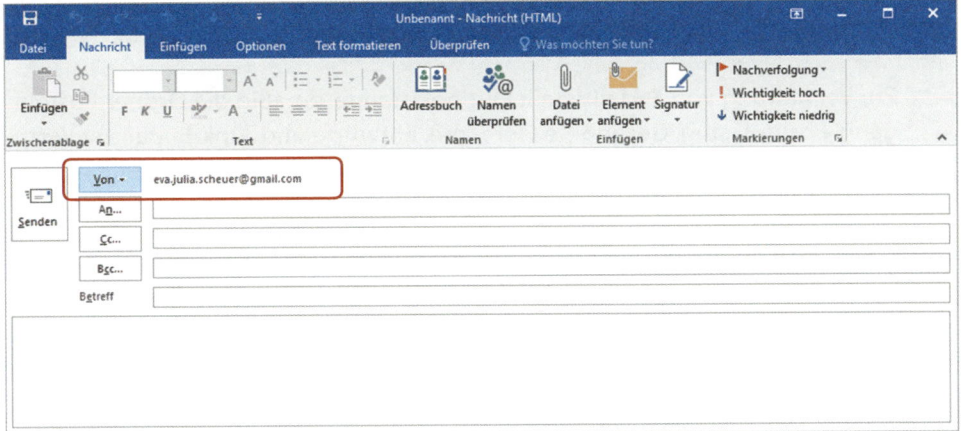

## 2.15    Zusammenfassung

▶ Um E-Mails versenden und empfangen zu können, muss zunächst ein E-Mail-Konto in Outlook eingerichtet werden.

▶ Zur Verwaltung von E-Mails stellt Outlook standardmäßig die Ordner Posteingang, Postausgang, Gesendete Elemente, Entwürfe und Junk-E-Mail zur Verfügung. Die Inhalte der einzelnen Ordner lassen sich über verschiedene Ansichten und Anordnungsvorgaben an Ihre Anforderungen anpassen.

▶ Eine E-Mail-Nachricht wird in einem Nachrichtenformular erstellt. E-Mail-Adressen können über Adressbücher eingefügt werden. Über die Schaltfläche Senden wird jede E-Mail in den Postausgang verschoben. Nachdem die Nachricht gesendet wurde, wird eine Kopie im Ordner Gesendete Elemente abgelegt.

▶ Als Anlage zu einer E-Mail können Bilder, Word-Dokumente etc. versendet werden. Erhalten Sie Dateianlagen, sollten Sie diese nur öffnen, wenn Sie den Versender der Nachricht kennen, da Anlagen zu E-Mails auch Schadprogramme enthalten können.

▶ Mit einer Lesebestätigung fordern Sie den Empfänger Ihrer E-Mail auf, die Kenntnisnahme des Inhalts zu bestätigen. Allerdings muss der Empfänger dieser Aufforderung nicht nachkommen.

▶ Die Grußformel, die sich in jeder E-Mail wiederholt, wird als Signatur gespeichert. Dadurch wird sie automatisch Bestandteil jeder neuen E-Mail-Nachricht.

▶ Ergibt sich aus einer E-Mail weiterer Handlungsbedarf, können Sie die E-Mail zur Nachverfolgung kennzeichnen. Dadurch wird eine Aufgabe festgelegt und die E-Mail mit einem farbigen Fähnchen hervorgehoben. So werden Sie an den Inhalt der E-Mail erinnert und vergessen die Erledigung nicht.

▶ Um im Funktionsbereich E-Mail die Übersicht zu behalten, stehen Ihnen verschiedenste Features zur Verfügung. Sie können E-Mails durch Farben kategorisieren oder neue Ordner anlegen, in die Sie bestimmte Nachrichten verschieben. Der Vorgang des Verschiebens kann durch Festlegen von Regeln automatisiert werden.

▶ Mit QuickSteps fassen Sie verschiedene Bearbeitungsschritte zusammen. Der QuickStep Antworten und Löschen beispielsweise, öffnet ein Nachrichtenformular und löscht die beantwortete Mail.

▷ Die Unterhaltungsansicht zeigt alle E-Mails zu einem Betreff, zusammenge-fasst unter der neuesten Nachricht, an. Dadurch wird der Posteingang über-sichtlicher. Unterhaltungen können auch aufgeräumt werden, d. h. mit weni-gen Klicks löschen Sie nicht benötigte E-Mails einer Unterhaltungen.

▷ Der Personenbereich ist ein praktisches Mittel zur sortierten Anzeige von E-Mail-Nachrichten, Besprechungsanfragen oder Anlagen, die Sie von einer Person erhalten haben.

**Notizen:**

# 3 Kontakte verwalten

**In diesem Kapitel lernen Sie...**

- Adressen im Ordner Kontakte zu speichern
- den Nutzen von Visitenkarten kennen
- wie Sie Kontaktgruppen erstellen
- wie Sie Kontakte ausdrucken

**Das sollten Sie bereits wissen**

- E-Mail-Grundlagen

## 3.1    Elemente und Ansicht des Funktionsbereichs Personen

Der Funktionsbereich *Personen* bietet Ihnen eine komfortable Möglichkeit der Adressverwaltung. Die Features gehen weit über die bloße Speicherung der E-Mail-Adresse und der postalischen Informationen hinaus. Sie können beispielsweise den Geburtstag, Vorgesetzten oder Beruf der einzelnen Person eintragen oder Notizen hinzufügen, z. B. „Dienstag immer außer Haus". Kontakte können für die Erstellung von Serienbriefen in Microsoft Word verwendet oder mit dem Mobiltelefon synchronisiert werden. Der Ordner *Kontakte* ist der Standardspeicherort zur Ablage von Kontaktinformationen.

### Übersicht

Um den Funktionsbereich *Personen* anzuzeigen, wählen Sie in der Navigationsleiste *Personen* aus. In der Regel ist im Ordnerbereich nur ein Ordner, nämlich *Kontakte*, zu sehen. Sofern Sie von einer älteren Version auf Outlook 2016 umgestiegen sind, wird unter Umständen der Ordner *Vorgeschlagene Kontakte* angezeigt.

*Funktionsbereich Personen in der Ansicht Personen*

Ansicht Personen

Ordner Kontakte

Anzeigebereich / Kontaktliste

Lesebereich / Kontaktkarte

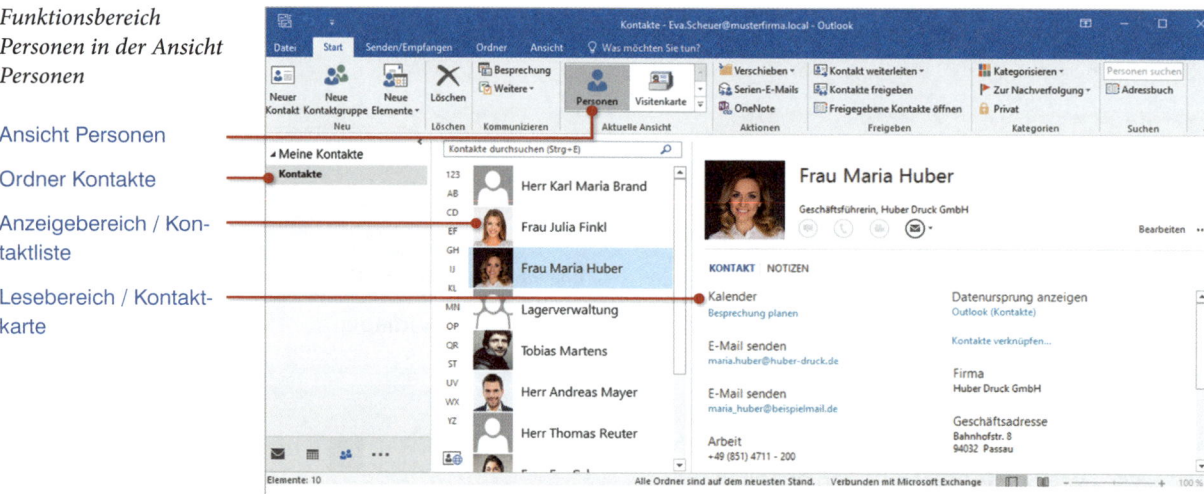

### Kontakte und Adressbücher

Kontakte und Adressbücher bezeichnen unterschiedliche Sachverhalte:

▶ Kontakte sind die einzelnen Elemente des Ordners *Kontakte*, also alle Informationen wie z. B. E-Mail-Adresse, postalische Adresse, Telefonnummern, Geburtstag etc., die Sie zu einer Person abspeichern möchten.

▶ Im Adressbuch sind nur E-Mail-Adressen hinterlegt. Sofern Sie zu einem Kontakt eine E-Mail-Adresse gespeichert haben, wird diese im Adressbuch angezeigt und kann beim Erstellen einer neuen E-Mail-Nachricht aus diesem eingefügt werden. Enthält ein Kontakt keine E-Mail-Adresse, wird er im Adressbuch nicht angezeigt.

### Globale Adressliste

Eine Globale Adressliste steht nur in einer Microsoft Exchange Server-Umgebung zur Verfügung. Sie enthält beispielsweise alle E-Mail-Adressen der Mitarbeiter eines Unternehmens. Darüber hinaus kann die Globale Adressliste auch Ressourcen bereitstellen.

Typische Ressourcen in Outlook sind Fahrzeuge des Fuhrparks, Besprechungsräume oder technische Geräte, wie Beamer, Kamera etc. Über Outlook können die einzelnen Ressourcen für bestimmte Termine gebucht werden.

Die Globale Adressliste ist auf dem Server gespeichert und wird vom Administrator verwaltet. Die einzelnen Benutzer können keine Daten in die Adressliste eingeben, Änderungen vornehmen oder Datensätze löschen. Jeder Benutzer kann allerdings Kontaktinformationen aus der Globalen Adressliste in die persönlichen Kontakte kopieren.

### Adressbuch Kontakte

Dieses Adressbuch enthält alle E-Mail-Adressen, die Sie im Ordner *Kontakte* speichern. Weitere persönliche Adressbücher können zusätzlich als Ordner vom Typ *Kontakte* im Funktionsbereich *Personen* angelegt werden.

## Ansicht ändern

Der Funktionsbereich *Personen* wird standardmäßig in der Ansicht *Personen* angezeigt. Weitere Ansichten stehen auf dem Register *Start*, Gruppe *Aktuelle Ansicht* zur Verfügung. Hier finden Sie auch die Ansicht

*Visitenkarte*, durch die jeder Kontakt auf einer eigenen Karte angezeigt wird. Eine andere nützliche Ansicht ist *Liste*, die alle Kontakte nach Firmenzugehörigkeit gruppiert.

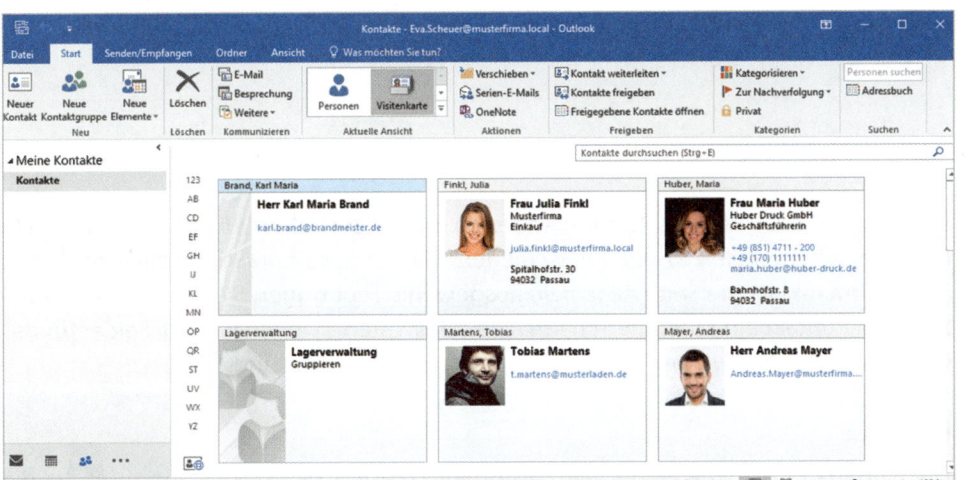

*Kontakte in der Ansicht Visitenkarte*

## 3.2    Kontakte erstellen

### Kontaktformular anzeigen

Das Kontaktformular dient der Speicherung aller Informationen, die Sie zu einer Person gerne hinterlegen möchten.

▶ Um einen neuen Kontakt anzulegen, klicken Sie im Funktionsbereich Personen auf *Start* ▶ Gruppe *Neu* ▶ *Neuer Kontakt*.

▶ Alternativ kann in jedem anderen Funktionsbereich ein neuer Kontakt erstellt werden. Klicken Sie auf *Start* ▶ Gruppe *Neu* ▶ *Neue Elemente* ▶ *Kontakt*.

*Kontaktformular*

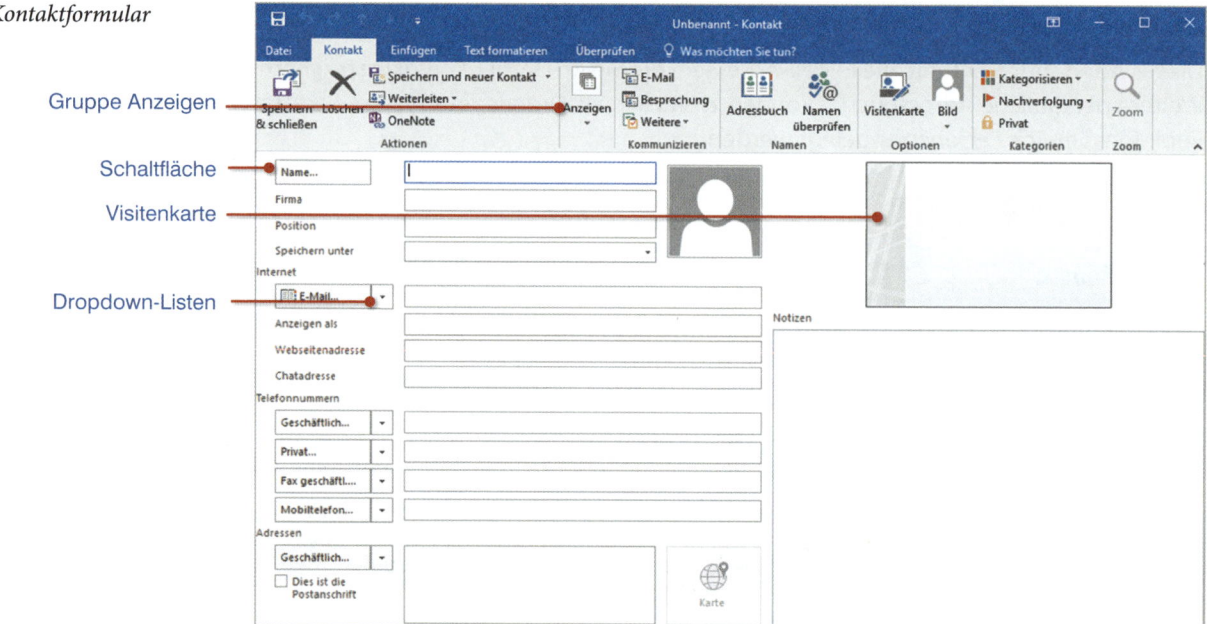

### Anzeigen

Die Gruppe *Anzeigen* enthält unter anderem die Schaltflächen *Allgemein* und *Details*. Mit Ihnen können Sie zwischen verschiedene Seiten des Kontaktformulars wechseln. Standardmäßig ist die Seite *Allgemein* ausgewählt. Hier tragen Sie alle Informationen zu Ihrem Kontakt ein. Über die Schaltfläche *Details* stehen Ihnen weitere Felder für das Geburtsdatum, den Namen des Vorgesetzten, etc. zur Verfügung.

### Überprüfen

Die Eingabe in manche Felder wird automatisch auf Schlüssigkeit überprüft. Ist die Eingabe unvollständig oder nicht korrekt, erscheint ein Dialogfenster. Dies gilt für die

Felder *Name*, *E-Mail* und *Adressen*. Ein fehlender Vorname, die Eingabe der E-Mail-Adresse ohne @-Zeichen oder eine postalische Adresse ohne Postleitzahl löst die Aktion aus. Im Dialogfenster können die Änderungen vorgenommen oder Informationen ergänzt werden. Natürlich werden Rechtschreibfehler oder Fehler, wie z. B. *Frau Martin Muster* von der Überprüfung nicht gefunden. Möchten Sie für einzelne Felder nicht mit der Überprüfung arbeiten, entfernen Sie das Häkchen vor *Diesen Dialog einblenden, wenn Name unvollständig oder unklar* im automatisch erscheinenden Dialogfenster. Dann werden Sie bei Erstellung des nächsten Kontakts nicht mehr auf Fehler in diesem Feld aufmerksam gemacht.

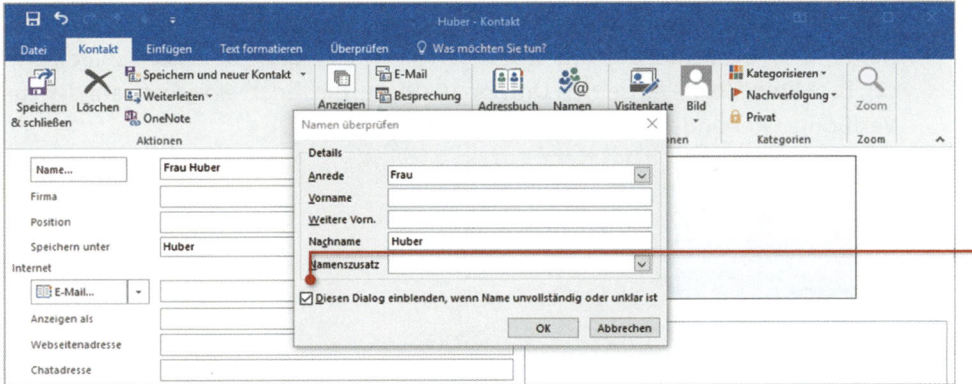

*Automatische Überprüfung*

Unvollständige Eingabe in das Feld Name, das Dialogfenster erscheint automatisch

Fehlendes Element eintragen - Vorname

oder Häkchen durch Anklicken entfernen

## Schaltflächen

Die Bezeichnung einiger Formularfelder ist mit einer Schaltfläche kombiniert. Diese bietet Ihnen eine Hilfe zur richtigen Eingabe der Daten oder stellt weitere Eingabefelder zur Verfügung, z. B. Schaltfläche *Name* oder *Telefonnummer Geschäftlich* Geschäftlich... . Durch Anklicken der Schaltfläche erhalten Sie ein entsprechendes Dialogfenster zur Erleichterung der Eingabe. Die Eingabehilfen sorgen für eine richtige, vollständige und einheitliche Eingabe der Daten und sichern damit die effiziente Nutzung der Informationen.

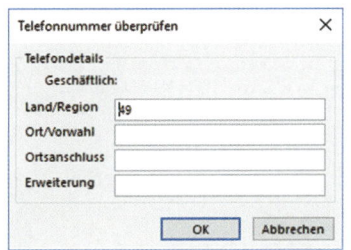

## Dropdown-Listen im Kontaktformular

Über Dropdown-Listen erhalten Sie die Möglichkeit zu E-Mails, Telefonnummern oder postalischen Adressen mehrere Alternativen zu hinterlegen.

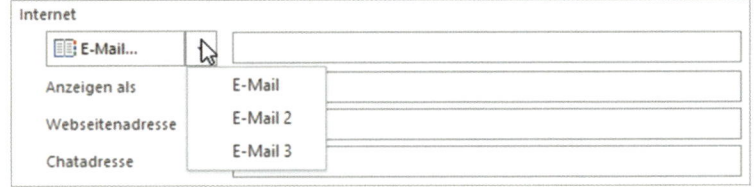

*mehrere Alternativen hinterlegen*

## Kontaktformular ausfüllen - Seite Allgemein

Klicken Sie in ein Feld und tippen Sie die gewünschten Informationen ein. Mit der Tab-Taste springen Sie schnell von Feld zu Feld. Einige Felder und Elemente weisen Besonderheiten auf, die im Folgenden erläutert werden:

▶ **Name**

Sie können den Namen der Person direkt in das Feld *Name* eintragen, z. B. Frau Maria Huber. Durch Anklicken der Schaltfläche *Namen...* erhalten Sie in einem Dialogfenster detaillierte Felder für die Eingabe und stellen so sicher, dass die Namensbestandteile richtig zugeordnet werden. Tragen Sie die einzelnen Informationen in die Felder ein und bestätigen Sie Ihre Eingabe über die Schaltfläche *OK*. Beachten Sie die einzelnen Dropdown-Pfeile, die Ihnen eine Auswahl der zur Verfügung stehenden Merkmale auflisten.

*Dialogfenster zur Eingabe des Namens*

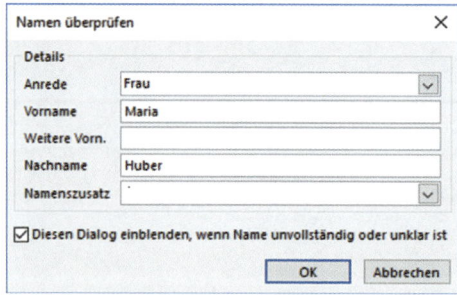

▶ **Speichern unter**

Nachdem Sie den Namen Ihres Kontakts eingetragen haben, wird das Feld *Speichern unter* automatisch ausgefüllt. Die gewählte Anordnung legt fest, wo dieser Kontakt innerhalb der alphabetischen Übersicht im Ordner *Kontakte* erscheint. Standardmäßig wird der Kontakt unter dem Nachnamen gespeichert.

Über das Dropdown-Feld können Sie eine andere Speichersortierung auswählen. Sofern der Kontakt die Angabe der Firma enthält, kann er auch unter diesem Namen abgespeichert werden.

*Bezeichnung unter der der Kontakt gespeichert wird*

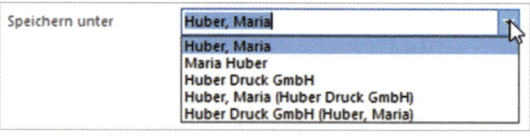

> Unabhängig für welche Sortierung Sie sich entscheiden, achten Sie auf Einheitlichkeit.

▶ **Bild**

Sie können jedem Kontakt ein Bild (Passbild oder Firmenlogo) hinzufügen. Dazu klicken Sie auf die Fläche und suchen dann die gewünschte Bilddatei. Alternativ können Sie auch den Befehl *Kontakt* ▸ Gruppe *Optionen* ▸ *Bild* ▸ *Bild hinzufügen* verwenden.

Zum Austausch oder zum Entfernen des Bildes klicken Sie mit der rechten Maustaste auf das Bild oder verwenden *Kontakt* ▸ Gruppe *Optionen* ▸ *Bild*.

Das Bild eines Kontakts wird nicht nur hier im Kontaktformular angezeigt, sondern ebenfalls an vielen anderen Stellen in Outlook, z. B. im Lesebereich einer E-Mail.

▶ **E-Mail**

In das Feld *E-Mail* tragen Sie die E-Mail-Adresse des Kontakts ein. Diese wird unter *E-Mail* abgespeichert.

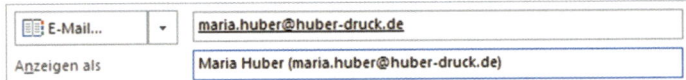

Eine weitere Adresse kann über das Dropdown-Feld als *E-Mail 2* hinzugefügt werden. Beide Adressen werden auf der Visitenkarte und im Adressbuch Kontakte angezeigt. Insgesamt können bis zu drei verschiedene E-Mail-Adressen für einen Kontakt erfasst werden.

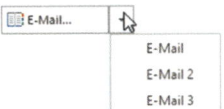

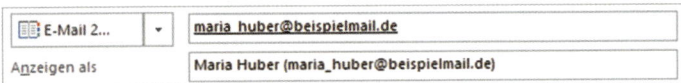

Die zuletzt eingegebene E-Mail-Adresse wird im Kontaktformular angezeigt. Um zur anderen E-Mail-Adresse zu wechseln, wählen Sie diese über das Dropdown-Feld aus.

Im Feld *Anzeigen als* steht die gewählte E-Mail-Adresse in Kombination mit dem Namen, wie sie dann auch im Adressbuch und größtenteils in E-Mails angezeigt wird. Hier können Sie Ergänzungen vornehmen, um so die verschiedenen Adressen einer Person besser auseinander zu halten.

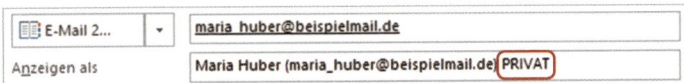

Durch Anklicken der Schaltfläche *E-Mail* erhalten Sie Zugriff auf die Globale Adressliste. Hier können Sie eine E-Mail-Adresse auswählen, um Sie in Ihren Kontakteintrag zu übernehmen. Es gibt allerdings eine einfachere Möglichkeit, Kontakte aus der Globalen Adressliste zu übernehmen. Wie das geht, wird in diesem Kapitel erläutert.

▶ **Telefonnummern**

Es ist möglich, über Outlook zu telefonieren, z. B. wenn Ihr Computer Teil eines Netzwerks ist, welches mit einer Telefonanlage verbunden wurde. Außerdem können Ihre Kontaktdaten auch auf ein Mobiltelefon übertragen und dort genutzt werden. Aus diesem Grund ist die richtige Eingabe der Telefonnummer unerlässlich. Outlook benutzt das sogenannte kanonische Telefonformat:

+49 (851) 4711 – 200

Ländervorwahl (Ortsvorwahl ohne Null) Ortsanschluss – Durchwahl

Die Nummer wird mit allen Zeichen ausgelesen. Es ist allerdings möglich, dass Ihr Mobiltelefon Klammern und Bindestriche nicht umsetzen kann. Unter diesen Umständen sollten Sie die Eingabehilfe nicht nutzen, sondern die Telefonnummer ohne Klammern etc. in das Feld eintragen.

Zur Eingabe einer Telefonnummer klicken Sie auf die Schaltfläche *Geschäftlich* und tragen die einzelnen Informationen ein. Im Feld *Land/Region* wird in der Regel die deutsche Ländervorwahl *49* angezeigt. Diese kann überschrieben werden. Bestätigen Sie Ihre Eingabe mit *OK*.

*Eingabehilfe für Telefonnummern*

*Drei der 19 möglichen Speicherplätze für Telefonnummern sind hinterlegt*

Die Schaltflächen im Abschnitt *Telefonnummer* lassen sich über die dazugehörigen Dropdown-Felder an Ihre Bedürfnisse anpassen. Insgesamt können im Kontaktformular bis zu 19 verschiedene Telefon- bzw. Faxnummern gespeichert werden. Auf dem Kontaktformular werden davon jedoch nur vier angezeigt. Verfahren Sie wie unter E-Mail beschrieben.

▶ **Adressen**

Nutzen Sie auch bei der Adresseingabe die Eingabehilfe durch Anklicken der Schaltfläche *Geschäftlich*. Ein Eintrag bei *Bundesland/Kanton* wird für deutsche Adressen nicht benötigt. Die Zeile *Bundesland/Kanton* verwenden Sie z. B. für Anschriften in den USA, da dort der Bundesstaat Teil der Adresse ist.

Über das Dropdown-Feld der Schaltfläche *Geschäftlich* können weitere Adressen hinterlegt werden – bis zu drei. Sind mehrere Adressen vorhanden, sollten Sie durch Aktivierung von *Dies ist die Postanschrift* eine Adresse als Postanschrift kennzeichnen.

▶ **Schaltfläche *Karte***

Über die Schaltfläche *Karte* wird die postalische Adresse auf einer Landkarte zur Routenplanung angezeigt. Ganz nebenbei überprüfen Sie so auch, ob die Adresse vorhanden ist, also richtig eingegeben wurde. Dies geschieht über einen Online-Dienst – es wird also eine bestehende Internetverbindung benötigt.

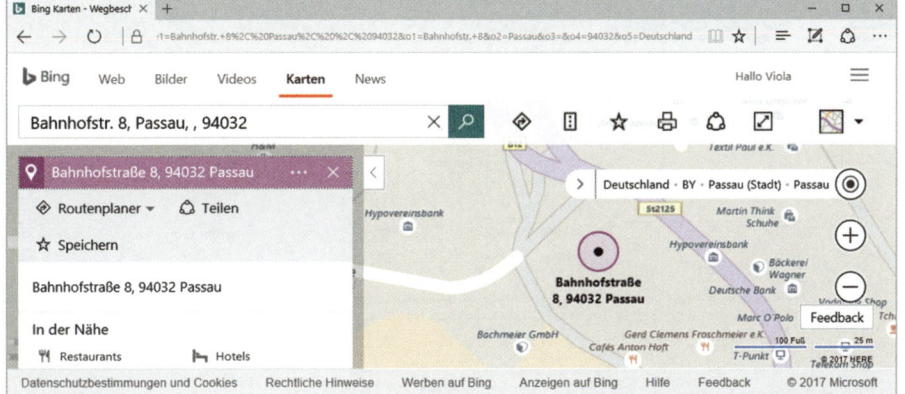

*Darstellung einer Adresse auf der Karte*

▶ **Visitenkarte**

Ein Teil der Informationen, die Sie zu einer Person eingegeben haben, werden auf der Visitenkarte zusammengefasst. Das Aussehen und die angezeigten Inhalte einer Visitenkarte lassen sich ändern (siehe Seite 129).

▶ **Notizen**

Weitere Informationen tragen Sie in das Feld *Notizen* ein. Sie können hier auch größere Mengen an Text eingeben, den Text formatieren und über Registerkarte *Einfügen* ▶ *Datei anfügen* eine Excel-Tabelle, Word-Liste oder Grafik einbinden. Somit ist das Feld auch für Öffnungszeiten, Kundennummern, weitere Fotos und alles, was Sie zu einer Firma oder Person abspeichern möchten, geeignet.

Beachten Sie, dass die Datei in das Formular eingefügt wird. Ist die Datei lokal gespeichert, werden Änderungen, die Sie an dieser Datei vornehmen, nicht in der in Outlook angefügten Datei übernommen.

> Überlegen Sie bei der Erstellung von Kontakten genau, für welche Zwecke die Daten verwendet werden. Sollen die Informationen z. B. auch für die Erstellung von Serienbriefen in Word benutzt werden, dann benötigen Sie vollständige Adressinformationen.

## Kontaktformular ausfüllen - Seite Details

Weitere Informationen zu einem Kontakt werden über die Seite *Details* hinzugefügt. Dazu öffnen Sie entweder einen bestehenden Kontakt oder wechseln gleich beim Anlegen des Kontakts über *Start* ▶ Gruppe *Anzeigen* ▶ *Details* zu dieser Seite.

*Kontaktformular - Seite Details*

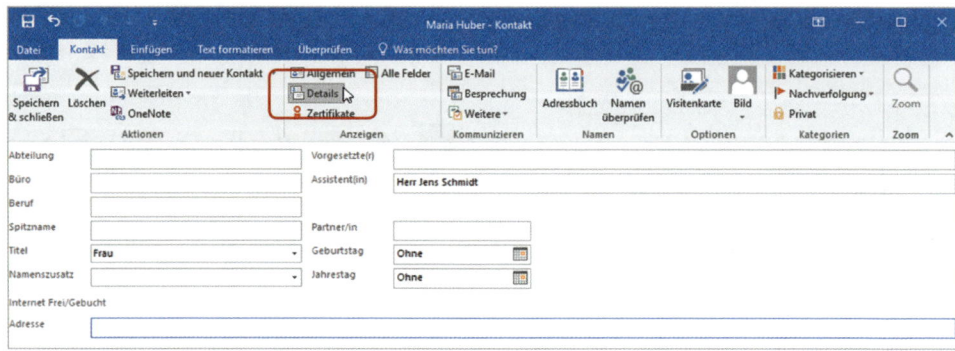

▶ **Geburtstag**

Das Geburtsdatum der Person tragen Sie in das Feld *Geburtstag* ein. Der Geburtstag wird automatisch in den Kalender als jährlich wiederkehrendes Ereignis eingetragen.

Bevor Sie für einen Kontakt das Geburtsdatum hinterlegen können, muss der Kontakt erstmalig gespeichert werden (siehe nächster Abschnitt). Dies gilt nur für das Feld *Geburtstag*, alle anderen Felder können ohne vorherige Speicherung ausgefüllt werden.

*Fehlermeldung: Bevor ein Geburtstag eingetragen werden kann, muss das Kontaktformular gespeichert werden*

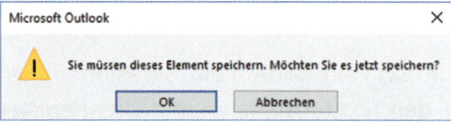

Wenn Sie nur Tag und Monat des Geburtstages kennen, ergänzt Outlook automatisch das Jahr – und zwar das aktuelle.

## Kontaktformular speichern

Über die Schaltfläche *Speichern & schließen* speichern Sie die Informationen als Kontakt. Der neue Kontakt erscheint als Eintrag im Anzeigebereich. Die Darstellung des Kontakts im Funktionsbereich Personen ist abhängig von der gewählten Ansicht.

Der neue Kontakt wird automatisch im Ordner *Kontakte* gespeichert. Weitere Kontaktordner können angelegt und Adressen dorthin verschoben bzw. gleich dort gespeichert werden.

*Beispiel für ein ausgefülltes Kontaktformular*

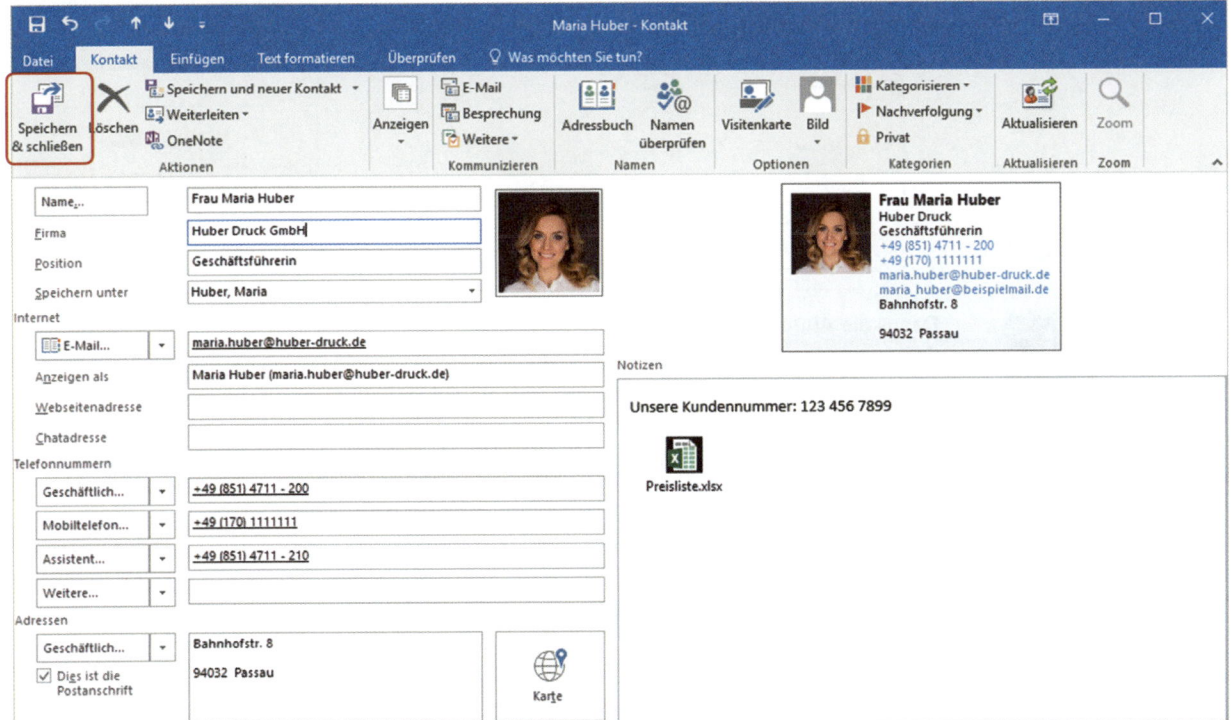

## Adressbuch nach Nachnamen sortiert anzeigen

Im Funktionsbereich Personen vereinbaren Sie beim Anlegen eines Kontakts, ob dieser unter dem Nachnamen, dem Vornamen oder der Firma gespeichert und im alphabetischen Überblick angezeigt wird. Das Adressbuch, welches die gespeicherten E-Mail-Adressen zur Verfügung stellt, wird unabhängig von den getroffenen Einstellungen zunächst nach Vornamen sortiert angezeigt. So ändern Sie diesen Zustand:

1   Wählen Sie die Registerkarte *Datei* - Bereich *Informationen*. Klicken Sie auf die Schaltfläche *Kontoeinstellungen* und wählen Sie darunter den Menüpunkt *Kontoeinstellungen* aus.

2   Wechseln Sie zum letzten Register *Adressbücher* und markieren Sie das *Outlook-Adressbuch*. Klicken Sie auf die Schaltfläche *Ändern*.

**3**    Sie erhalten eine Aufstellung der Ordner, die als Adressbücher verwendet werden. Die globale Adressliste kann nicht bearbeitet werden, daher ist sie hier nicht aufgeführt.

**4**    Aktivieren Sie im Abschnitt *Namen ordnen* die Auswahl *Wie „Speichern unter"* und schließen Sie die Fenster. Diese Änderung bezieht sich auf alle in diesem Fenster angezeigten Adressbücher.

*Adressbuch nach Nachnamen sortiert anzeigen*

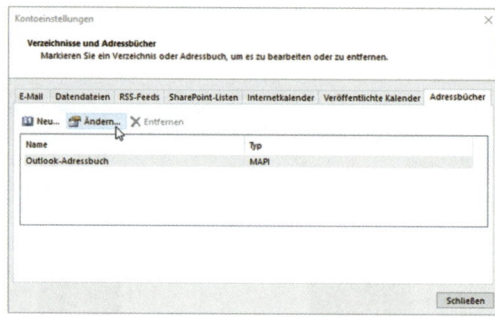
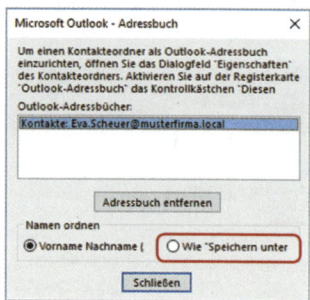

Damit die Änderungen wirksam werden, müssen Sie Outlook schließen. Beim erneuten Öffnen werden die Einträge des Adressbuchs gemäß den Einstellungen im Feld Speichern unter das Kontaktformular angeordnet, z. B. nach Nachnamen sortiert angezeigt.

## 3.3    Kontakte anzeigen, bearbeiten und löschen

Die Anzeige und Bearbeitung der einzelnen Kontakte ist abhängig von der gewählten Ansicht. In der Regel werden Sie in der Standardansicht *Personen* arbeiten, aber auch die Ansicht *Visitenkarte* hat Vorteile.

*Ansicht Personen*
*Ansicht Visitenkarte*

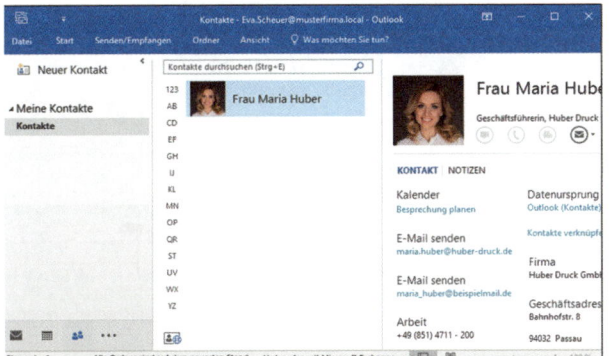
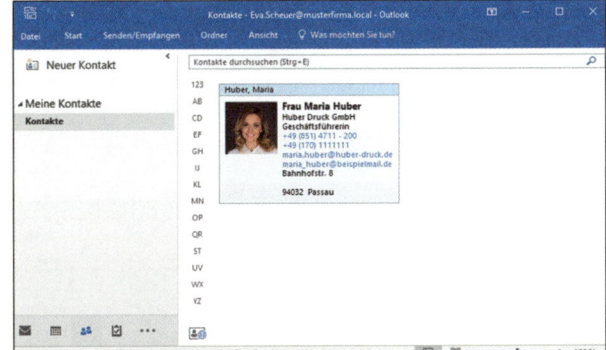

### In der Ansicht Personen arbeiten

Die Ansicht *Personen* besteht aus dem Anzeigebereich, welcher die gespeicherten Kontakte als einfache Liste darstellt und dem Lesebereich, der eine Auswahl an Informationen zum markierten Kontakt bietet.

*Personen*

*Ansicht Personen*

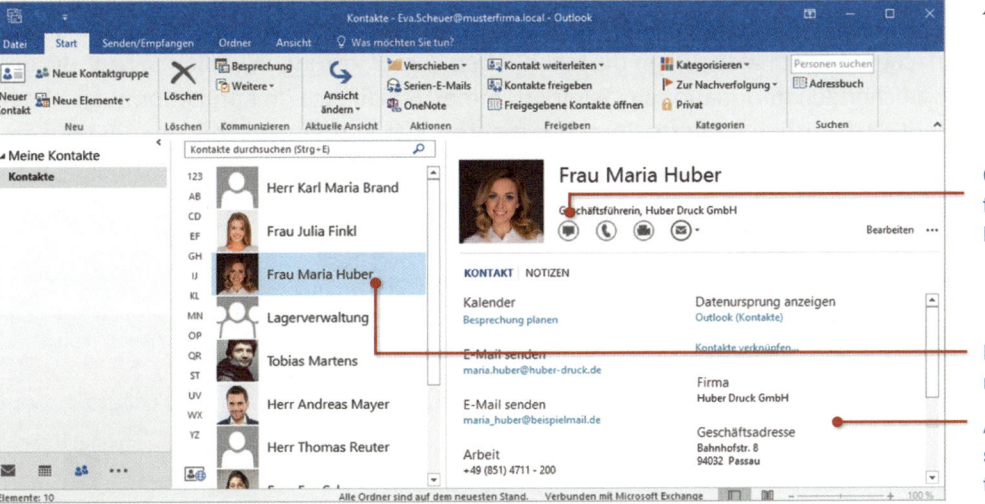

Chat-Nachricht, Telefonat, Videotelefonat, E-Mail-Nachricht

Kontaktliste: Kontakt markieren

Auf der Kontaktkarte sehen Sie die hinterlegten Informationen

Durch Anklicken von *Kontakt*, *Notizen*, *Organisation* oder *Mitgliedschaft* auf der Kontaktkarte wechseln Sie zu den anderen Seiten und zeigen weitere Inhalte an. *Organisation* und *Mitgliedschaft* werden nur auf den Kontaktkarten ihrer Kollegen angezeigt, also nur bei Personen, die zum Unternehmen gehören und nur wenn mit Microsoft Exchange Server gearbeitet wird. Auf dem Register *Organisation* sind die Kollegen innerhalb der Abteilung und die Vorgesetzten vermerkt. Bei *Mitgliedschaft* sind alle globalen Kontaktgruppen (Kontaktgruppen, die am Exchange Server erstellt wurden) aufgeführt, denen die Person angehört. Um an eine der Kontaktgruppen eine E-Mail zu versenden, zeigen Sie mit der Maus auf die Kontaktgruppe und klicken Sie dann auf die Schaltfläche für E-Mail.

*Notizen, Mitgliedschaften etc. anzeigen*

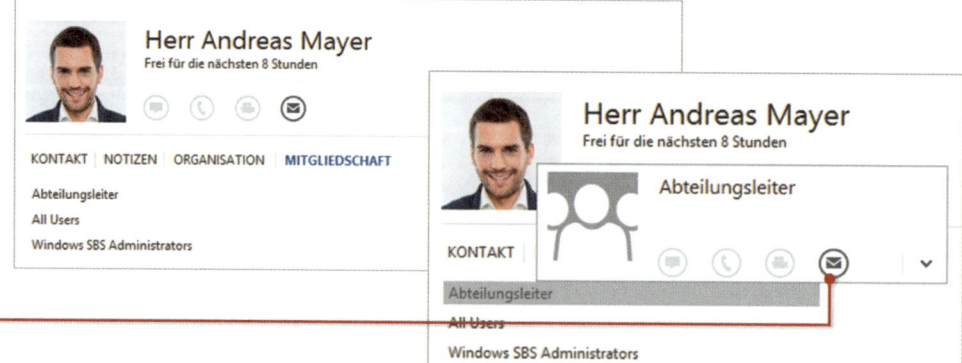

*Versenden einer E-Mail an die Kontaktgruppe* Abteilungsleiter

Im Bereich *Notizen* werden Dateien, die in das Kontaktformular eingefügt wurden, nicht angezeigt.

### Kontakt schnell erreichen

Über die Schaltflächen der Kontaktkarte können Sie schnell eine Person erreichen: Senden Sie eine E-Mail an den ausgewählten Kontakt ✉, rufen Sie den Kontakt an ☎ , chatten Sie mit der Person 💬 oder initiieren Sie ein Videotelefonat 📷. Die Schaltflächen sind nur aktiv, wenn die technischen Voraussetzungen vorliegen bzw. die entsprechenden Informationen (Telefonnummer, E-Mail etc.) im Kontaktformular hinterlegt sind. Existieren Alternativen, z. B. mehrere E-Mail-Adressen, Telefonnummern etc., dann wird hinter der Schaltfläche ein Pfeil zur Auswahl angezeigt.

*Kontaktkarte*

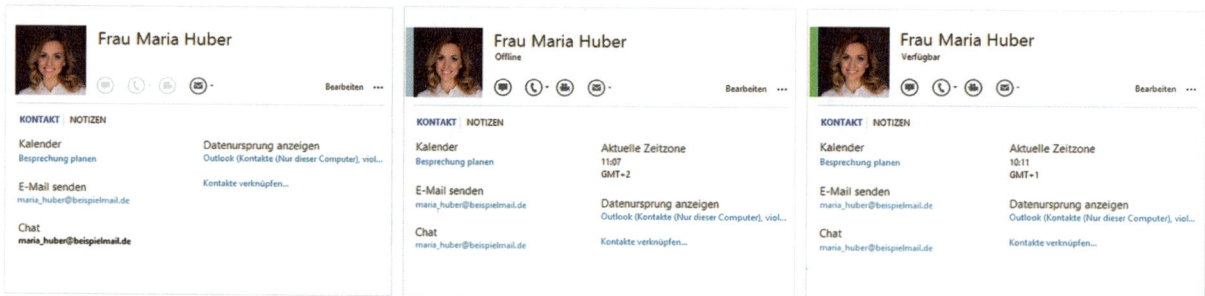

*Bild links: Nur die E-Mail-Funktion ist aktiv*

*Bild Mitte: Der Kontakt ist gerade offline*

*Bild rechts: Der Kontakt ist online*

Wenn Sie an Ihrem Rechner *Skype* verwenden, können Sie über Outlook sowohl eine Chatnachricht als auch einen Anruf anstoßen. In beiden Fällen öffnet sich Skype. Allerdings sind die Symbole nur aktiv, wenn Skype ausgeführt wird. Ebenso kann Outlook natürlich auch mit Ihrer Telefonanlage verbunden werden.

**Bearbeitung von Kontakten**

Wenn Sie einen Kontakt in der Ansicht *Personen* bearbeiten möchten, gehen Sie wie folgt vor:

▶ **Alternative 1:** Klicken Sie in der Kontaktliste doppelt auf den Kontakt. Die Kontaktkarte öffnet sich in einem eigenen Fenster im Bearbeitungsmodus.

▶ **Alternative 2:** Klicken Sie im Lesebereich die Schaltfläche *Bearbeiten* an. Dann ist die Bearbeitung direkt im Lesebereich möglich.

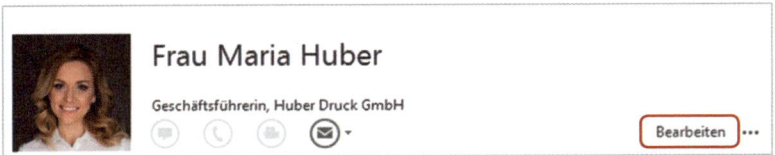

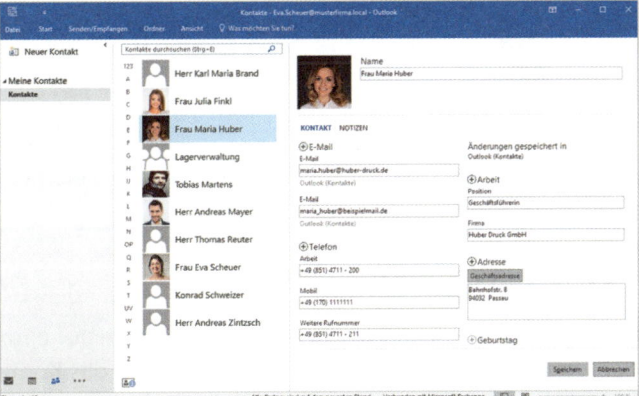

*Kontaktkarte im Bearbeitungsmodus*

*Bearbeitung im Lesebereich*

Im Bearbeitungsmodus kann der eingegebene Text überschrieben oder berichtigt werden. Durch Anklicken des Plus-Symbols fügen Sie der gewählten Kategorie ein neues Element hinzu, z. B. eine weitere Telefonnummer, das Geburtsdatum etc.

Sichern Sie Ihre Änderungen durch Anklicken von *Speichern* oder verlassen Sie den Bearbeitungsmodus ohne etwas zu ändern mit *Abbrechen*. Wurde der Kontakt mittels Alternative 1 geöffnet und bearbeitet, wird nach dem Beenden des Bearbeitungsmodus die Kontaktkarte angezeigt. Diese muss nicht geschlossen werden. Sobald Sie ein anderes Element im Outlook-Fenster auswählen, wird die Kontaktkarte ausgeblendet.

> Im Kontaktformular tragen Sie die Telefonnummer des Büros unter *Geschäftlich* ein. Diese wird auf der Visitenkarte als *Arbeit* bezeichnet.

Tipp: Das Bild eines Kontaktes kann nur im Kontaktformular eingefügt oder verändert werden.

### Kontaktformular öffnen

Für umfangreiche Änderungen ist es komfortabler, im Kontaktformular zu arbeiten. Zur Anzeige des Kontaktformulars klicken Sie im Lesebereich bei *Datenursprung anzeigen* auf *Outlook (Kontakte)*. Im Bearbeitungsmodus der Visitenkarte wird *Datenursprung anzeigen* nicht angezeigt.

*Kontaktformular öffnen*

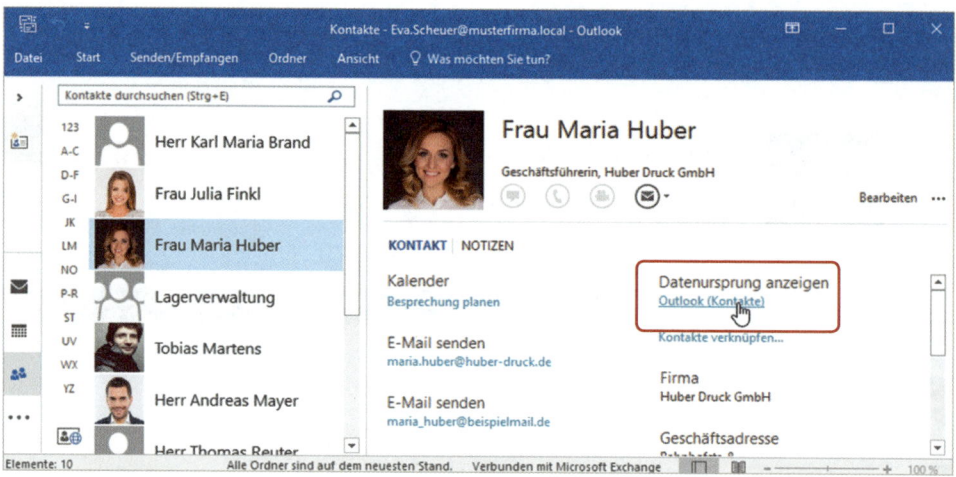

### In der Ansicht Visitenkarte arbeiten

Visitenkarte

*Kontakte in der Ansicht Visitenkarte*

In der Ansicht *Visitenkarte* sind die Kontaktdaten auf einzelnen Visitenkarten abgebildet. Ein Doppelklick auf eine Visitenkarte öffnet das Kontaktformular.

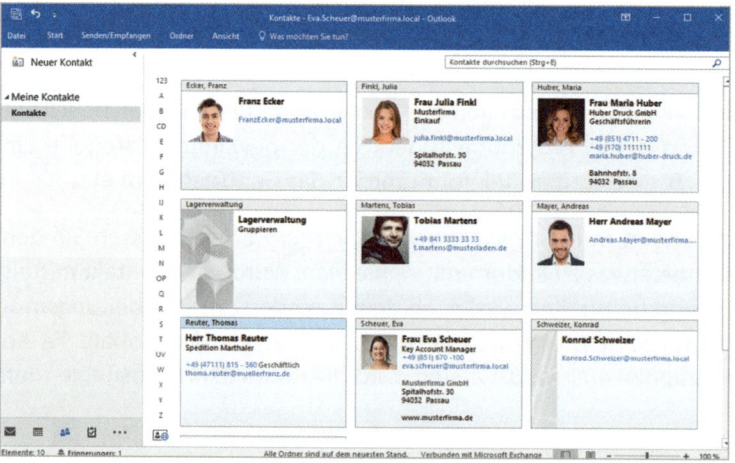

### Kontakt löschen

Markieren Sie im Anzeigebereich den Kontakt und klicken Sie auf *Start ▶ Löschen* oder verwenden Sie die Entf-Taste auf der Tastatur.

## 3.4    Weitere Möglichkeiten, Kontakte anzulegen

### Absender einer E-Mail als neuen Kontakt anlegen

**1**    Klicken Sie im Lesebereich mit der rechten Maustaste auf die E-Mail-Adresse des Absenders und wählen Sie im Kontextmenü *Zu Outlook-Kontakten hinzufügen* aus.

**2**    Die Kontaktkarte öffnet sich und enthält den Namen des Absenders und seine E-Mail-Adresse. Weitere wichtige Informationen können nun ergänzt werden.

**3**    Beenden Sie die Eingabe über die Schaltfläche *Speichern* und schließen Sie die Kontaktkarte mit der Schließen-Schaltfläche.

*Absender einer E-Mail als neuen Kontakt anlegen; Kontaktkarte mit Informationen*

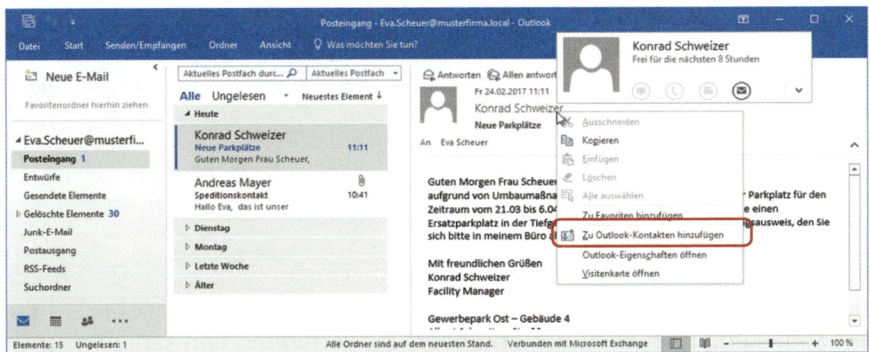 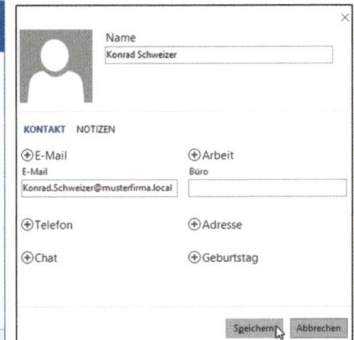

### Kontakt aus der Globalen Adressliste übernehmen

Sofern Ihnen eine Globale Adressliste zur Verfügung steht (nur mit Microsoft Exchange), können Sie Kontaktdaten dieser Liste in den Ordner *Kontakte* übernehmen.

**1**    Rufen Sie das Adressbuch über *Start* ▶ Gruppe *Suchen* ▶ *Adressbuch* auf.

**2**    Wählen Sie gegebenenfalls über das Dropdown-Feld *Adressbuch* die Globale Adressliste aus.

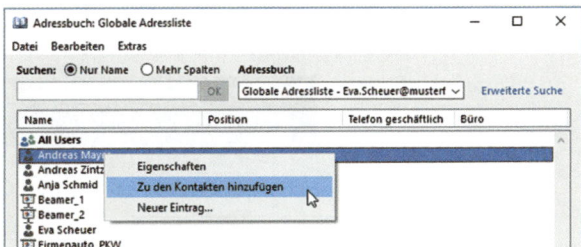

*Kontakt aus der Globalen Adressliste kopieren*

**3**    Klicken Sie mit der rechten Maustaste auf den Kontakt, welchen Sie zu Ihren Kontakten hinzufügen möchten und wählen Sie *Zu den Kontakten hinzufügen* aus.

**4**    Das Kontaktformular öffnet sich. Weitere Informationen können ergänzt werden. Beenden Sie die Eingabe über die Schaltfläche *Speichern & schließen.*

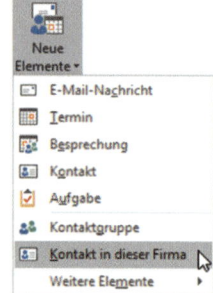

### Neuer Kontakt in dieser Firma

Sofern Sie innerhalb einer Firma mehrere Ansprechpartner haben, können Sie einen bestehenden Kontakt zu dieser Firma nutzen, um allgemeine Informationen, z. B. die Adresse für einen neuen Kontakt, zu übernehmen. Sie tragen dann nur noch die personenspezifischen Details ein.

**1**   Markieren Sie einen bereits gespeicherten Kontakt, der die Firmeninformationen enthält und klicken Sie dann auf *Start* ▶ Gruppe *Neu* ▶ *Neue Elemente* ▶ *Kontakt in dieser Firma*.

**2**   Es öffnet sich ein neues Kontaktformular, welches bereits die Anschrift und die Telefonnummern *Geschäftlich...* und *Fax geschäftlich...* der Firma enthält. Sie müssen nur noch die fehlenden Angaben ergänzen.

> Enthält der erste Kontakt zu dieser Firma eine Telefonnummer mit Durchwahl, so wird diese ebenfalls übernommen. Auch eine vereinbarte Bilddatei wird dem neuen Kontakt hinzugefügt.

### Kontakt aus Visitenkarte erstellen

*Mehr zu Visitenkarten erfahren Sie gleich im nächsten Kapitel.*

E-Mails können neben einer Textsignatur auch eine Visitenkarte enthalten. Die Visitenkarte stellt Kontaktinformationen des Absenders zur Verfügung und kann einfach in den Ordner Kontakte übernommen werden.

Um eine Visitenkarte zu speichern, klicken Sie mit der rechten Maustaste auf die Visitenkarte im Nachrichtentext der E-Mail und wählen *Zu Outlook-Kontakten hinzufügen* aus. Das Kontaktformular öffnet sich. Speichern Sie den Kontakt über die Schaltfläche *Speichern & schließen*.

*Visitenkarte hinzufügen*

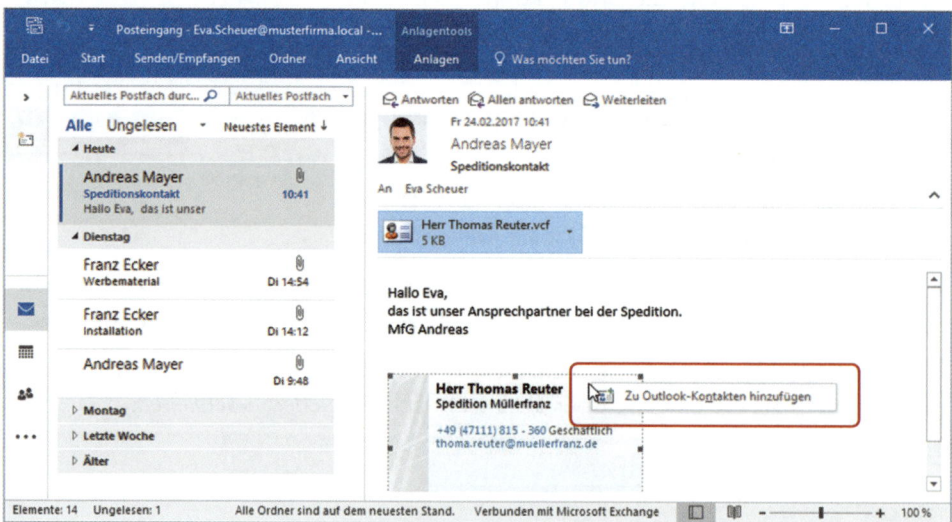

## Mehrfach vorhandener Kontakt

Sofern der Name des neuen Kontakts mit einem vorhandenen Namen übereinstimmt, erhalten Sie eine Meldung und entscheiden, ob ein neuer Kontakt hinzugefügt oder der alte aktualisiert werden soll.

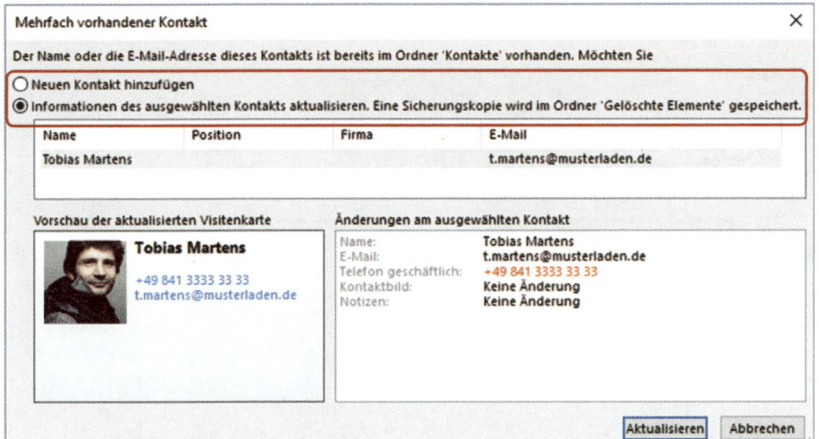

*Abgleich - Importierter Kontakt schon vorhanden*

## 3.5    Visitenkarte erstellen und versenden

Visitenkarten enthalten eigene oder fremde Kontaktdaten und erleichtern die Übernahme von Kontaktinformationen in den Ordner Kontakte.

**Nutzungsmöglichkeiten:**

▶ Sie versenden eine Visitenkarte mit Ihren persönlichen Kontaktdaten. Dabei legen Sie entweder fest, dass jede gesendete E-Mail eine Visitenkarte enthalten soll oder Sie fügen diese manuell zu bestimmten E-Mails hinzu.

▶ Sie versenden Visitenkarten mit Kontaktdaten anderer Personen.

▶ Sie erhalten eine Visitenkarte und speichern die Informationen im Ordner Kontakte, wie im vorigen Abschnitt gezeigt.

### Erstellen und Bearbeiten einer persönlichen Visitenkarte

1    Speichern Sie Ihre Daten in einem neuen Kontaktformular oder übernehmen Sie, falls vorhanden, Ihren Kontakt aus der Globalen Adressliste.

2    Im Kontaktformular klicken Sie doppelt auf die Vorschau Ihrer Visitenkarte oder klicken auf *Kontakt* ▶ Gruppe *Optionen* ▶ *Visitenkarte*.

Visitenkarte

**3** Das Dialogfenster *Visitenkarte bearbeiten* öffnet sich. Hier legen Sie das Aussehen und die Reihenfolge der Informationen auf Ihrer Visitenkarte fest. Selbstverständlich steht dieses Feature für alle gespeicherten Kontakte zur Verfügung,
jedoch möchte man meist nur seiner eigenen Visitenkarte ein besonderes Aussehen verleihen.

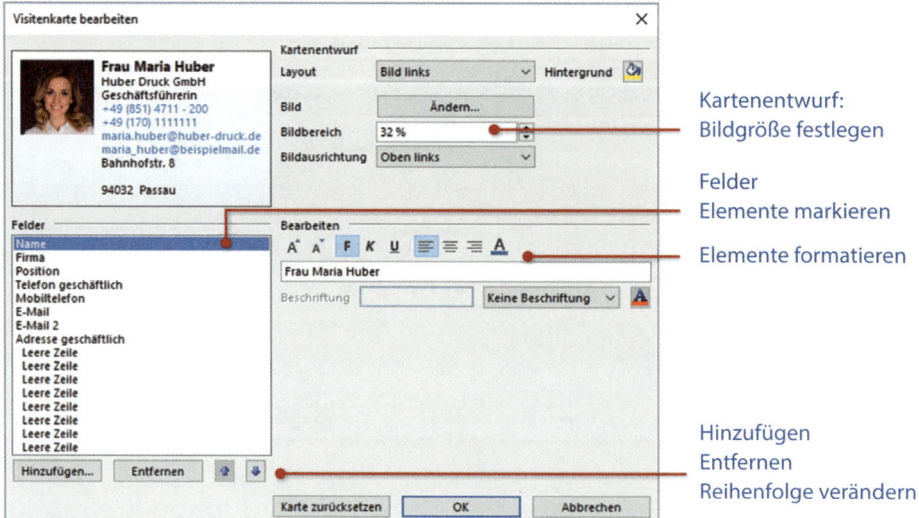

Kartenentwurf:
Bildgröße festlegen

Felder
Elemente markieren

Elemente formatieren

Hinzufügen
Entfernen
Reihenfolge verändern

▶ Über den Abschnitt *Kartenentwurf* legen Sie den Hintergrund Ihrer Visitenkarte
fest und fügen ein Foto hinzu. Im Feld *Bildbereich* legen Sie fest, wie viel Prozent
der Visitenkarte von der Grafik eingenommen werden.

▶ Im Abschnitt *Felder* markieren Sie Elemente der Visitenkarten, um im nächsten
Schritt die Reihenfolge zu verändern, Elemente hinzuzufügen oder zu entfernen.

▶ Zur Veränderung der Reihenfolge der Visitenkarten-
informationen markieren
Sie das Element, welches
Sie verschieben möchten
und setzen es durch An-
klicken der blauen Pfeile
an eine neue Position. Sie
können auch eine *Leere
Zeile* markieren und diese
verschieben, um einen Ab-
stand auf Ihrer Visitenkarte
zu erhalten.

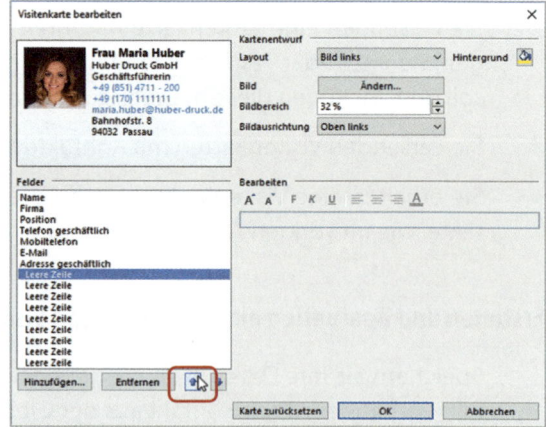

*Leere Zeile markieren, um zwischen Position und Tele-
fon geschäftliche einen Abstand einzufügen*

▶ Um ein Element hinzuzufügen, markieren Sie im Abschnitt *Felder* die Zeile, unter der die neue Information eingefügt werden soll und klicken dann auf die Schaltfläche *Hinzufügen*. In der sich öffnenden Auswahl klicken Sie die Information an, die Sie hinzufügen möchten.

▶ Ein Element entfernen Sie, indem Sie es markieren und dann auf die Schaltfläche *Entfernen* klicken. Sie können auch Leere Zeilen entfernen.

▶ **Besonderheit Adresse:** Die leere Zeile zwischen Straße und Ort des Adressfeldes kann nicht wie oben beschrieben gelöscht werden. Markieren Sie die Adresse im Abschnitt *Felder*; diese wird im Abschnitt *Bearbeiten* angezeigt und die leere Zeile kann manuell über die Tastatur gelöscht werden.

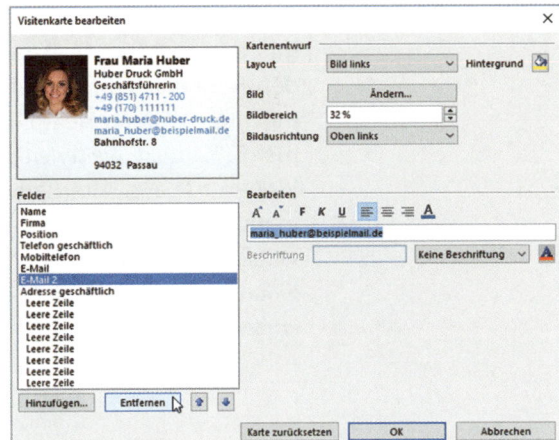

*E-Mail 2 markieren und auf Entfernen klicken, um die private E-Mail-Adresse von der Visitenkarte zu löschen*

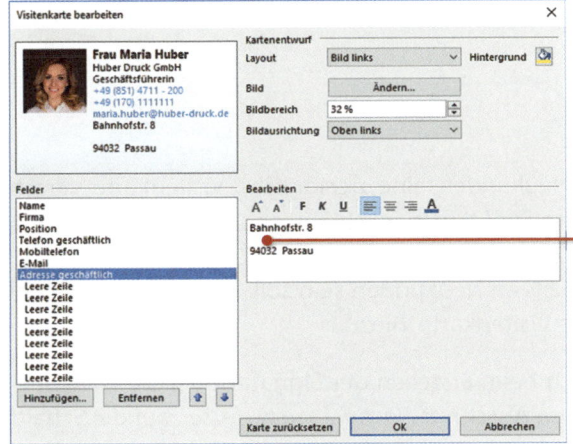

Setzen Sie den Cursor zwischen Straße und Ort und drücken Sie die Entf-Taste

*Zeile zwischen Straße und Ort löschen*

▶ **Formatierung:** Im Abschnitt *Bearbeiten* können Sie den markierten Feldern der Visitenkarte andere Formate zuweisen.

▶ Über die Schaltfläche *Karte zurücksetzen* stellen Sie den Ursprungszustand der Visitenkarte wieder her.

▶ Ihre Änderungen bestätigen Sie zunächst über die Schaltfläche *OK* und speichern Sie dann über die Schaltfläche *Speichern & schließen* des Kontaktformulars.

> Das Löschen von Feldern aus der Visitenkarte hat keinen Einfluss auf den Inhalt des Kontaktformulars. Die Informationen bleiben dort erhalten.
>
> Beim Versenden einer Visitenkarte, werden nur die Informationen, die Sie auf der Visitenkarte sehen, an den Empfänger übermittelt. Weitere Informationen, die nur auf dem Kontaktformular hinterlegt sind, werden nicht weitergegeben.

## Visitenkarte versenden

### Visitenkarten einzeln versenden

Klicken Sie im Funktionsbereich *Personen* im Anzeigebereich mit der rechten Maustaste auf den Kontakt, den Sie versenden möchten. Wählen Sie im Kontextmenü *Kontakt weiterleiten* ▸ *Als Visitenkarte* aus. Alternativ hierzu markieren Sie den Kontakt und wählen *Start* ▸ Gruppe *Freigeben* ▸ *Kontakt weiterleiten* ▸ *Als Visitenkarte*.

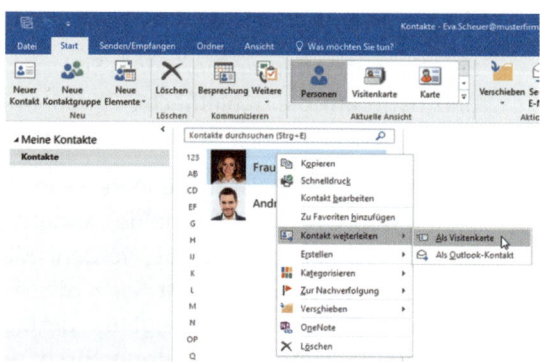

### Visitenkarte regelmäßig versenden

Mehr Informationen zur Signatur finden Sie auf Seite 74.

Wenn Sie beispielsweise an Neukunden eine persönliche Visitenkarte verschicken möchten, legen Sie zunächst im Funktionsbereich Personen einen Kontakt mit Ihren Daten an und gestalten gegebenenfalls die Visitenkarte. Wenn die Visitenkarte automatischer Bestandteil von E-Mails an Neukunden sein soll, erstellen Sie eine entsprechende Signatur und fügen die Visitenkarte hinzu.

Dies geschieht entweder gleich beim Erstellen der Signatur oder Sie wählen *Datei* ▸ *Optionen* ▸ *E-Mail* und klicken im Abschnitt *Nachrichten verfassen* auf die Schaltfläche *Signaturen*. Wählen Sie links oben die Signatur aus, zu der Sie eine Visitenkarte versenden möchten und klicken Sie dann auf die Schaltfläche *Visitenkarte*. Im nächsten Fenster wählen Sie Ihre Visitenkarte aus und bestätigen mit *Ok*.

*Visitenkarte zur Signatur hinzufügen*

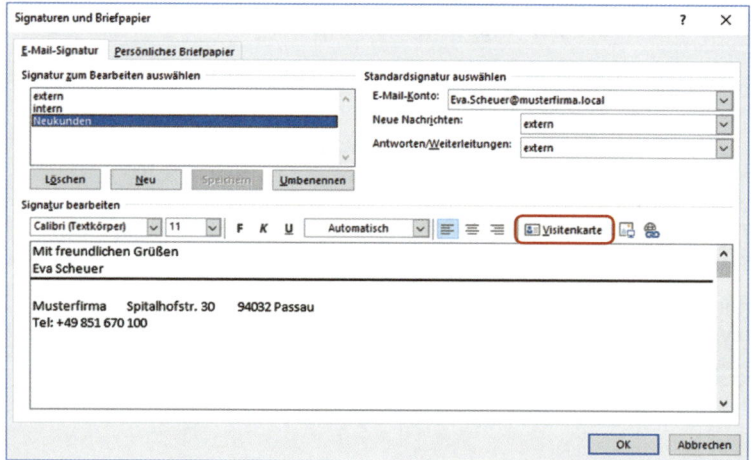

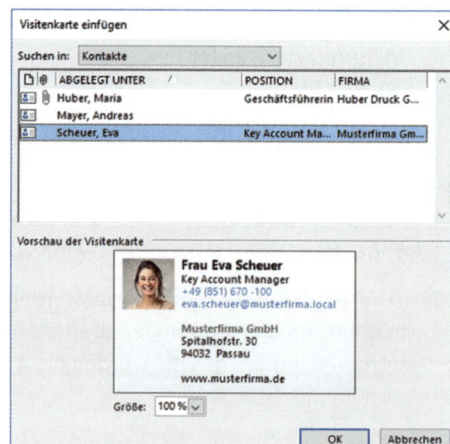

Hinzugefügte Visitenkarten werden im Nachrichtentext der E-Mail angezeigt. Außerdem werden die Kontaktdaten als Anlage in Form einer vcf-Datei angefügt. Benutzt der Empfänger ebenfalls Outlook, so kann er die Visitenkarte aus dem Nachrichtentext schnell zu den Kontakten hinzufügen. Die vcf-Datei wird versendet, um auch Benutzern anderer E-Mail-Programme die Übernahme des Kontakts zu ermöglichen.

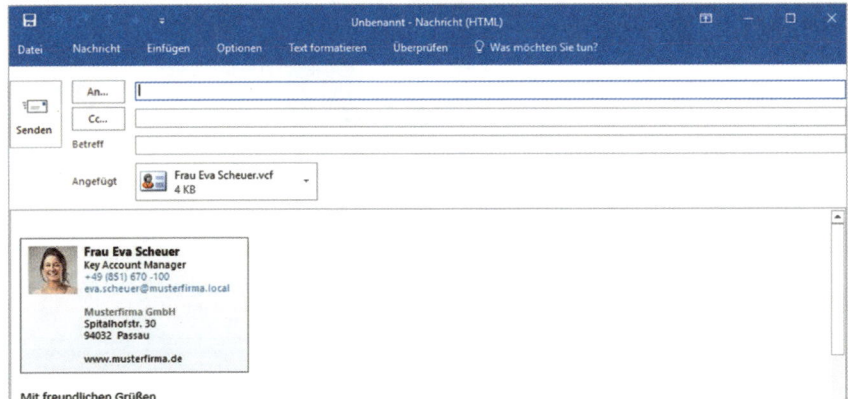

*Visitenkarte wird mit E-Mail versandt*

## 3.6    Arbeiten mit dem Personenpopup

Um das Personenpopup einzublenden, zeigen Sie in der Navigationsleiste mit der Maus auf die Schaltfläche des Funktionsbereichs *Personen*. Durch das Popup wird der Zugriff auf ausgewählte Kontakdaten erleichtert. Sofern Sie schon einzelne Kontakte als Favoriten gekennzeichnet haben, sehen Sie diese in der Liste. Zusätzlich bietet das Popup eine Suchfunktion.

### Favoriten

Um Kontakte im Popup anzuzeigen, müssen diese als Favoriten gekennzeichnet werden. Dazu klicken Sie in der Kontaktliste des Funktionsbereichs Personen mit der rechten Maustaste auf den gewünschten Kontakt und wählen *Zu Favoriten hinzufügen* (siehe Grafik nächste Seite).

> ⬛ **Der Befehl** *Zu Favoriten hinzufügen* **wird bei mir nicht angezeigt.**
>
> Dieser Befehl fehlt, wenn der Kontakt bereits zu den Favoriten hinzugefügt wurde, wenn es sich um eine Kontaktgruppe handelt oder Sie nicht in der Ansicht *Personen* arbeiten.

**1**    Der favorisierte Kontakt kann schnell ausgewählt werden, um eine E-Mail- oder Kurznachricht zu versenden oder die Person anzurufen: Zeigen Sie im Popup *Personen* mit der Maus auf den Kontakt und stellen durch Anklicken des entsprechenden Symbols in der Vorschau die Verbindung her.

Zum Entfernen eines Kontakts aus dem Popup verwenden Sie in Outlook 2013 diese Methode: Klicken Sie mit der rechten Maustaste auf den Kontakt im Kontaktepopup und wählen Sie *Aus Favoriten entfernen*. Das fehlt in Outlook 2016 momentan noch.

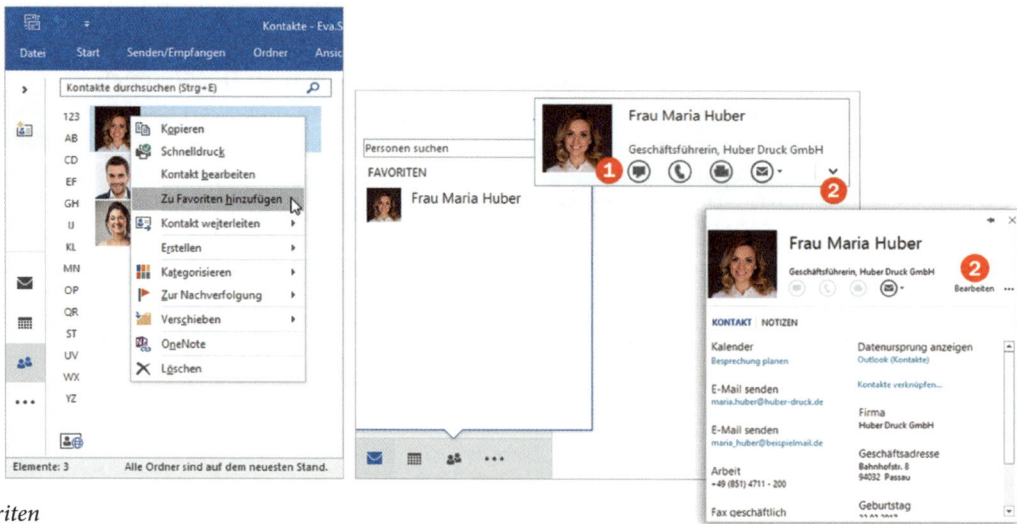

*Kontakt zu Favoriten
hinzufügen*

**2**   Zur Anzeige weiterer Informationen des Kontakts öffnen Sie die Visitenkarte durch Anklicken des Pfeilsymbols. Um Informationen hinzuzufügen oder zu ändern, klicken Sie auf *Bearbeiten*.

### Personen suchen

Zum Auffinden eines bestimmten Kontakts verwenden Sie das Feld *Personen suchen*. Geben Sie einfach den gewünschten Nachnamen, Vornamen oder auch den Firmennamen ein. Sofern Personen mit der eingegebenen Zeichenfolge im Ordner *Kontakte* gespeichert sind, werden diese angezeigt.

*Nach Kontakt suchen*

Während die ersten drei Ergbenisse der Suche nach „mar" die Zeichenfolge im Nach- bzw. Vornamen haben, hat der letzte Kontakt die Zeichenfolge im Firmennamen.

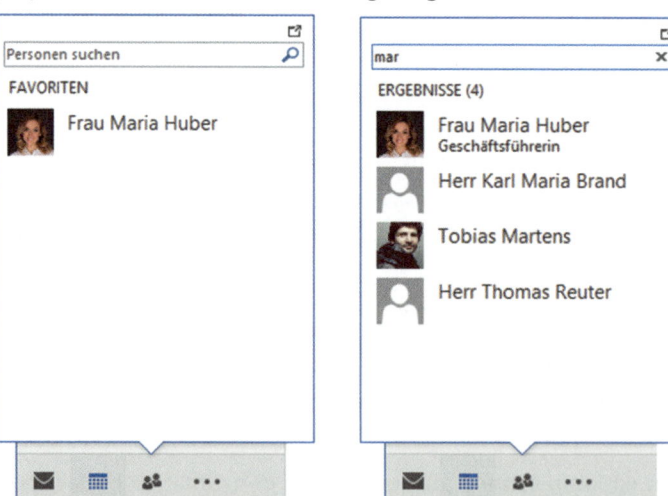

> Kontakte, die nicht im Standardordner *Kontakte,* sondern in einem weiteren von Ihnen erstellten Ordner, gespeichert wurden, werden nicht in die Suche einbezogen.

## 3.7    Kontaktgruppe

Sie versenden regelmäßig Informationen an einen bestimmten Personenkreis und müssen immer wieder mühsam die einzelnen E-Mail-Adressen aus dem Adressbuch auswählen. Hier lohnt sich die Erstellung einer Kontaktgruppe, in der die E-Mail-Adressen zusammengefasst werden. Durch Auswahl der Kontaktgruppe als Empfänger Ihrer E-Mail erhalten alle Personen die Information. Die zur Kontaktgruppe zusammengefassten Empfänger können anhand der erhaltenen E-Mail nicht erkennen, dass sie zu einer Kontaktgruppe gehören. Sie sehen nach wie vor die E-Mail-Adressen der anderen Adressaten.

Kontaktgruppen werden zusammen mit den übrigen Adressen im Ordner *Kontakte* oder anderen Ordnern dieses Typs gespeichert. In einer Microsoft Exchange-Umgebung können Kontaktgruppen auch vom Administrator bereitgestellt werden; oftmals findet man hier Kontaktgruppen für die einzelnen Abteilungen.

> ■ Die Erstellung einer Kontaktgruppe steht in Outlook in Verbindung mit einem Exchange ActiveSync-Konto (outlook.com) nicht zur Verfügung und ist in diesem Fall nicht aktiv sondern ausgegraut.

*Der Begriff Kontaktgruppe wurde für Outlook 2010 erstmals eingeführt. In früheren Versionen wurde die Kontaktgruppe als Verteilerliste bezeichnet.*

*Kontaktgruppe in der Ansicht Personen*

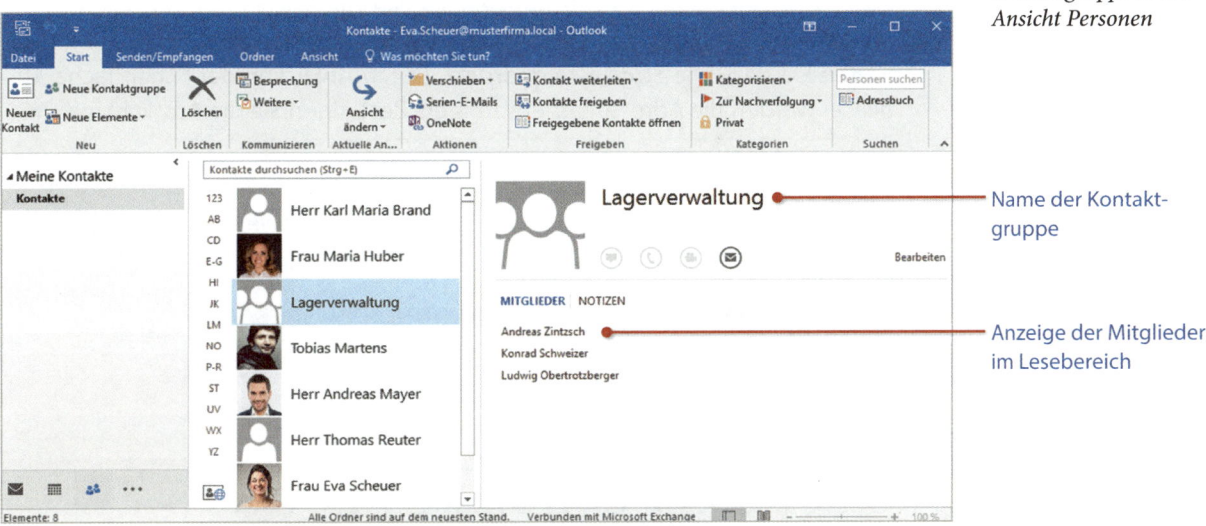

Name der Kontaktgruppe

Anzeige der Mitglieder im Lesebereich

### Erstellen einer Kontaktgruppe

**1**  Im Funktionsbereich *Personen* klicken Sie auf *Start* ▶ Gruppe *Neu* ▶ *Neue Kontaktgruppe*.

**2**  Das Formular *Unbenannt-Kontaktgruppe* öffnet sich. Vergeben Sie einen Namen für die Kontaktgruppe – z. B. Lagerverwaltung.

**3**  Klicken Sie auf *Kontaktgruppe* ▶ Gruppe *Mitglieder* ▶ *Mitglieder hinzufügen*. Hier stehen drei Auswahlmöglichkeiten zur Verfügung. *Outlook-Kontakte* und *Adressbuch* verweisen beide auf die Auswahl von Adressen aus Ihrem Adressbuch. Mit *Neuer E-Mail-Kontakt* kann eine neue E-Mail-Adresse eingegeben werden. Diese wird gleichzeitig im Ordner *Kontakte* gespeichert.

*Mitglieder der Kontaktgruppe auswählen*

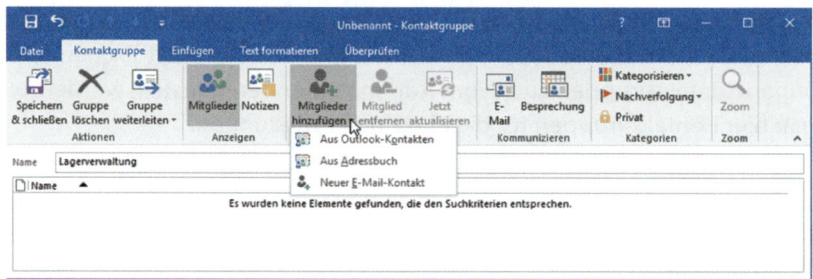

**4**  Durch Doppelklick auf die Adressen wählen Sie Mitglieder für die Kontaktgruppe aus. Alternativ hierzu können Sie auch alle gewünschten Adressen markieren. Halten Sie dazu die Strg-Taste gedrückt. Durch Anklicken der Schaltfläche *Mitglieder* werden die Adressen übernommen. Bestätigen Sie die Auswahl mit *OK*.

*Mehrere Personen gleichzeitig auswählen*

Kontakte, die keine E-Mail-Adresse enthalten, werden hier nicht angezeigt!

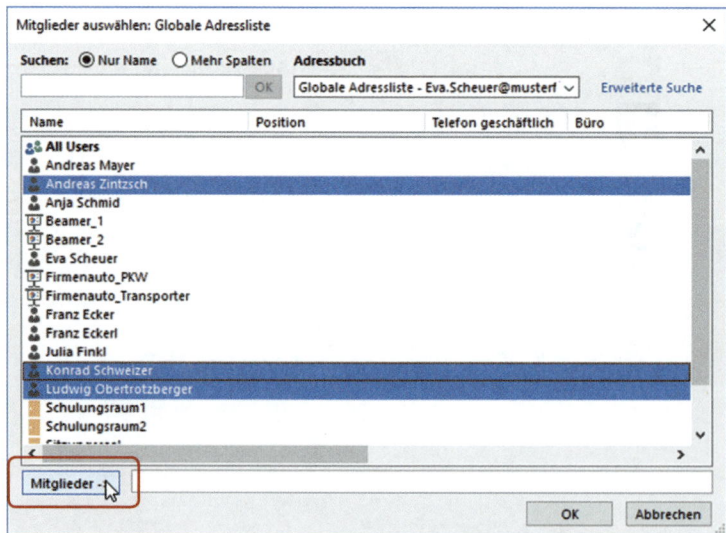

**5** Nach Auswahl der Mitglieder Ihrer Kontaktgruppe speichern Sie diese über die Schaltfläche *Speichern & schließen*. Die Kontaktgruppe erscheint im Anzeigebereich des Ordners *Kontakte* und trägt den vergebenen Namen.

## Kontaktgruppe bearbeiten

Zum Entfernen oder Hinzufügen von Mitgliedern zu einer Kontaktgruppe öffnen Sie die Kontaktgruppe mit einem Doppelklick. Die notwendigen Schaltflächen stehen Ihnen in *Kontaktgruppe* ▶ Gruppe *Mitglieder* zur Verfügung.

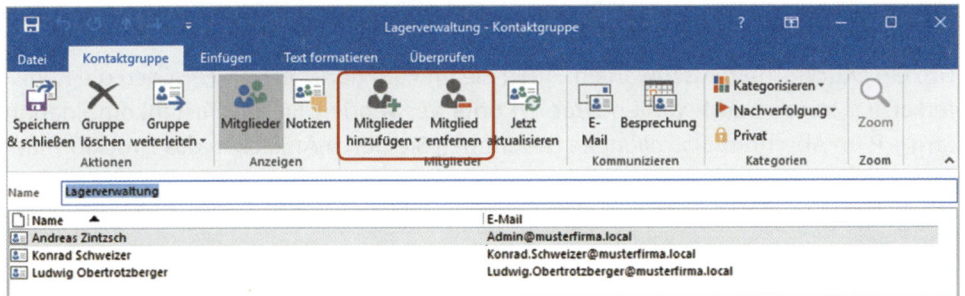

*Bearbeitung der Kontaktgruppe*

▶ Einen neuen Kontakt fügen Sie zur bestehenden Kontaktgruppe über die Schaltfläche *Mitglieder hinzufügen* hinzu.

▶ Um ein Mitglied aus einer Kontaktgruppe zu löschen, markieren Sie den Kontakt und entfernen diesen über die Schaltfläche *Mitglied entfernen*.

Änderungen in den Kontaktdaten eines Kontaktgruppenmitglieds, z. B. die Änderung einer E-Mail-Adresse, werden nicht automatisch in der Kontaktgruppe aktualisiert. In der Kontaktgruppe ist zunächst noch die alte E-Mail-Adresse hinterlegt. Um geänderte Kontaktdaten in die Kontaktgruppe zu übernehmen, klicken sie auf die Schaltfläche *Jetzt aktualisieren*.

## 3.8    Kontakte drucken

Zum Ausdruck von Kontaktdaten stellt Outlook verschiedene Druckformate zur Verfügung. Diese unterscheiden sich im Aufbau, in der gewählten Papiergröße und im Umfang der Informationen.

> Die Auswahlmöglichkeiten bei Druckformate sind abhängig von der aktuellen Ansicht. Für die Ansicht *Personen* erhalten Sie beispielsweise andere Druckformate als für die Ansicht *Telefon*.

Um ein Druckformat auszuwählen, rufen Sie im Funktionsbereich *Personen* die Registerkarte *Datei* auf und wählen *Drucken* oder verwenden Sie die Tastenkombination Strg + P. Im Abschnitt *Einstellungen* bestimmen Sie durch Anklicken das Druckformat.

*Druckfenster*

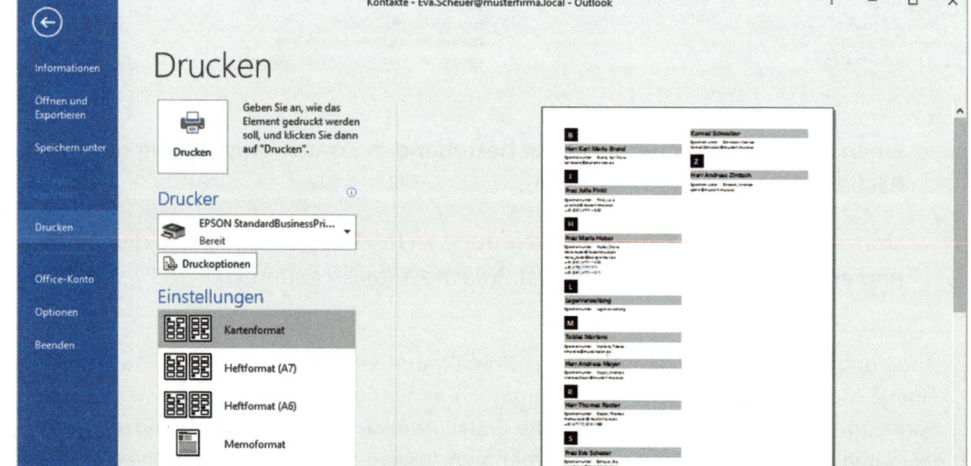

▶ Im Kartenformat werden die Kontaktinformationen in der Reihenfolge Anschrift, Telefon- und Faxnummern, E-Mail-Adressen aufgeführt. Dazu stehen 8 Zeilen zur Verfügung.

▶ Die Heftformate bieten dieselben Informationen, sind aber auf kleinere Papiergrößen ausgelegt, um ein Abheften in entsprechenden Adressbüchern zu ermöglichen.

▶ Im Memoformat werden alle Informationen des **markierten** Kontakts ausgedruckt, also z. B. Notizen, Name des Assistenten oder der Geburtstag.

Für die Auswahl des Memoformats müssen ein oder mehrere Kontakte vorher im Ordner *Kontakte* markiert werden. Halten Sie die Strg-Taste gedrückt und klicken Sie nacheinander auf die gewünschten Kontakte. Für jeden Kontakt wird eine neue Seite mit allen Informationen ausgedruckt.

▶ Mit dem Telefonbuchformat lässt sich schnell ein Telefonverzeichnis erstellen und drucken.

▶ Das Tabellenformat steht Ihnen nur zur Verfügung, sofern Sie eine tabellarische Ansicht, wie *Telefon* oder *Liste*, ausgewählt haben. Die Kontakte werden in Tabellenform ausgedruckt.

Über die Schaltfläche *Druckoptionen* gelangen Sie in das Dialogfenster, in welchem Sie unter anderem die Anzahl der auszudruckenden Exemplare bestimmen können. Hier finden Sie auch die Schaltfläche *Seite einrichten*, über die Anpassungen an den einzelnen Druckformaten vorgenommen werden können. Beachten Sie, dass das zweite Dialogfenster drei Registerkarten mit unterschiedlichen Einstellungsmöglichkeiten bereithält.

▶ **Format:** Vereinbarung von Schriftart, Schriftgröße und der Anzahl der Spalten. Außerdem können in Abhängigkeit vom gewählten Druckformat am Ende des Ausdrucks Blankoformulare angezeigt werden, in die handschriftlich Adressen eingefügt werden können.

▶ **Papier:** Hier legen Sie die Blattgröße, Hoch- oder Querformat und die Seitenränder fest.

▶ **Kopfzeilen/Fußzeilen:** Beachten Sie, dass viele Druckformate eine vordefinierte Fußzeile enthalten.

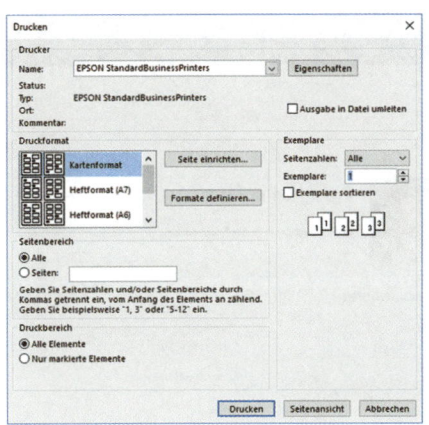

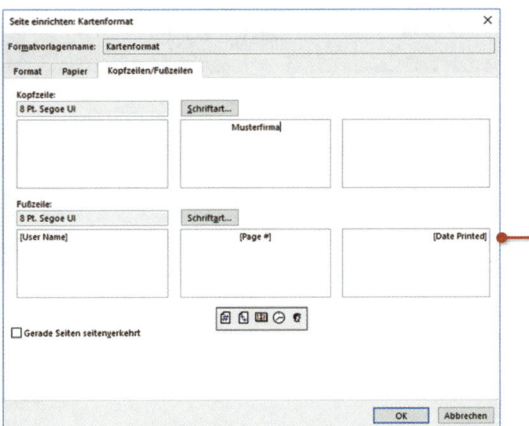

*Dialogfenster Drucken, Seite einrichten*

Möchten Sie weder Benutzername noch Seitenzahl oder Datum in Ihrer Fußzeile anzeigen, so löschen Sie die Informationen aus den einzelnen Feldern.

## 3.9     Kontakte in mehreren Ordnern organisieren

Standardmäßig steht Ihnen in Outlook 2016 der Ordner Kontakte zur Speicherung aller Kontaktdaten zur Verfügung. Bei großen Adressbeständen können weitere Ordner zur Übersichtlichkeit beitragen.

### Neuen Ordner erstellen

Wechseln Sie zum Register *Ordner* und wählen Sie *Neuer Ordner*. Geben Sie den Namen des neuen Ordners ein und achten Sie darauf, dass bei *Ordner enthält Elemente des Typs* der Eintrag *Kontakt* ausgewählt ist. Bestätigen Sie mit *Ok*.

*Kontaktordner erstellen*

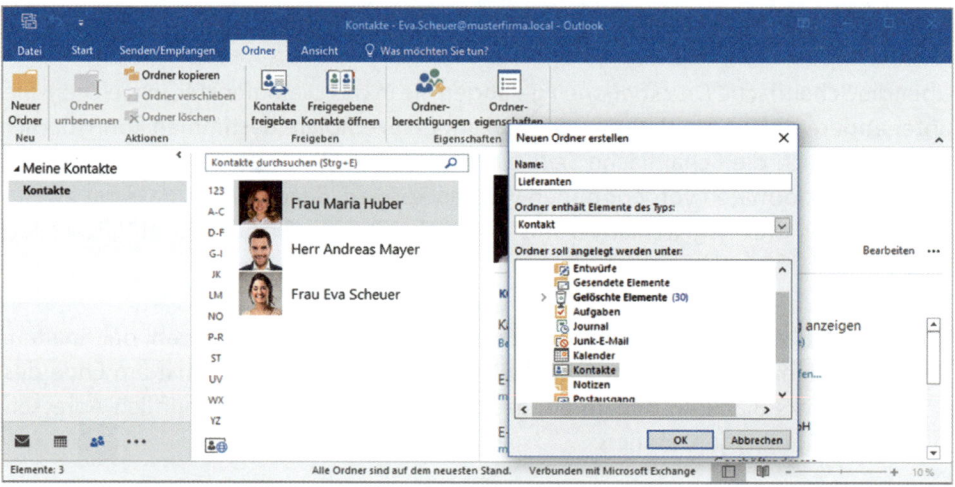

### Kontakte verschieben

Sie können mit der Maus Kontakte, die sich im Ordner Kontakte befinden, in den neuen Ordner verschieben. Alternativ klicken Sie mit der rechten Maustaste auf den entsprechenden Kontakt und wählen *Verschieben* ▶ *„Ordnername"* (z. B. *Lieferanten*).

*Kontakte in einen neuen Ordner verschieben*

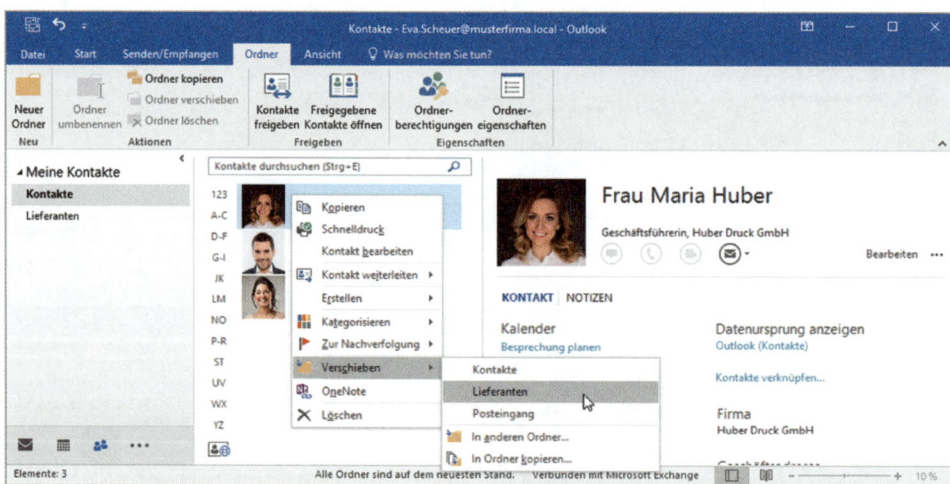

**Neuen Kontakt im richtigen Ordner speichern**

Wenn Sie mit mehreren Kontaktordnern arbeiten, sollte ein neuer Kontakt gleich im richtigen Ordner gespeichert werden. Dazu gehen Sie so vor: Wählen Sie zunächst in der Ordnerliste den passenden Ordner durch Anklicken aus. Klicken Sie dann auf *Neuer Kontakt*, füllen Sie das Kontaktformular aus und klicken Sie auf *Speichern & schließen*.

Wenn Sie Kontaktdaten aus einer E-Mail übernehmen, werden diese automatisch im Ordner Kontakte gespeichert und müssen ggf. verschoben werden.

## 3.10     Zusammenfassung

▶ Zur Adressverwaltung stellt Outlook den Funktionsbereich *Personen* bereit. Zur Eingabe neuer Kontakte öffnet Outlook ein Kontaktformular. Viele Schaltflächen innerhalb des Formulars bieten Eingabehilfen. Diese sollten Sie verwenden, um die Felder einheitlich und korrekt auszufüllen. Insbesondere wenn Sie Adressen auch für Seriendrucke in Word verwenden wollen, müssen Sie sich um Einheitlichkeit und Vollständigkeit bemühen.

▶ Möchten Sie Ihre oder die Kontaktdaten einer anderen Person weitergeben und benutzt der Empfänger ebenfalls Outlook, dann geschieht dies am einfachsten über die Versendung von Visitenkarten. Diese kann der Empfänger sofort in seinen Kontaktdaten speichern.

▶ Mailen Sie oft einem bestimmten Personenkreis, so ist die Erstellung einer Kontaktgruppe sinnvoll, die die E-Mail-Adressen der Empfänger zusammenfasst. Beim Erstellen einer E-Mail wählen Sie als Empfänger der Nachricht nur die Kontaktgruppe aus.

▶ Kontakte können in verschiedenen Formaten gedruckt werden, z. B. Ausdruck einer Telefonliste oder eines Adressbuchs in Papierformat.

**Notizen:**

# 4 Terminplanung

**In diesem Kapitel lernen Sie...**

- Termine und Ereignisse zu speichern und zu bearbeiten
- Termin- und Ereignisserien einzutragen
- Kalender für andere Benutzer freizugeben
- Besprechungen zu planen

**Das sollten Sie bereits wissen**

- E-Mail Grundlagen
- Kontaktverwaltung

## 4.1    Elemente und Anordnung des Moduls Kalender

Der Outlook-Kalender hilft Ihnen, Termine zu planen, Besprechungen zu organisieren und zeigt auch Geburtstage und Feiertage an. Neben der Terminübersicht bietet Outlook die Möglichkeit der rechtzeitigen Erinnerung an Ihre Termine. Outlook unterscheidet im Kalender zwischen verschiedenen Kategorien von Einträgen:

| | |
|---|---|
| **Termin** | Ein Termin wird immer zu einem bestimmten Datum eingetragen. Er beginnt und endet zu einer festgelegten Uhrzeit. <br><br> Beispiel: 25.03.2014 Besprechung Herr Ott, 11:00 bis 17:00 Uhr. |
| **Ereignis** | Ereignisse sind Aktivitäten die mindestens 24 Std. dauern, aber auch über mehrere Tage festgelegt werden können. <br><br> Beispiel: 07.01.2015 – 09.01.2015 Messe Frankfurt <br><br> Weitere Ereignisse sind z. B. Feiertage oder Geburtstage. |
| **Besprechung** | Die Besprechung trägt dieselben Eigenschaften wie der Termin. Allerdings laden Sie zu einer Besprechung andere Teilnehmer ein. |

Um zur Terminverwaltung zu gelangen, wählen Sie in der Navigationsleiste den *Kalender* aus. Sie können auch in einem anderen Funktionsbereich (z. B. E-Mail) auf ein bestimmtes Datum im Datumsnavigator der Aufgabenleiste doppelt klicken. Dadurch wird ebenfalls der Funktionsbereich *Kalender* aufgerufen und der entsprechende Zeitraum angezeigt.

*Funktionsbereich Kalender; Tagesansicht*

Anordnung des Kalenders: Tagesansicht

Datumsnavigatoren

Termin

Ordnerbereich

Tägliche Aufgabenliste

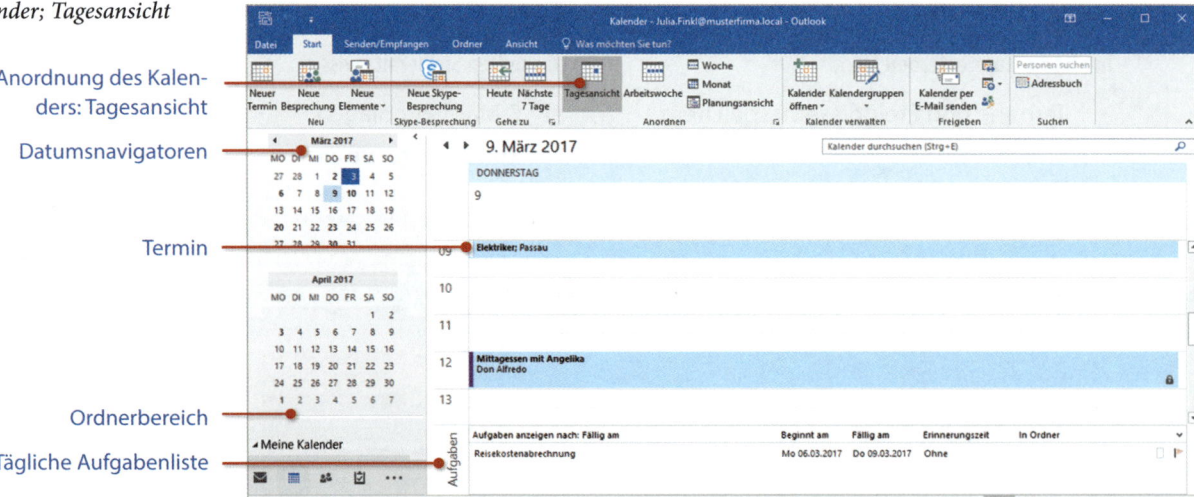

### Anordnung des Kalenders

Um die Übersichtlichkeit Ihres Kalenders zu erhöhen, stehen Ihnen verschiedene Ansichten zur Verfügung. Sie finden diese im Register *Start* ▶ Gruppe *Anordnen*. Durch Anklicken der Schaltflächen ändern Sie den angezeigten Zeitraum:

▶ In der *Tagesansicht* wird nur das ausgewählte Datum angezeigt.

▶ Die Ansicht *Arbeitswoche* zeigt die Woche ohne Wochenenden an, sonst wählen Sie die Ansicht *Woche*.

▶ Mit der Ansicht *Monat* erhalten Sie eine Übersicht des gesamten Monats.

▶ Die *Planungsansicht* stellt mehrere Kalender untereinander dar, z. B. um Termine in verschiedenen freigegebenen Kalendern zu vergleichen.

## Im Kalender navigieren

▶ Abhängig von der gewählten Ansicht wechseln Sie zum folgenden Tag, zur folgenden Woche bzw. Monat durch Anklicken der Dreiecke über dem Kalender.

▶ Die blaue Linie zeigt die aktuelle Uhrzeit an und hilft bei der zeitlichen Orientierung im Kalender.

▶ Dreieckige Symbole ▾ auf dem Kalenderblatt verweisen auf Termine, die momentan nicht angezeigt werden. Klicken Sie auf das Dreieck, um den Bildausschnitt zu verschieben.

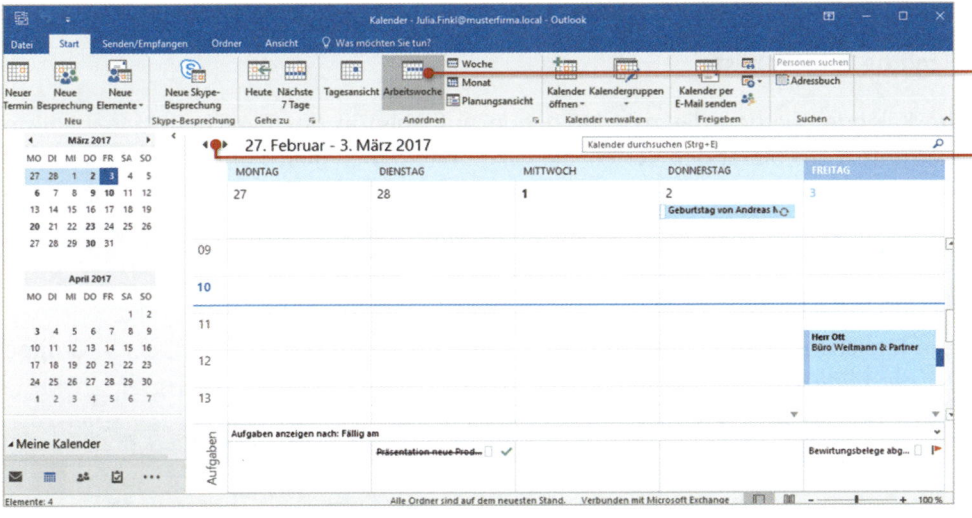

*Navigation in Kalender-Ansicht*

Anordnung Kalender: Arbeitswoche

Dreieck anklicken zur Anzeige der vorherigen/nächsten Woche

Blaue Linie zeigt die aktuelle Uhrzeit

Dreieck anklicken um weiteren Termin an diesem Tag anzuzeigen

### Zu einem anderen Datum wechseln

Die Datumsnavigatoren im Ordnerbereich ermöglichen den schnellen Wechsel zu einem anderen Datum, einer anderen Woche oder einem anderen Monat. Die im Kalender angezeigten Tage sind *hellblau*, das aktuelle Datum ist *dunkelblau* hinterlegt. Tage mit Terminen werden *fett* dargestellt. Zum Wechseln klicken Sie auf das gewünschte Datum. Entsprechend der gewählten Ansicht, wird nun der Tag bzw. die Woche angezeigt. Zur Auswahl eines anderen Monats, klicken Sie auf die Dreiecke für den vorigen bzw. kommenden Monat.

Das aktuelle Datum zeigen Sie durch Anklicken der Schaltfläche *Heute* (Register *Start* ▶ Gruppe *Gehe zu*) schnell an.

Die Anzeige der nächsten sieben Tage oder der Wechsel zu einem bestimmten anderen Datum erfolgt über *Start* ▶ Gruppe *Gehe zu*. Das Dialogfenster *Gehe zu Datum* wird durch Anklicken des Gruppensymbols ▫ aufgerufen.

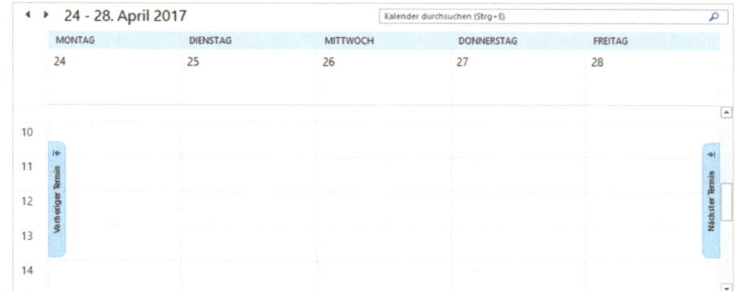

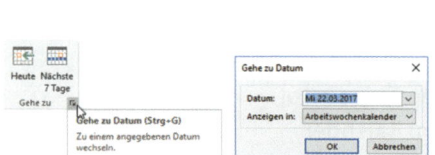

Um zu einem anderen Termin zu gelangen, klicken Sie auf *Nächster Termin* bzw. *Vorheriger Termin* auf dem Kalenderblatt. Diese Schaltflächen werden nur abgebildet, wenn im angezeigten Zeitraum (Tag, Woche) kein Termin vereinbart wurde.

## Tägliche Aufgabenliste

Im Kalender werden die zu erledigende Aufgaben in der Täglichen Aufgabenliste dargestellt. Sie bietet den Vorteil, die fälligen Aufgaben gleich unterhalb der Termine anzuzeigen und so einen schnellen Überblick über das tägliche Arbeitspensum zu erhalten.

### Tägliche Aufgabenliste anzeigen

Die Tägliche Aufgabenliste kann am unteren Bildschirmrand über *Ansicht* ▶ Gruppe *Layout* ▶ *Tägliche Aufgabenliste* ▶ *Normal* eingeblendet werden.

*Kalender in der Anordnung Arbeitwoche mit Täglicher Aufgabenliste*

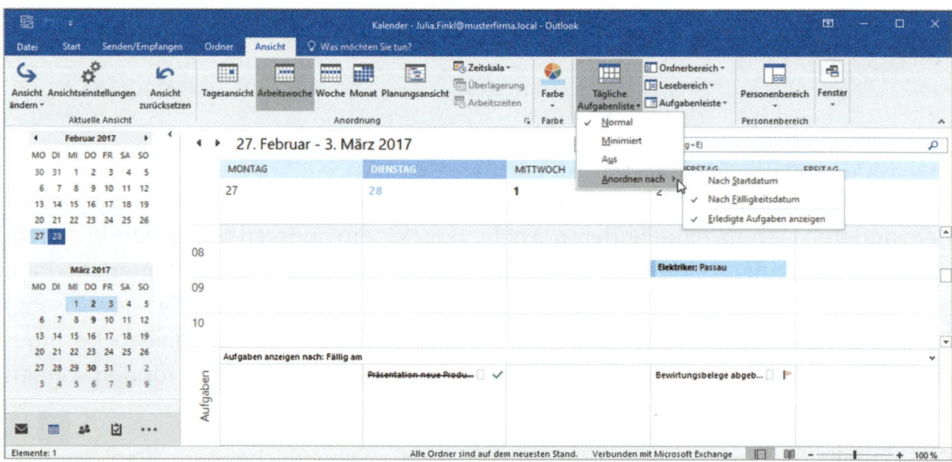

Gleichzeitig legen Sie über die Schaltfläche *Tägliche Aufgabenliste* ▸ *Anordnen nach* fest, nach welchem Kriterium die Aufgaben angezeigt werden sollen: Zur Auswahl stehen hier das Startdatum, dies ist in der Regel das Datum an dem die Aufgabe erstellt wurde oder das Fälligkeitsdatum. Außerdem entscheiden Sie, ob erledigte Aufgaben durchgestrichen angezeigt werden sollen.

> ▨ **Die Schaltfläche zur Anzeige der Täglichen Aufgabenliste ist nicht aktiv.**
>
> Die Tägliche Aufgabenliste kann nur in den Anordnungen *Tagesansicht*, *Arbeitswoche* und *Woche* verwendet werden. Sie zeigen den Kalender wahrscheinlich gerade als Monatübersicht oder in der Planungsansicht an.

### Aufgabe eintragen und bearbeiten

In die tägliche Aufgabenliste können durch Anklicken einer leeren Zeile neue Aufgaben eingetragen werden. Alle Änderungen werden selbstverständlich im Funktionsbereich *Aufgaben* übernommen. Beim Klicken in die Tägliche Aufgabenliste wird die kontextbezogene Registerkarte *Tägliche Aufgabenliste* angezeigt.

*Für genaue Erläuterungen der hier aufgezählten Punkte lesen Sie Lektion 5: Aufgaben verwalten.*

▸   Hier können Sie in der Gruppe *Aufgabe verwalten*, die markierte Aufgabe *Als erledigt markieren* oder *Aus der Liste entfernen*.

▸   Mit den Befehlen in *Tägliche Aufgabenliste* ▸ Gruppe *Nachverfolgung* weisen Sie der markierten Aufgabe einen neuen Erledigungszeitraum zu.

### Größe verändern

Zeigen Sie mit der Maus auf die Trennlinie zwischen Aufgabenliste und Kalender und ziehen Sie die Täglichen Aufgabenliste auf die gewünschte Höhe ❶. Die Aufgabenliste kann durch Anklicken des Pfeilsymbols auf der rechten Seite des Fensters minimiert ❷ bzw. später wieder maximiert ❸ werden.

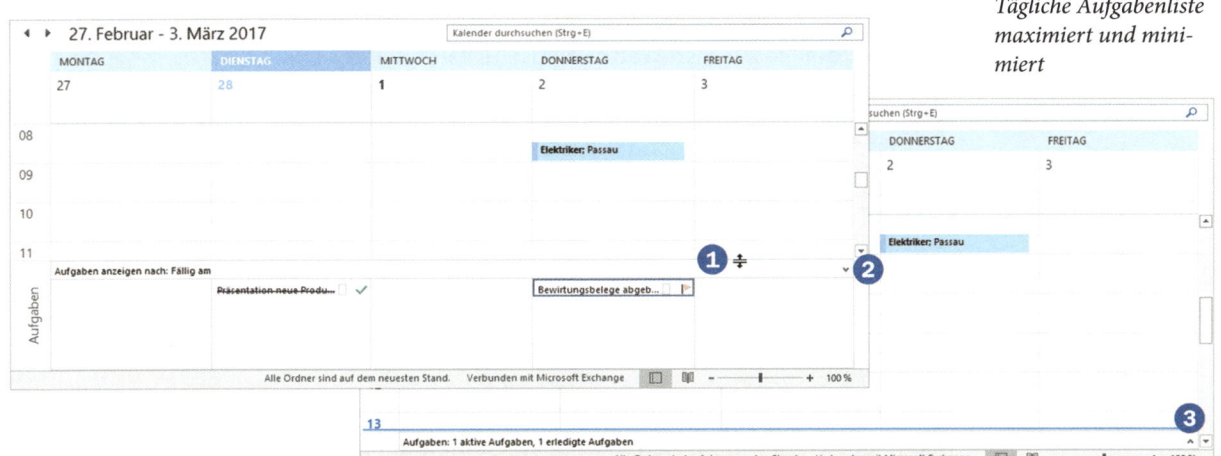

*Tägliche Aufgabenliste maximiert und minimiert*

## Kalenderansicht

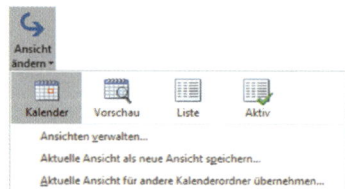

Neben der Ansicht Kalender stehen mit *Ansicht* ▶ Gruppe *Aktuelle Ansicht* ▶ *Ansicht ändern* weiter Anzeigeoptionen zur Verfügung. Mit der Ansicht *Liste* zeigen Sie beispielsweise Termine und Ereignisse in getrennten Gruppen an. In der Regel verändern Sie die Ansicht nur, um etwas zu suchen oder um mehrere Termine, Ereignisse etc. gleichzeitig zu löschen, z. B. die Feiertage eines Landes.

*Kalender in der Ansicht Liste*

Überschriften anklicken, um nach diesem Kriterium zu sortieren

## Wetteranzeige nutzen

**Berlin, BE** ▾   **Heute** 10°C/3°C   **Morgen** 9°C/5°C   **Donnerstag** 8°C/4°C    Kalender durchsuchen (Strg+E)

### Wetterdetails anzeigen

Standardmäßig enthält der Kalender eine Wetterleiste mit 3-Tages-Vorschau für Berlin. Zeigen Sie mit der Maus auf einen Tag (z. B. *Heute*), um detaillierte Informationen zu erhalten. Für ausführliche Berichte klicken Sie auf den Link *Weitere Informationen online anzeigen*, der Sie zur msn-Wetter Webseite weiterleitet.

*Wetterinformation*

### Orte hinzufügen

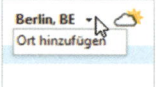

Über das Dropdown-Menü *Wetterstandortoptionen* wechseln Sie den Standort und fragen das Wetter für andere Städte ab. Standardmäßig wird hier nur *Berlin* zur Auswahl angezeigt. Um weitere Orte in die Liste aufzunehmen, klicken Sie auf *Ort hinzufü-*

*gen* und geben den Ortsnamen oder die Postleitzahl ein, drücken die Enter-Taste und schon beginnt die Suche. Bestätigen Sie den Ort durch Anklicken.

### Orte löschen

In die Wetterstandortoptionen können bis zu fünf Orte aufgenommen werden. Um Andere anzuzeigen, müssen zunächst vorhandene Orte entfernt werden. Zeigen Sie auf einen Ort in den *Wetterstandortoptionen* und klicken Sie auf das Schließen-Symbol.

### Wetterleiste ausblenden

Weitere Einstellungen vereinbaren Sie im Register *Datei*, *Optionen*. Im Dialogfenster wählen Sie *Kalender* und scrollen dann ganz nach unten bis zum Bereich *Wetter*. Hier können Sie von Fahrenheit auf Celsius wechseln und durch Entfernen des Häkchens die Wetterleiste ausblenden.

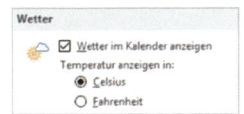

## 4.2    Darstellung des Kalenders verändern

Alle Änderungen am Aufbau und Design des Kalenders werden über die Registerkarte *Datei* und Auswahl von *Optionen* vorgenommen. In den Outlook-Optionen wählen Sie den Bereich *Kalender* aus. Hier ändern Sie Einstellungen zur Anzeige der *Arbeitszeit*, *Kalenderoptionen*, *Anzeigeoptionen* etc. Alle vorgenommenen Änderungen beziehen sich auf den gesamten Kalender.

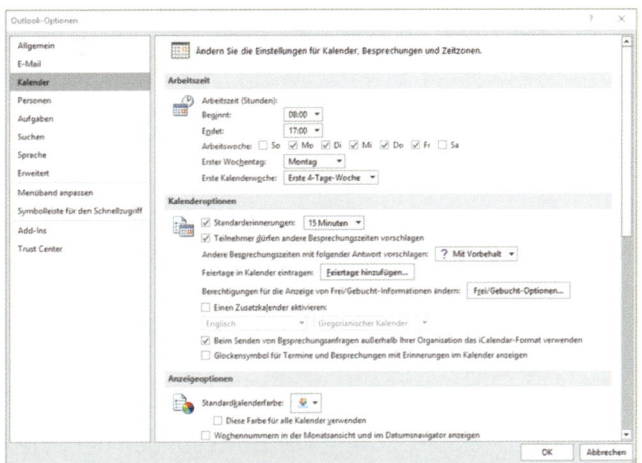

*Optionen - Kalender*

### Arbeitszeit visualisieren

Der Kalender ist in helle und dunkle Bereiche unterteilt. Die dunklen Bereiche visualisieren Zeiten außerhalb Ihrer gewöhnlichen Arbeitszeit (in der Regel vor 08:00 Uhr, nach 17:00 Uhr und am Wochenende).

Zeiten außerhalb der
regelmäßigen Arbeits-
zeit

Arbeitszeit

Einstellung der Arbeits-
zeit

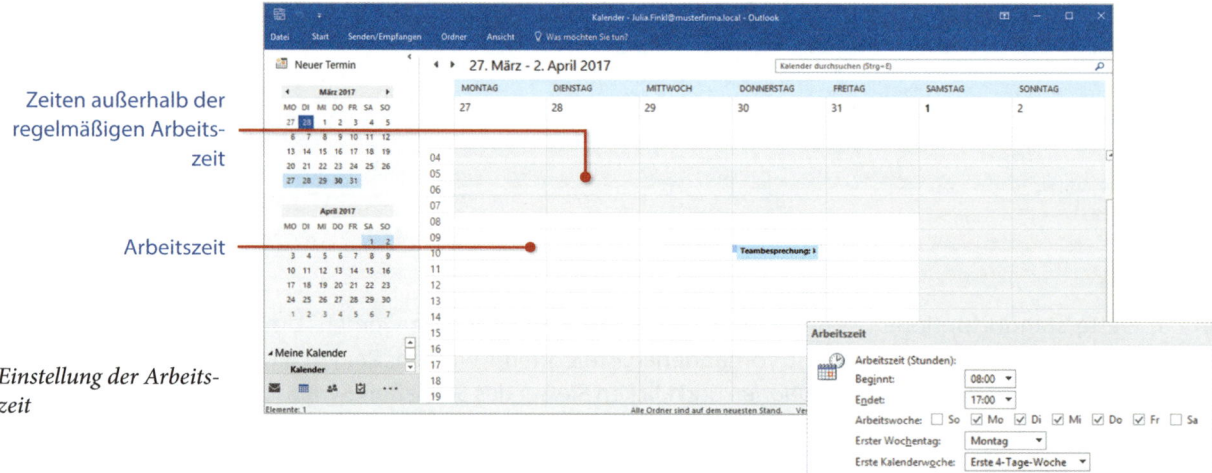

▶ Die regelmäßige Arbeitszeit legen Sie im Abschnitt *Arbeitszeit* fest. Beachten Sie, dass die festgelegte Zeit für alle Tage gilt.

▶ Weicht Ihre Arbeitswoche von den Voreinstellungen ab, entfernen Sie Häkchen bei den entsprechenden Tagen und /oder aktivieren andere. In der Anordnung *Arbeitswoche* werden nur die Tage angezeigt, die mit einem Häkchen versehen sind. Arbeiten Sie beispielsweise nie am Montag, so entfernen Sie das Häkchen vor Mo und erhalten in der Anordnung *Arbeitswoche* folgende Darstellung:

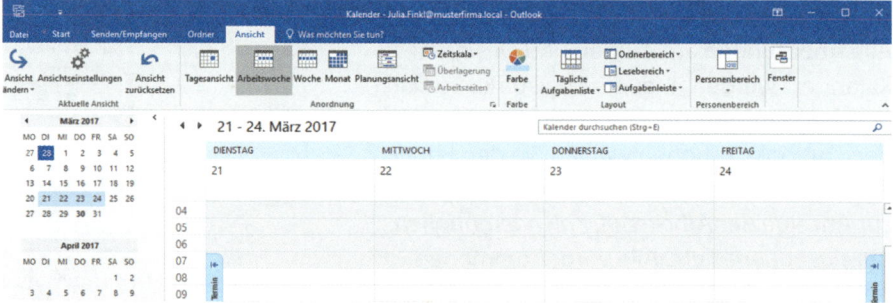

▶ Bei *Erster Wochentag* bestimmen Sie, mit welchem Tag die Woche beginnt; also welcher Tag in der Anordnung *Woche* zuerst angezeigt wird. Das ist in Deutschland sicherlich der Montag, in den USA beispielsweise der Sonntag.

▶ Die Einstellungen bei *Erste Kalenderwoche* werden in Outlook erst dann wichtig, wenn Sie die Kalenderwoche anzeigen lassen (siehe nächste Seite).

## Farbe und Kalenderwoche

### Kalenderfarbe bestimmen

In den Anzeigeoptionen erhalten Sie die Möglichkeit, eine andere Kalenderfarbe auszuwählen; verwenden Sie dazu das Auswahlfeld hinter *Standardkalenderfarbe*.

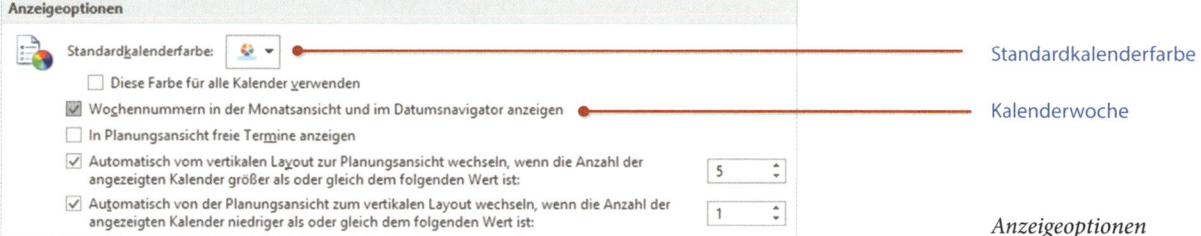

*Anzeigeoptionen*

### Kalenderwoche anzeigen

Wenn Sie die Kalenderwoche im Outlook-Fenster anzeigen möchten, setzen Sie ein
Häkchen vor *Wochennummern in der Monatsansicht und im Datumsnavigator* anzeigen. Beachten Sie die für Ihre Region geltenden Bestimmungen: In Europa ist die erste
Kalenderwoche die erste Woche im Jahr, die vier Tage enthält. In den USA beginnt die
erste Kalenderwoche mit dem ersten Tag des neuen Jahres. Diese Information hinterlegen Sie unter *Datei* ▶ *Optionen* ▶ Bereich *Kalender* ▶ Abschnitt *Arbeitszeit* ▶ *Erste Kalenderwoche*. Für Deutschland wählen Sie hier Erste 4-Tage-Woche und beispielsweise
für die USA *Beginnt am 1. Januar*.

Der Datumsnavigator links zeigt
die Einstellung für Deutschland:
Der 1.Januar 17 gehört noch zu
KW 52.

Der Datumsnavigator rechts
zeigt die amerikanische Einstellung: Hier gehört der 1.Januar
zur KW 1.

### Feiertage hinzufügen

*Kalenderanzeige mit Feiertagen*

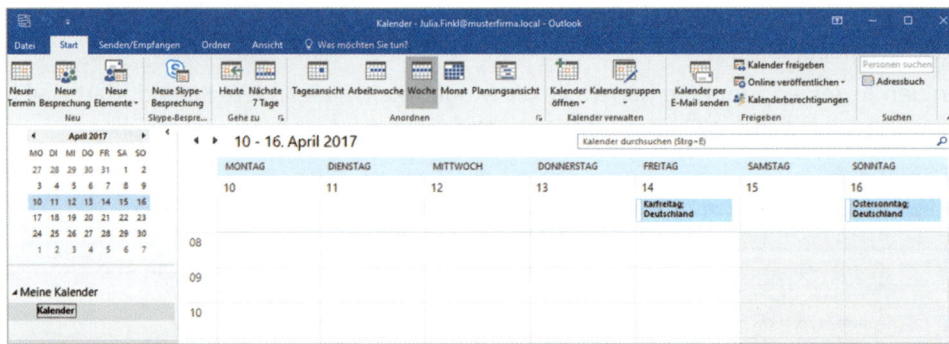

Feiertage werden nicht automatisch im Kalender angezeigt, sondern müssen für jedes Land ausgewählt und hinzugefügt werden.

▶ Klicken Sie im Abschnitt *Kalenderoptionen* auf die Schaltfläche *Feiertage hinzu- fügen*.

▶ Im folgenden Fenster aktivieren Sie die Kontrollkästchen der Länder, deren Fei- ertage Sie hinzufügen möchten und bestätigen die Auswahl über *OK*. Die Feier- tage werden im Kalender als Ereignis angezeigt.

*Kalenderoptionen: Feiertage hinzufügen*

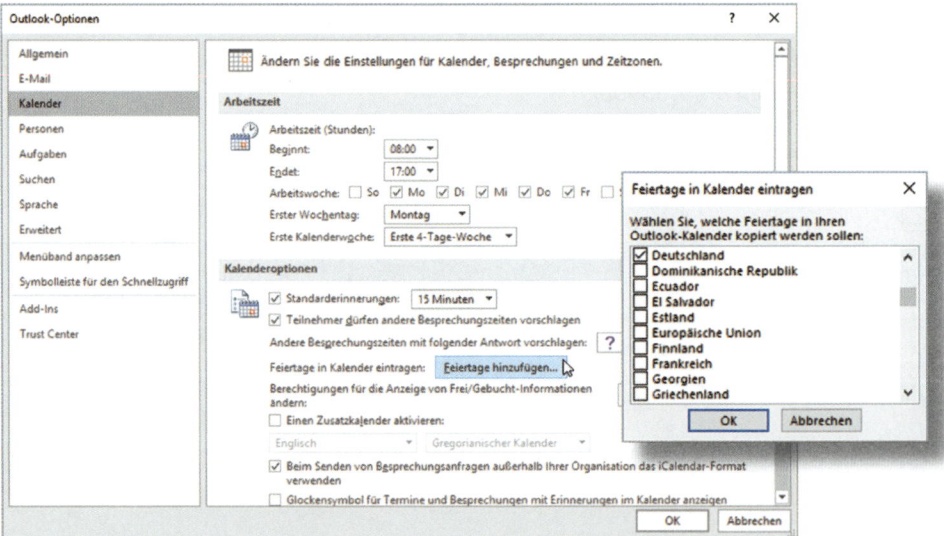

> Beachten Sie, dass beim nachträglichen Einfügen weiterer Feiertage das Häkchen vor Deutschland automatisch gesetzt ist. Entfernen Sie in diesem Fall das Häkchen vor *Deutschland*. Falls nicht, erhalten Sie eine Meldung, die Sie vor der doppelten Anzeige der deutschen Feiertage warnt. Falls Sie alle Warnungen in den Wind schlagen, werden die Feiertage doppelt eingetragen.

### Feiertage entfernen

**1**  Zunächst müssen Sie dafür sorgen, dass nur Feiertage angezeigt werden, die gelöscht werden sollen, z. B. alle französischen Feiertage. Tragen Sie hierzu im Feld *Sofortsuche* des Kalenders die gewünschten Begriffe ein, z. B. Feiertag Frankreich. Outlook wechselt automatisch zur Ansicht *Liste* und zeigt nur die französischen Feiertage an.

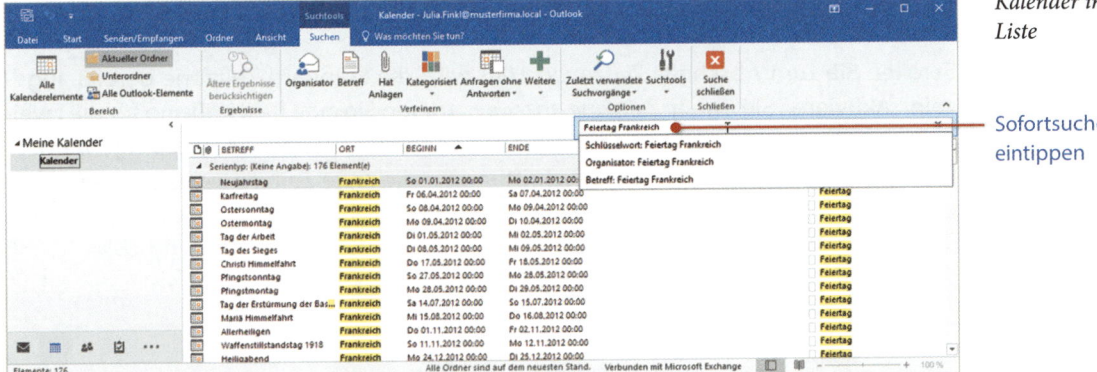

*Kalender in der Ansicht Liste*

Sofortsuche: Begriffe eintippen

**2**  Markieren Sie alle gefundenen Datensätze mit der Tastenkombination Strg+A. Drücken Sie dann die Entf-Taste zum Löschen der Datensätze. Alle Feiertage werden in den Ordner *Gelöschte Elemente* verschoben.

**3**  Schließen Sie nun Ihre Suchanfrage im Suchfeld oder mit dem Befehl *Suchtools – Suchen* ▸ *Suche Schließen*.

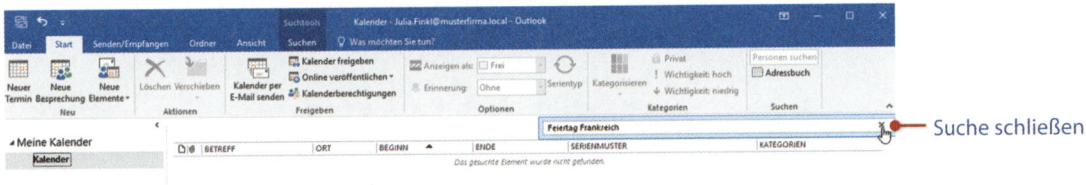

Suche schließen

**4**  Danach zeigt Outlook automatisch die übliche Ansicht *Kalender* wieder an. Sollte Outlook nicht zur gewohnten Ansicht zurückkehren, klicken Sie auf *Ansicht* ▸ *Ansicht ändern* und wählen Sie *Kalender* aus.

## Zeitzonen festlegen

Die Anzeige anderer Zeitzonen ist dann sinnvoll, wenn Sie beispielsweise Videokonferenzen mit dem Ausland in Ihren Kalender eintragen. Damit erleichtern Sie das Finden der richtigen Uhrzeit und müssen nicht umständlich vor- oder zurückrechnen.

Neben der aktuellen Zeit für Deutschland - hier mit Home bezeichnet - soll auch die Uhrzeit von Neuseeland (NZ) im Kalender eingeblendet werden

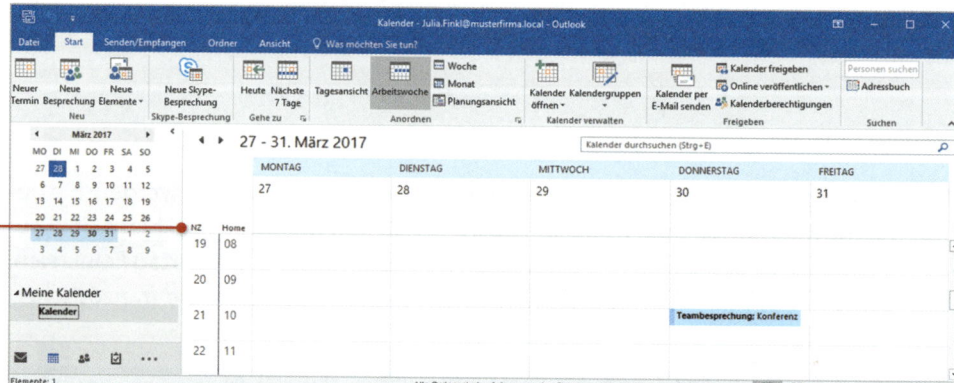

Scrollen Sie zum Abschnitt *Zeitzonen*. Hier wird die Standard-Zeitzone bereits angezeigt. Aktivieren Sie *Zweite Zeitzone anzeigen*, tragen Sie eine Beschriftung für die zweite Zeitzone ein und wählen Sie diese aus. Wenn zwei Zeitzonen angezeigt werden, kann es sinnvoll sein, auch eine Beschriftung für die erste Zeitzone einzugeben.

Beschriftung aktuelle Zeitzone

zweite Zeitzone auswählen

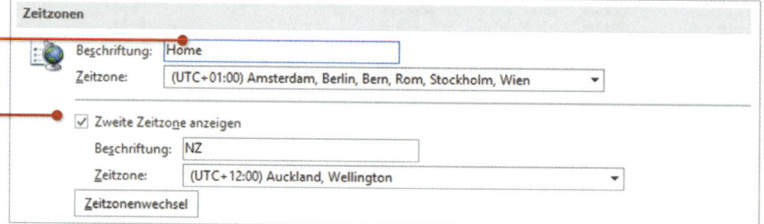

Um die zweite Zeitzone nicht mehr in der Kalenderansicht anzuzeigen, entfernen Sie das Häkchen vor *Zweite Zeitzone anzeigen*. Dann sollten Sie auch die Beschriftung für die erste Zeitzone entfernen.

## 4.3    Termine festlegen und bearbeiten

### Schnelle Handhabung am Beispiel der Anordnung Arbeitswoche

**1**    Klicken Sie im Datumsnavigator auf das Datum, dem ein neuer Termin hinzugefügt werden soll. Die entsprechende Woche wird angezeigt.

**2**    Die Kalender-Ansicht ist in Uhrzeiten unterteilt. Grundsätzlich stehen Ihnen für jede Stunde zwei Bereiche zur Verfügung, die es ermöglichen, Termine im Halbstundentakt einzutragen. Klicken Sie auf der Höhe der entsprechenden Uhrzeit in die Zelle und geben Sie eine Bezeichnung für Ihren Termin ein. Der Termin „Vorbesprechung Messe" beginnt im Beispiel unten um 09:00 Uhr und endet um 09:30 Uhr.

Feld anklicken, um Termin einzutragen

**3**    Wichtige weitere Einstellungen können Sie bei dieser Form der Terminfestlegung über die Registerkarte *Kalendertool – Termin* vornehmen. Dieses kontextbezogene Register wird eingeblendet, sobald Sie den Termin markieren. Die Befehle entsprechen denen im Terminformular, welches Sie im folgenden Abschnitt kennenlernen.

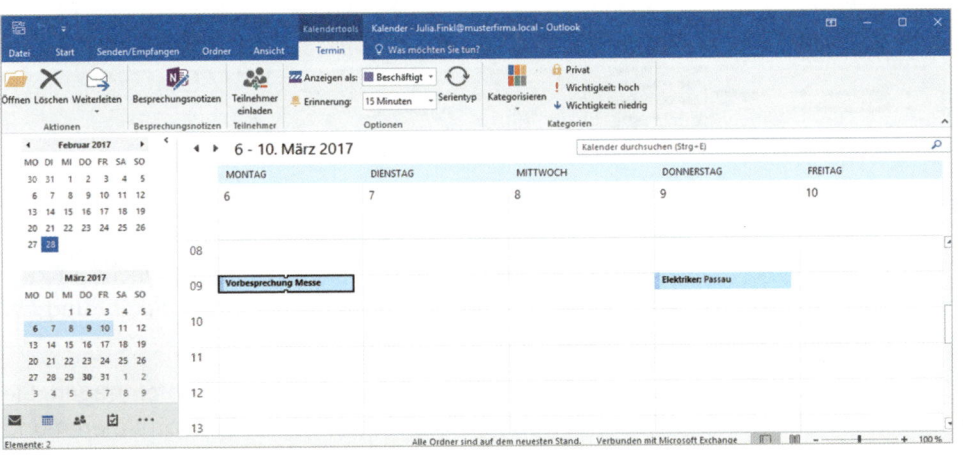

*eingetragener Termin; Anzeige Register Termin*

### Terminvorschau

Im Kalender wird in der Regel von einem Termin sehr wenig zu sehen sein. Bewegen Sie die Maus jedoch über den Termin, ohne auf ihn zu klicken, erscheint eine Terminvorschau. Diese enthält detaillierter Informationen und blendet automatisch ab, wenn Sie die Maus bewegen.

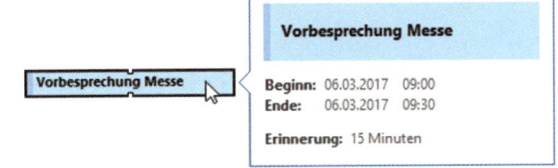

In der Terminvorschau ist schön zu sehen, dass für diese Art der Termineingabe nicht viele Informationen hinterlegt werden können. Beispielsweise fehlt der Besprechungsort. Falls mehr Informationen hinterlegt werden müssen, sollten Sie ein Terminformular verwenden.

### Detaillierte Termineingabe

▶ Möchten Sie genauere Angaben zu einem Termin speichern, sollten Sie zur Eingabe ein Terminformular öffnen. Klicken Sie auf *Start* ▸ Gruppe *Neu* ▸ *Neuer Termin*.

▶ Sie können das Formular auch mit einem Doppelklick auf die entsprechende Zelle des Kalenders öffnen. Dadurch werden Datum und die Uhrzeit in das Terminformular übernommen.

▶ In der Ansicht *Monat* öffnen Sie durch einen Doppelklick auf eine Zelle ein Ereignisformular, d. h. der Termin wird zunächst als ganztägig angezeigt.

### Terminformular ausfüllen

*Terminformular ausfüllen*

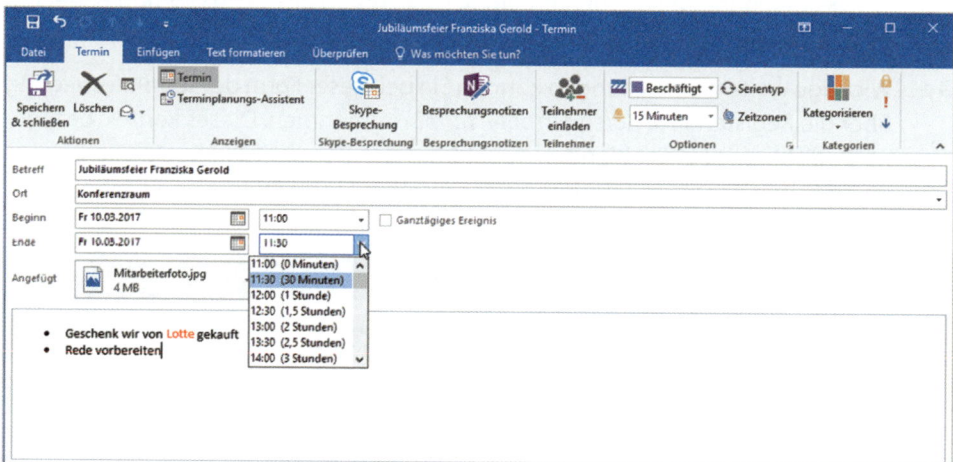

▶ Tragen Sie die einzelnen Informationen in die Felder ein. Zum Wechseln zwischen den Feldern können Sie die Tabulator-Tasten verwenden. *Betreff* und *Ort* erscheinen in der Kalenderübersicht.

▶ In das Feld *Notizen* können Sie weitere beliebige Informationen eintragen. Sie können hier auch größere Mengen an Text eingeben, den Text formatieren und alles einfügen, was Sie auch in eine E-Mail einfügen können, inklusive Dateien.

▶ Für *Datum* und *Uhrzeit* stehen Ihnen die Spezialfelder mit Kalenderblatt bzw. Liste zur Verfügung. Natürlich können Sie Datum und Uhrzeit auch über die Tastatur eingeben (siehe nächste Seite).

▶ Sie beenden die Termineingabe mit *Termin* ▸ *Speichern & schließen*.

Aufgaben siehe Kap. 5

> Im Beispiel wurde für den Termin als zusätzliche Information „Rede vorbereiten" eingetragen. Dies sollte unbedingt auch als Aufgabe festgelegt werden. Die Informationen im Notizenbereich des Terminformulars werden nur dort angezeigt und können leicht vergessen werden.

Für die Eingabe von Datum und Uhrzeit stehen Ihnen verschiedene zulässige Schreibweisen zur Verfügung.

| | Eingabemöglichkeiten |
|---|---|
| Datum | 1-9-14 oder 1/9/14 wird umgewandelt in Fr 01.09.2017 |
| | Sie können auch Worte eingeben: morgen, übermorgen, in 3 Wochen, St. Martin. |
| | Wenn Sie das Jahr weglassen, wird von Outlook in der Regel das aktuelle Jahr automatisch ergänzt. |
| Uhrzeit | 1045 wird umgewandelt in 10:45 |
| | Uhrzeiten können auch ohne Doppelpunkt eingegeben werden. |

### Terminkonflikte

Überschneidet sich der Termin mit einem bereits bestehenden, so werden Sie mit einer Infoleiste im Terminformular darauf aufmerksam gemacht. Dennoch kann der Termin gespeichert werden und wird zusammen mit dem anderen angezeigt.

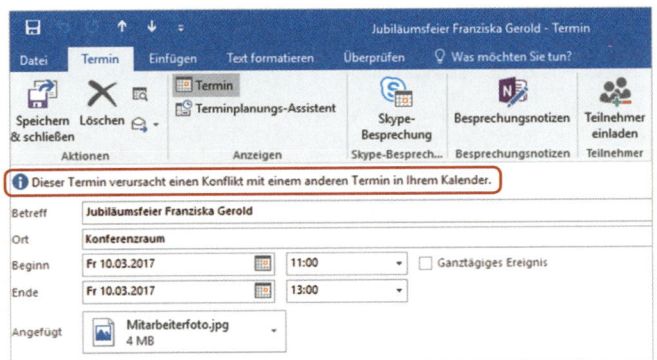

*Infoleiste im Terminformular*

*Anzeige paralleler Termine im Kalender*

## Termine ändern, verschieben und löschen

### Termininformationen nachträglich ändern

Klicken Sie doppelt auf den Termin, den Sie aktualisieren möchten. Das Terminformular öffnet sich; berichtigen Sie die Informationen und schließen Sie das Terminformular über die Schaltfläche *Speichern & schließen*.

Verändert sich nur die Dauer eines Termins, so können Sie zur Änderung dieser Information auf das Terminformular verzichten. Bewegen Sie den Mauszeiger im Kalender an den unteren oder oberen Rand des Termins, bis ein schwarzer Doppelpfeil erscheint. Ziehen Sie den Rand bei gedrückter Maustaste nach unten oder oben. Damit verlängern bzw. verkürzen Sie den Termin.

*Dauer eines Termins mit der Maus verändern*

### Termin verschieben

Zum Verschieben eines Termins, bewegen Sie den Mauszeiger auf den Termin und verschieben ihn bei gedrückter linker Maustaste auf eine andere Uhrzeit oder ein anderes Datum. Sie können den Termin auch über ein Datum im Datumsnavigator (im Ordnerbereich, nicht in der Aufgabenleiste) ziehen und dort fallen lassen.

*Termin mit der Maus verschieben*

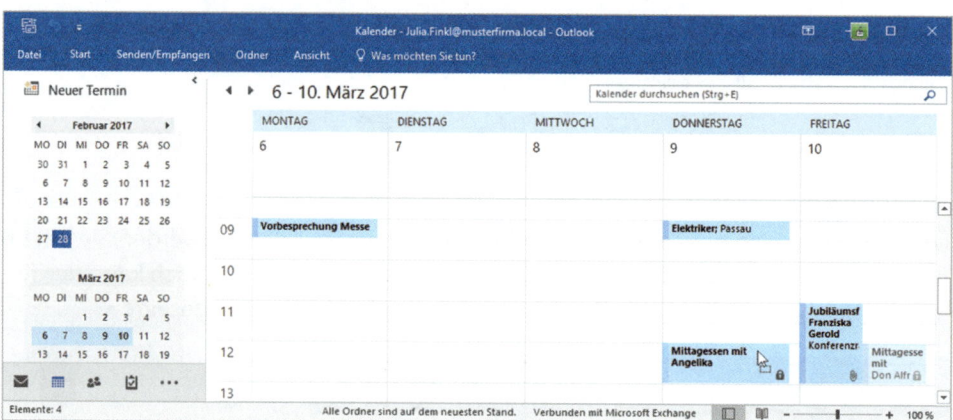

### Termin löschen

Um einen Termin zu löschen, markieren Sie diesen und löschen ihn über *Kalendertools - Termin* ▶ Gruppe *Aktionen* ▶ *Löschen.* Sie können den Termin auch mit der rechten Maustaste anklicken und im Kontextmenü *Löschen* auswählen. Auch die *Entf-Taste* löscht einen markierten Termin. Der gelöschte Termin wird in den Ordner *Gelöschte Elemente* verschoben.

## Erinnerung

Sofern Sie Outlook geöffnet haben, blendet automatisch eine Erinnerung für anstehende Termine ein. Die Frist beträgt standardmäßig 15 Minuten vor Beginn eines Termins und 0,5 Tage vor einem Ereignis.

Im Fenster *Erinnerungen* kann auch an mehrere Termine gleichzeitig erinnert werden. Oftmals handelt es sich dabei um alte Terminerinnerungen, die Sie nicht deaktiviert haben. Meldungen können hier auch für (über-)fällige Aufgaben und Aufgabenelemente, die aus der Nachverfolgung von E-Mails entstanden sind, erscheinen. Für Aufgaben und bei Erstellung der Nachverfolgung muss explizit eine Erinnerung hinzugefügt werden. Hier gibt es keine Standardeinstellung, die automatisch 15 Minuten vor Beginn erinnert.

### Bearbeitung der Erinnerungsmeldung

Die Bearbeitung bezieht sich immer auf die markierte Erinnerung. Sie können auch mehrere Erinnerungen mit der Strg-Taste markieren, um sie gemeinsam zu bearbeiten.

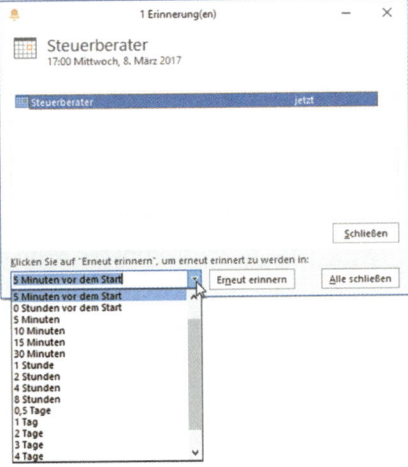

| Schaltfläche | Funktion |
|---|---|
| Schließen | Das Erinnerungsfenster wird geschlossen und die Erinnerung deaktiviert, d. h. im Terminformular wird im Feld Erinnerung nun „ohne" angezeigt. Das Fenster *Erinnerung* wird automatisch geschlossen, sofern keine weiteren Erinnerungen aufgelistet sind. |
| Erneut erinnern | Über die Schaltfläche *Erneut erinnern* können Sie sich zu einem späteren Zeitpunkt nochmals auf den Termin aufmerksam machen lassen. Sie wählen eine neue Zeitspanne über das Listenfeld aus. |
| Alle schließen | Über *Alle Schließen* werden alle Erinnerungen deaktiviert, auch ohne dass diese markiert wurden und das Fenster wird geschlossen. |

Falls Sie Informationen zum anstehenden Termin benötigen, öffnen Sie das Terminformular mit einem Doppelklick auf den anstehenden Termin, in unserem Beispiel klicken Sie doppelt auf *Steuerberater*.

### Individuelle Erinnerungsfristen festlegen

Für manchen Termine, z. B. mit längerem Anfahrtsweg, ist eine 15minütige Erinnerung vor Beginn zu kurzfristig. Hier können Sie beim Anlegen des Termins über Register *Termin* ▶ Gruppe *Optionen* ▶ *Erinnerung* einen anderen Zeitraum auswählen.

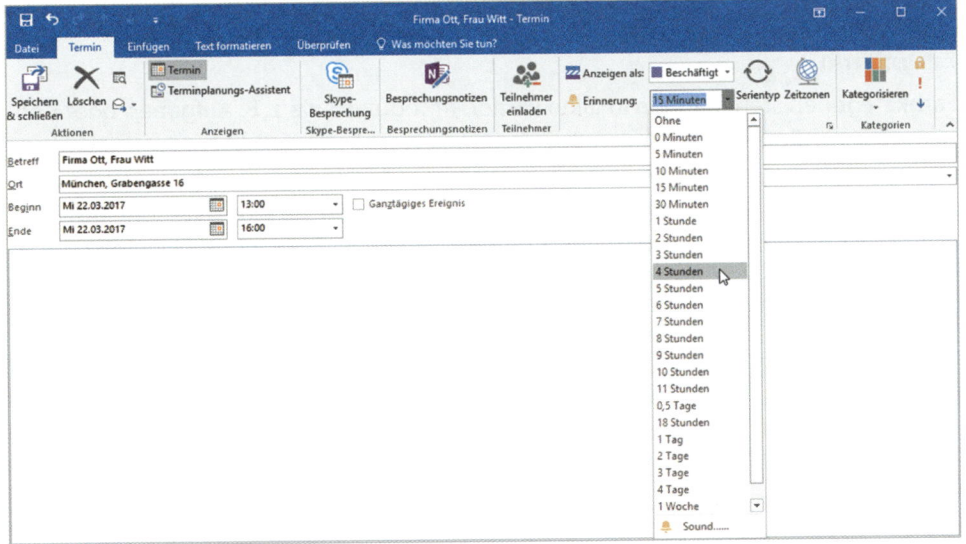

*Früher an einen Termin erinnern*

## Termine kennzeichnen

### Anzeigen als

Termine können als *Frei*, *An anderem Ort tätig*, *Mit Vorbehalt*, *Beschäftigt* oder *Abwesend* gekennzeichnet werden. Dadurch sollen sich in erster Linie Kollegen, denen Sie Zugriff auf Ihren *Kalender* gewähren, besser orientieren können. Sie vereinbaren diese Kennzeichnungen im Terminformular mit *Termin* ▶ Gruppe *Optionen* ▶ *Anzeigen als*. Standardmäßig wird jeder Termin als *Beschäftigt* ausgewiesen. Im Kalender werden die einzelnen Termine mit einer farbigen Markierung dargestellt, die auf die jeweilige Kennzeichnung hinweist: blau = Beschäftigt ❶, violett = Abwesend ❷, weiß mit Punkten = An anderem Ort tätig ❸. Geburtstage werden im Kalender standardmäßig als *Frei* gekennzeichnet.

### Kategorisieren

Farbkategorien stehen Ihnen in allen Outlook-Modulen, wie z. B. Aufgaben oder Kontakte, zur Verfügung. Sie können Ihre Termine verschieden farbig kategorisieren und so visuelle Zusammenhänge herstellen. Markieren Sie den Termin und klicken Sie auf *Termin* ▶ Gruppe *Kategorien* ▶ *Kategorisieren* und wählen Sie eine Kategorie aus. Dies führt dazu, dass die Darstellung der Termine im Kalender besser unterscheidbar wird.

## 4.4    Ereignisse festlegen

Ereignisse sind im Gegensatz zu Terminen immer ganztägig, wie z. B. ein Geburtstag. Sie können aber auch mehrere Tage andauern, z. B. ein Messebesuch. Sie werden im oberen Bereich der Kalender-Ansicht angezeigt. Wenn ein Ereignis mit Abwesend gekennzeichnet ist und/oder mit eine Farbe kategorisiert, wird der ganze Tag in diese Farbe getönt.

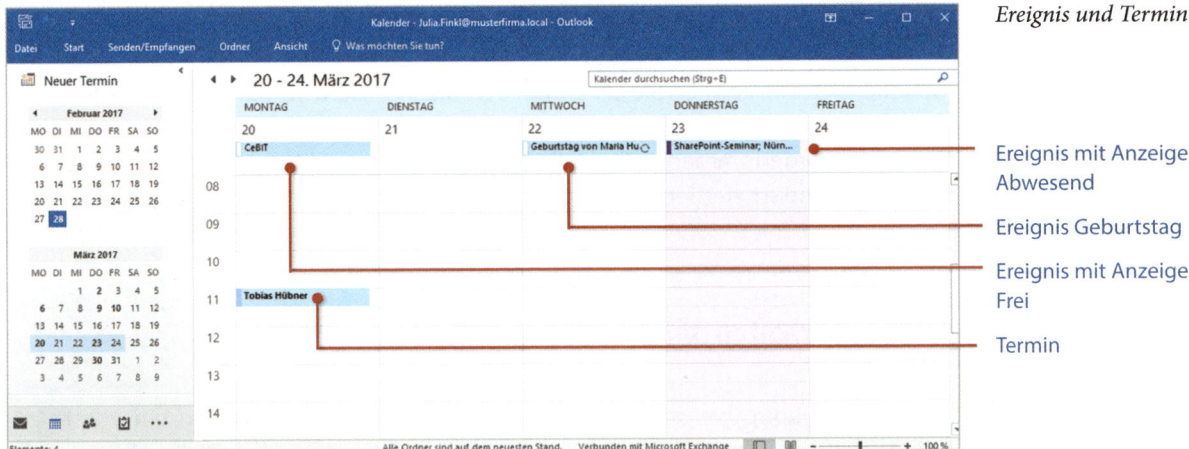

*Ereignis und Termin*

Ereignis mit Anzeige Abwesend

Ereignis Geburtstag

Ereignis mit Anzeige Frei

Termin

Um ein Ereignis festzulegen...

▶ Klicken Sie in der Kalender-Ansicht in den Bereich unterhalb des Wochentags und tragen Sie eine Bezeichnung für das Ereignis ein.

▶ Alternativ klicken Sie doppelt auf das Feld. Es öffnet sich ein Ereignisformular, in welches Sie detaillierte Informationen eingeben können.

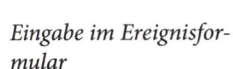

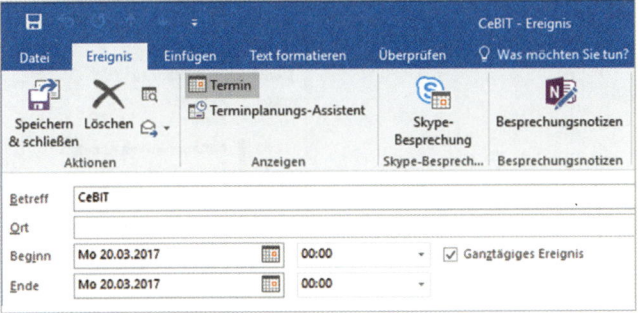

*Eingabe im Ereignisformular*

Geben Sie in das Ereignisformular die gewünschten Informationen ein. Das Datum ist bereits eingetragen. Dauert das Ereignis mehrere Tage, können Sie im Feld *Endet* ein späteres Datum vereinbaren. Die Uhrzeit ist nicht aktiv, da das Ereignis per Definition den ganzen Tag andauert. Speichern Sie Ihre Eingabe über die Schaltfläche *Speichern & schließen*. Ereignisse werden wie Termine bearbeitet und gelöscht.

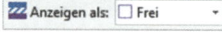

Ein Ereignis wird standardmäßig als *Frei* angezeigt. Sie können daher am gleichen Tag auch Termine eintragen, ohne dass eine Warnmeldung aufgrund von Terminüberschneidungen angezeigt wird. Nur wenn Sie das Ereignis als *Beschäftigt* oder *Abwesend* kennzeichnen, erscheint ein entsprechender Hinweis.

Wenn Sie ein Ereignis direkt in den Kalender eintragen und nicht über ein Terminformular erstellen, ist keine Erinnerungsmeldung standardmäßig hinterlegt. Wenn Sie das Terminformular verwenden, ist standardmäßig eine Erinnerung von 0,5 Tagen vereinbart. Analog zum Termin kann die Erinnerungszeit auch für das Ereignis eingestellt werden.

Aus jedem Termin können Sie ein Ereignis erstellen, indem Sie auf dem Terminformular ein Häkchen vor *Ganztägiges Ereignis* setzen. Beachten Sie jedoch, dass beim Wechsel die bereits vorgenommenen Einstellungen für *Anzeigen als* und *Erinnerung* unter Umständen verändert werden.

## 4.5 Arbeiten mit dem Popup Kalender

Im Kalenderpopup werden die aktuellen Termine und Ereignisse in einer Liste zusammengefasst. Das Kalenderpopup wird angezeigt, wenn Sie mit der Maus auf die Schaltfläche des Funktionsbereichs *Kalender* in der Navigationsleiste zeigen.

*Popup Kalender mit Terminen*

▶ Klicken Sie im Datumsnavigator ein anderes Datum an, um Termine für diesen und ggf. die nächsten sieben Tage anzuzeigen.

▶ Mit einem Doppelklick auf ein Datum zeigen Sie den Funktionsbereich Kalender am entsprechenden Datum an.

▶ Klicken Sie doppelt auf einen Termin, um das Terminformular anzuzeigen.

## 4.6    Termin- und Ereignisserien

Wiederkehrende Termine oder Ereignisse, z. B. die wöchentliche Teambesprechung, müssen nicht einzeln in den Kalender eingetragen werden, sondern können als Termin- oder Ereignisserie ein einziges Mal eingegeben werden. Sie legen nur Beginn und gegebenenfalls Ende der Serie sowie das Serienmuster und Informationen zum Termin fest. Danach erscheint der Termin zu den festgelegten Zeiten automatisch im Kalender.

*Geburtstage sind Ereignisserien*

### Termin- oder Ereignisserie festlegen

1    Öffnen Sie ein Termin- oder Ereignisformular und tragen Sie alle Informationen ein .

2    Klicken Sie auf *Termin* ▸ Gruppe *Optionen* ▸ *Serientyp*. Das Formular für die Terminserie öffnet sich und die Informationen aus dem Terminformular werden übernommen.

| Feld | Aktion |
|---|---|
| Termin | Beginn, Ende und Dauer des Termins wurden aus dem Terminformular übernommen. |
| Serienmuster | Vereinbaren Sie ein Serienmuster und entscheiden Sie, ob der Termin wöchentlich, monatlich etc. stattfinden soll. Das im linken Bereich gewählte Serienmuster konkretisieren Sie im rechten Bereich. |
| Seriendauer | Geben Sie an, ob der Termin zu einem bestimmten Datum, nach einer Anzahl von Treffen endet oder kein Enddatum besitzt. |

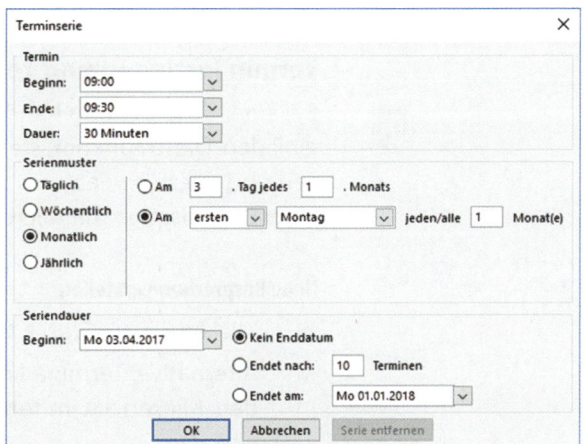

*Termin findet einmal im Monat immer am ersten Montag des Monats statt*

3    Bestätigen Sie Ihre Auswahl über die Schaltfläche *OK* und speichern Sie das Terminformular über die Schaltfläche *Speichern & schließen.*

Die Terminserie erscheint entsprechend der eingegebenen Daten im Kalender. Sie erkennen eine Serie an den kreisförmig angeordneten Pfeilen hinter der Terminbezeichnung.

### Serien bearbeiten und löschen

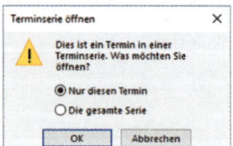

Sie können jederzeit einzelne Informationen einer Serie ändern. Dies gilt sowohl für die ganze Serie als auch für einen einzelnen Termin innerhalb der Serie.

Doppelklicken Sie auf einen Serientermin und aktivieren Sie *Nur diesen Termin* oder *Die gesamte Serie.* Über die Schaltfläche *Serientyp* kann auch das Muster der Serie verändert werden. Bestätigen Sie die Änderungen über die Schaltfläche *Speichern & schließen*.

Wenn Sie einen Termin aus einer Serie löschen, müssen Sie ebenfalls entscheiden, ob Sie nur diesen Termin oder die ganze Serie löschen wollen.

> Verschieben Sie einen Termin einer Serie mit der Maus, wirken sich die Änderungen der Uhrzeit oder des Datums ohne Rückfrage nur auf den Einzeltermin aus.

## 4.7   Besprechungen organisieren

### Termin festlegen und Teilnehmer einladen

Bei einer Besprechung handelt es sich um einen Termin, zu dem Sie andere Personen einladen. Diese Funktion steht auch ohne Microsoft Exchange zur Verfügung. Ressourcen und spezielle Features zur Erleichterung der Terminplanung sind nur innerhalb einer Organisation mit Microsoft Exchange nutzbar.

**Neue Besprechung erstellen**

▶   Klicken Sie auf *Start* ▶ Gruppe *Neu* ▶ *Neue Besprechung*.

▶   Alternative: Termine können zu einer Besprechungsanfrage umgewandelt werden. Klicken Sie im Terminformular auf *Termin* ▶ Gruppe *Teilnehmer* ▶ *Teilnehmer einladen*.

Ein Besprechungsformular öffnet sich, in das Sie die notwendigen Infos eintragen und dann versenden.

*Elemente des Besprechungsformulars*

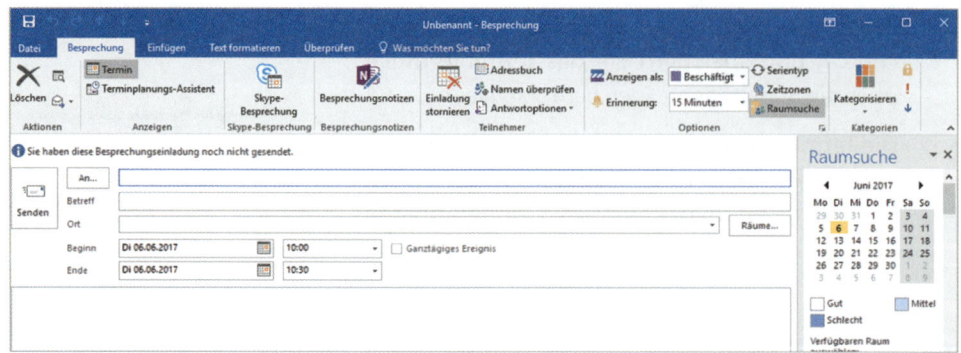

### Teilnehmer auswählen

Laden Sie über die Schaltfläche *An* Personen oder Kontaktgruppen zur Besprechung ein. Entscheiden Sie, ob die Teilnahme der Person wichtig ist, dann klicken Sie die Schaltfläche *Erforderlich*, sonst *Optional*.

### Ressourcen auswählen

Ressourcen sind Besprechungsräume, Beamer, Firmenwagen etc.; also alles, was von mehreren Mitarbeitern genutzt werden kann und deshalb reserviert werden muss. Diese Aufgabe kann Outlook übernehmen, sofern Besprechungsräume, Beamer etc. vom Administrator als Ressourcen angelegt wurden. Das ist allerdings nur in einer Microsoft Exchange-Umgebung möglich.

Ressourcen werden in der Globalen Adressliste angezeigt und können dort ausgewählt werden. Markieren Sie die benötigte Ressource und klicken Sie auf die Schaltfläche *Ressourcen*. Bestätigen Sie die Auswahl mit *OK*. Sofern Sie einen Raum als Ressource hinzugefügt haben, wird dieser automatisch im Besprechungsformular in das Feld *Ort* eingetragen.

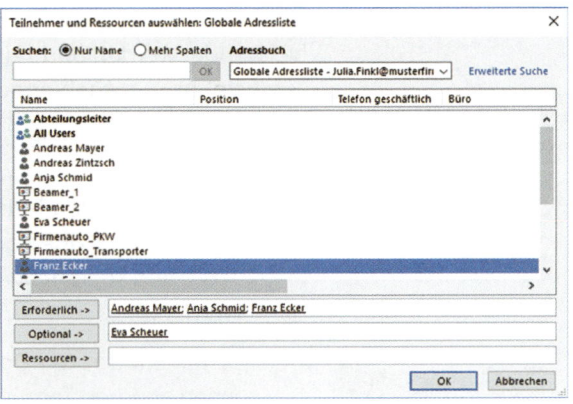

*Teilnehmer auswählen*

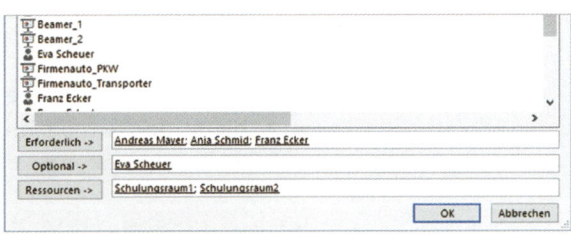

*Ressourcen auswählen*

> Es empfiehlt sich, zunächst mehrere mögliche Besprechungsräume in die Planung aufzunehmen. Später können Sie sich, je nach Verfügbarkeit, für einen entscheiden und die anderen aus der Planung löschen.

### Raumsuche verwenden

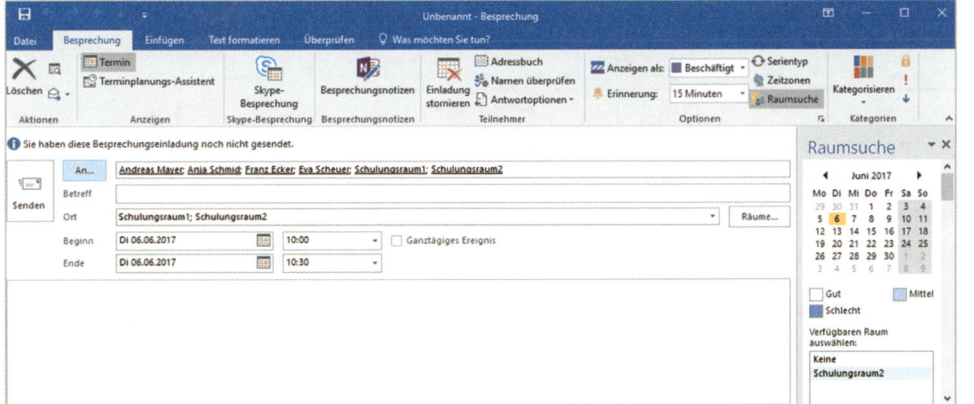

*Besprechungsformular mit Leiste Raumsuche*

Die ausgewählten Ressourcen erscheinen ebenfalls im Feld An. Das ist korrekt. Löschen Sie diese dort nicht, sonst werden Sie nicht gebucht!

Die Leiste *Raumsuche* kann zur Überprüfung der Belegung der Besprechungsräume verwendet werden und zeigt auch Terminkonflikte einzelner Teilnehmer an. Die Leiste wird ein- bzw. ausgeblendet mit *Besprechung* ▶ Gruppe *Optionen* ▶ *Raumsuche*.

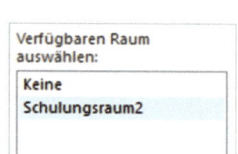

▶ Bei *Vorgeschlagene Zeiten* erhalten Sie Informationen, die die Verfügbarkeit der Räume und der Teilnehmer berücksichtigen. Durch Anklicken der Zeilen verschieben Sie den Termin auf einen anderen Zeitraum, wobei Sie sich jedoch nur innerhalb des oben gewählten Tages bewegen. In unserem Beispiel ist zwischen 10:00 und 10:30 *Schulungsraum1* nicht verfügbar; *Schulungsraum2* kann gebucht werden.

Termine mit roten Doppelpfeilen zeigen an, dass die eingeladenen Teilnehmer einen anderen Termin haben. Teilnehmer, die optional eingeladen wurden, werden hier nicht berücksichtigt.

▶ Bei *Verfügbaren Raum auswählen* sehen Sie, welche der in die Planung aufgenommenen Räume am ausgewählten Termin verfügbar sind. Durch Anklicken eines Raums wird dieser in die Planung aufgenommen und die anderen Räume gelöscht, in unserem Beispiel wird *Schulungsraum2* angeklickt.

Neben der *Raumsuche*, die Sie zur Organisation einer Besprechung verwenden können, bietet der *Terminplanungsassistent* weitere praktische Features und eine übersichtlichere Darstellung.

### Terminplanungsassistent verwenden

Sofern Sie Zugriff auf die Termine Ihrer Kollegen haben, erhalten Sie über *Besprechung* ▶ Gruppe *Anzeigen* ▶ *Terminplanungsassistent* eine übersichtliche Darstellung aller verfügbaren und gebuchten Zeiten. Durch Balken und Schraffierungen werden die Termine der anderen Teilnehmer angezeigt. Beachten Sie die Legende am unteren Rand des Fensters. Ein gebuchter Termin erscheint beispielsweise als blauer Balken (z. B. Franz Ecker Termin von 10:30 - 11:00).

*Terminplanungsassistent*

hellblaues Feld - aktueller Termin der Besprechung

gebuchter Termin eines Teilnehmers

Schulungsraum nicht verfügbar

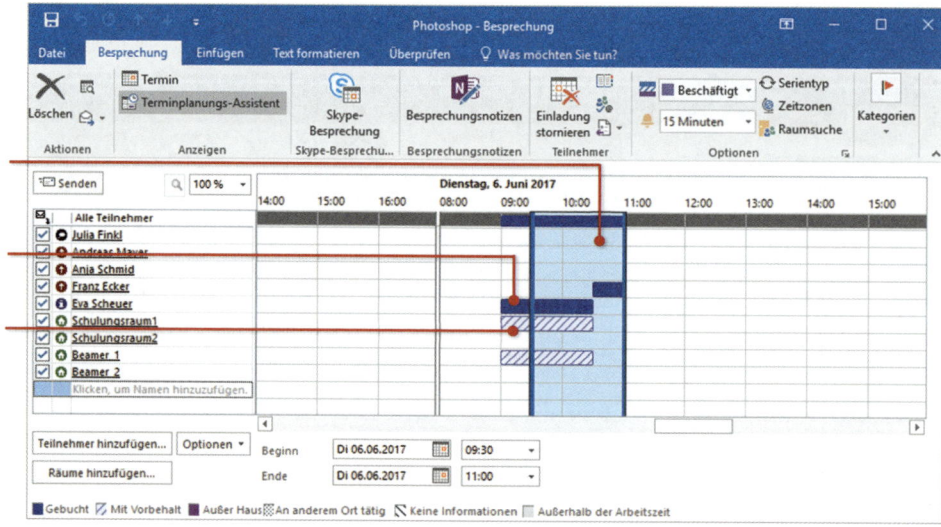

Der senkrechte hellblaue Balken zeigt die aktuelle Uhrzeit Ihrer Besprechungsanfrage an. Durch Ziehen an den Rändern des Balkens kann eine andere Uhrzeit eingestellt werden. Natürlich ist eine Eingabe der neuen Zeiten in die Felder *Beginn* und *Ende* auch möglich. In unserem Beispiel verlegen wir die Besprechung um eine Stunde, damit der erforderliche Teilnehmer Franz Ecker ohne Terminüberschneidung teilnehmen kann.

Auch die Belegungen der Schulungsräume sind hier vermerkt. Diese werden als blau schraffierte Fläche, d.h. *Mit Vorbehalt* angezeigt. Der Raum bzw. die Ressource gilt damit als reserviert und ist nicht verfügbar. In diesem Beispiel sind sowohl der Schulungsraum1 als auch der Beamer1 zu unserer Besprechung nicht verfügbar. Entfernen Sie die Häkchen vor den belegten Ressourcen. Dadurch werden sie nicht in die Besprechung einbezogen; sie werden allerdings weiter im Terminplanungs-Assistenten aufgeführt. Wenn Sie das stört, löschen Sie den Eintrag über die Tastatur.

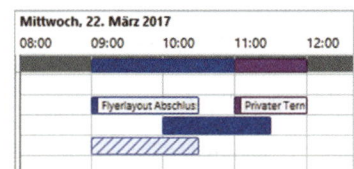

Wie die Termine im Terminplanungs-Assistenten dargestellt werden, ob nur als blauer Balken oder mit genaueren Informationen zum Termin, ist abhängig von den Einstellungen am Exchange Server, von zusätzlichen Kalenderfreigaben (siehe Seite 176) bzw. ob *Kalenderdetails* über die Schaltfläche *Optionen* aktiviert sind.

### Antwortoptionen festlegen und Planung abschließen

Nachdem die optimale Zeit eingestellt wurde, wechseln Sie wieder zur vorherigen Ansicht über *Besprechung* ▸ Gruppe *Anzeigen* ▸ *Termin*. Tragen Sie den Betreff und gegebenenfalls Notizen ein – sofern nicht schon am Anfang geschehen. Wenn Sie im Terminplanungs-Assistenten Personen bzw. Ressourcen durch Entfernen des Häkchens aus der Besprechung entfernt haben, werden diese jetzt auch nicht mehr im Feld *An* angezeigt.

Über *Besprechung* ▸ Gruppe *Teilnehmer* ▸ *Antwortoptionen* bestimmen Sie, ob die Teilnehmer auf die Anfrage antworten sollen, was durchaus sinnvoll ist. Außerdem können Sie erlauben, dass die Eingeladenen andere Besprechungszeiten vorschlagen können. Entfernen Sie das Häkchen, falls Sie diese Option nicht zulassen möchten.

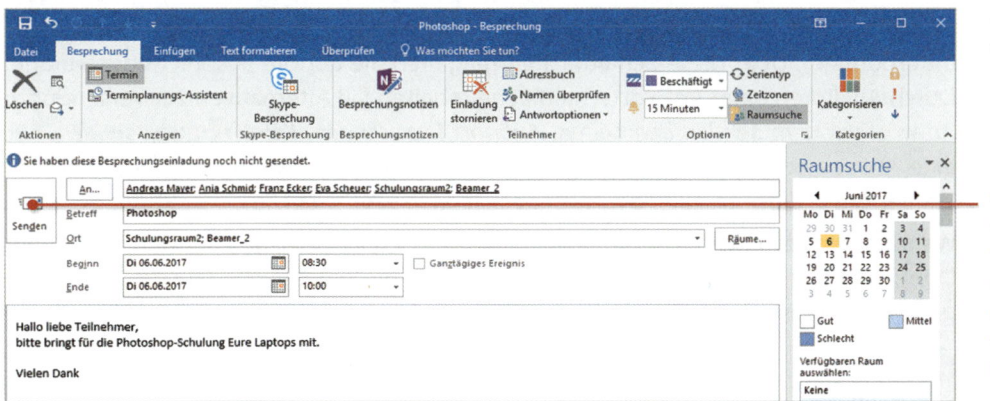

*Ausgefüllte Besprechungsanfrage*

Über die Schaltfläche *Senden* wird die Besprechungsanfrage versandt und gegebenenfalls die Ressource gebucht. Gleichzeitig wird der Termin in Ihren Kalender eingetragen.

## Besprechungsanfragen beantworten

Eine Einladung zu einer Besprechung befindet sich zunächst im Posteingangsordner. Im Lesebereich erhalten Sie eine Reihe von Informationen. Neben Thema, Zeit und Ort der Besprechung entnehmen Sie der Anfrage, ob Ihre Anwesenheit *erforderlich* oder *optional* ist. Außerdem sehen Sie, ob der Besprechungstermin in Konflikt mit anderen Terminen steht.

*Besprechungsanfrage im Lesebereich des Posteingangs*

Schaltflächen für Zu- und Absage

Teilnahme erforderlich oder optional

Infos ein-/ausblenden

Datum und Ort

Anzeige der Kalender-vorschau

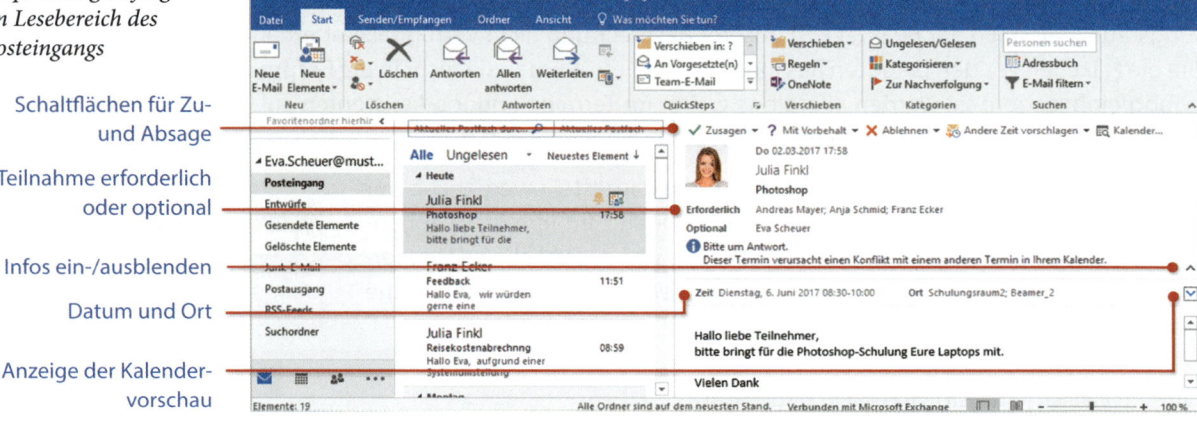

### Terminkonflikt

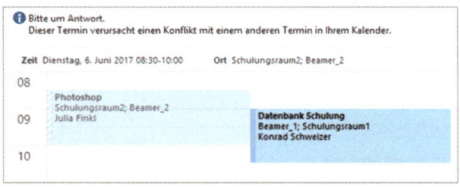

Die Besprechungsanfrage enthält einen Ausschnitt Ihres Kalenders zum angefragten Zeitpunkt. Hier sehen Sie, ob die Besprechung mit anderen Terminen kollidiert. Wird die *Kalendervorschau* nicht angezeigt, klicken Sie auf den kleinen Pfeil. Alternativ können Sie mit der Schaltfläche 🔍 Kalender... im Lesebereich gleich zum Funktionsbereich Kalender wechseln.

### Antwortalternative auswählen und versenden

Im Lesebereich finden Sie die Schaltflächen zur Beantwortung der Anfrage: *Zusagen*, *Mit Vorbehalt*, *Ablehnen* und *Andere Zeit vorschlagen* (sofern von Organisator nicht unterbunden). Über diese Schaltflächen reagieren Sie auf die Besprechungsanfrage. Durch Anklicken einer Antwortschaltfläche erhalten Sie Alternativen zur Versendung: *Antwort vor dem Senden bearbeiten*, *Antwort jetzt senden*, *Keine Antwort senden*. Für eine Absage oder eine Antwort mit Vorbehalt ist eine Erläuterung oft angemessen. Wählen Sie in diesem Fall *Antwort vor dem Senden bearbeiten* aus.

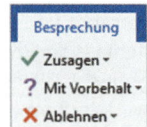

Wenn Sie die Besprechungsanfrage nicht im Lesebereich anzeigen, sondern mit einem Doppelklick die E-Mail geöffnet haben, finden Sie die Schaltflächen für Zu- und Absage auf der Registerkarte *Besprechung*.

**Bedeutung der Schaltflächen**

▶ *Zusagen*: Die Daten der Besprechungsanfrage werden in Ihren Kalender einge-   ✓
tragen mit dem Status *Beschäftigt*.

▶ *Mit Vorbehalt*: Die Besprechungsanfrage erscheint als Termin im Kalender, wird   ?
allerdings als *Mit Vorbehalt* gekennzeichnet.

▶ *Ablehnen*: Durch Ihre Absage wird die Besprechungsanfrage nicht als Termin im   ✗
Kalender vermerkt. Sollten sich seitens des Organisators der Besprechung Änderungen ergeben, werden Sie dennoch informiert.

▶ *Andere Zeit vorschlagen:* Sie können ein anderes Datum oder eine andere Uhrzeit
vorschlagen, in Verbindung mit einer Absage oder einer vorbehaltlichen Zusage.

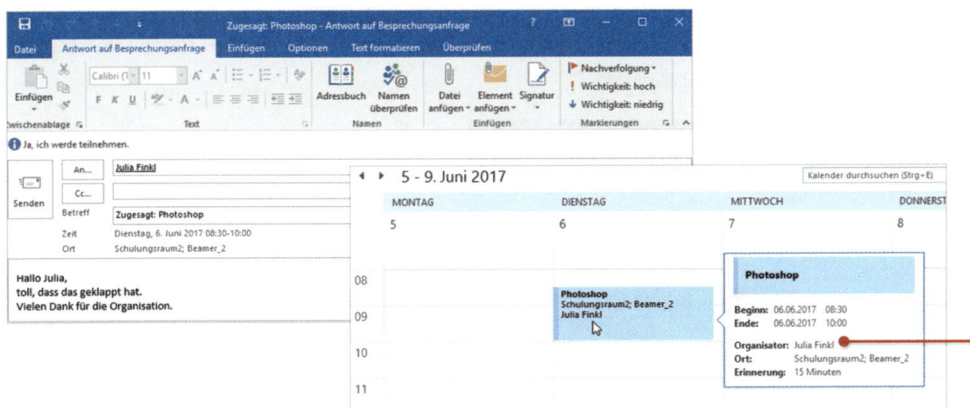

Bei einer Zusage zu
einer Besprechung wird
der Termin automatisch
in den Kalender einge-
tragen. Hier wird auch
der Organisator der
Besprechung vermerkt.

Falls Sie wissen möchten, wann Sie einen Termin zugesagt haben, öffnen Sie den Termin mit einem Doppelklick. In der Infoleiste erfahren Sie, wann Sie geantwortet haben.

**Termin nachträglich absagen oder verbindlich zusagen**

Sie können zu einem späteren Zeitpunkt Ihre definitive oder vorbehaltliche Zusage
ändern. Markieren Sie dazu den Termin im Kalender und wählen Sie auf der kontextbe-
zogenen Registerkarte *Kalendertools - Besprechung* eine andere Antwort aus. Bei einer
Korrektur überschreibt immer die letzte Reaktion die vorherige(n).

## Antworten auf eine Besprechungsanfrage auswerten

Nachdem Sie eine Besprechungsanfrage verschickt haben, erhalten Sie die Antworten der eingeladenen Teilnehmer im *Posteingang*. Schon am Betreff und am Symbol erkennen Sie, wer zugesagt, abgelehnt oder mit Vorbehalt geantwortet hat.

Um zu erfahren, wer zu Ihrer Besprechung kommt, müssen Sie die Zu- und Absagen nicht umständlich im *Posteingang* heraussuchen. Die Statusanzeige der Besprechungsabfrage gibt darüber Auskunft.

▶ Öffnen Sie im *Kalender* die Besprechung mit einem Doppelklick. In der Infoleiste des Formulars erhalten Sie den aktuellen Stand der Antworten.

▶ Über *Besprechung* ▸ Gruppe *Anzeigen* ▸ *Status* finden Sie detailliert heraus, wer ab- oder zugesagt hat. Über *Besprechung* ▸ Gruppe *Anzeigen* ▸ *Termin* kehren Sie zur vorigen Ansicht zurück.

*Zusammenfassung aller Antworten*

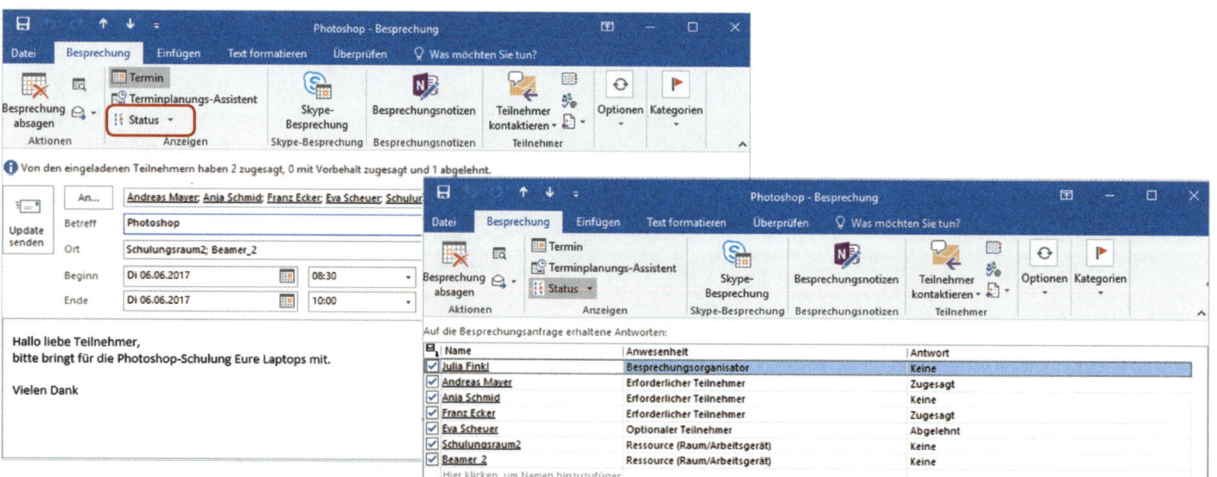

Sofern der Personenbereich angezeigt wird, sehen Sie im Besprechungsformular sehr übersichtlich, welche Teilnehmer zugesagt, abgesagt oder noch nicht geantwortet haben.

Den Personenbereich aktivieren Sie in jedem Funktionsbereich gleichermaßen über *Ansicht* ▸ *Personenbereich* ▸ *Normal*.

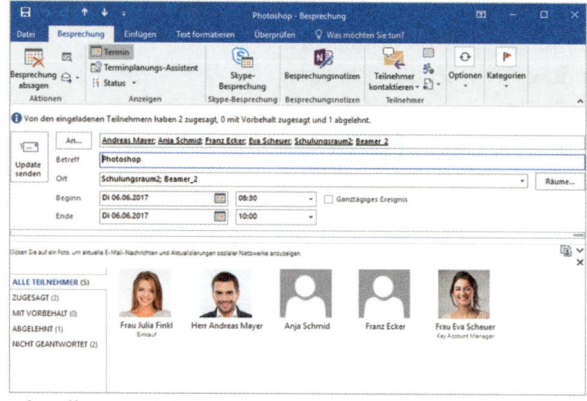

*Aktueller Stand der Antworten im Personenbereich*

## Besprechung verschieben oder absagen

### Besprechungsdaten ändern

Nimmt der Organisator Änderungen an den Besprechungsdetails vor, müssen die Teilnehmer unterrichtet werden: Klicken Sie dazu nach erfolgter Änderung im Besprechungsformular auf die Schaltfläche *Senden*. Das Besprechungsformular kann nicht geschlossen werden, ohne geänderte Details zu versenden.

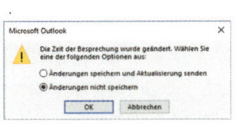

Alle Änderungen werden den Teilnehmern in Form einer E-Mail übersandt. Die Änderungen sind in oranger Schrift hervorgehoben. Die Teilnehmer müssen erneut über die Schaltflächen zu- oder absagen. Auch Teilnehmer, die die Besprechung abgesagt haben, erhalten die Änderungsinformationen, da der Teilnehmer ja zum neuen Termin verfügbar sein könnte.

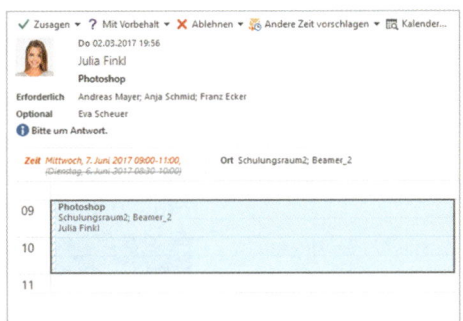

*Mitteilung über Terminänderungen*

### Besprechung absagen

Eine Besprechung kann nur vom Organisator – also dem Ersteller der Besprechungsanfrage – abgesagt werden.

▶ Markieren Sie die Besprechung im Kalender. Klicken Sie auf *Besprechung* ▶ Gruppe *Aktionen* ▶ *Besprechung absagen*.

▶ Übermitteln Sie die Information an die anderen Teilnehmer über die Schaltfläche *Absage senden*. Die Besprechung wird aus dem Kalender des Organisators gelöscht.

Die Teilnehmer erhalten eine Absage der Besprechung. Mit Erhalt der Absage wird die Besprechung im Kalender als *Abgesagt* ausgewiesen. Die im Posteingang vorliegende Absage enthält die Schaltfläche *Vom Kalender entfernen*, über die Sie die Besprechung aus dem Kalender löschen können.

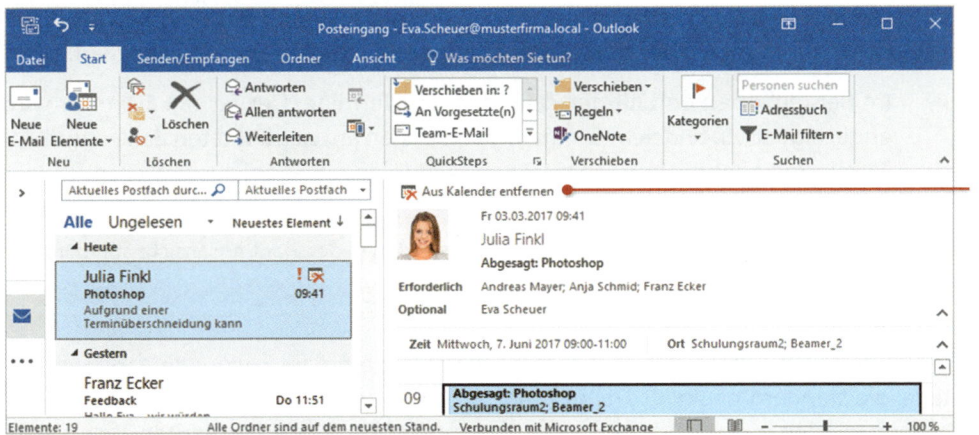

*Besprechung wird abgesagt*

Besprechungstermin aus dem eigenen Kalender löschen

## Planungsansicht verwenden

Ein weiteres nützliches Mittel zur Organisation von Besprechungen und anderer Termine ist die Planungsansicht. Durch die Möglichkeit Kalender von Kollegen untereinander anzuzeigen, sehen Sie auf einen Blick, wann wer Zeit hat. Voraussetzung für die Nutzung ist allerdings, dass Outlook mit einem Microsoft Exchange Server verbunden ist. Die Darstellung innerhalb der Planungsansicht ist vergleichbar mit dem Terminplanungs-Assistenten für Besprechungen.

### Planungsansicht anzeigen und anpassen

Die Planungsansicht wird im Register *Start*, Gruppe *Anordnen* und Anklicken der Schaltfläche *Planungsansicht* aufgerufen. Zunächst wird nur der eigene Kalender angezeigt. Dieser verläuft entlang eines horizontalen Zeitstrahls. Beachten Sie die horizontale Bildlaufleiste.

*Auswahl Planungsansicht*

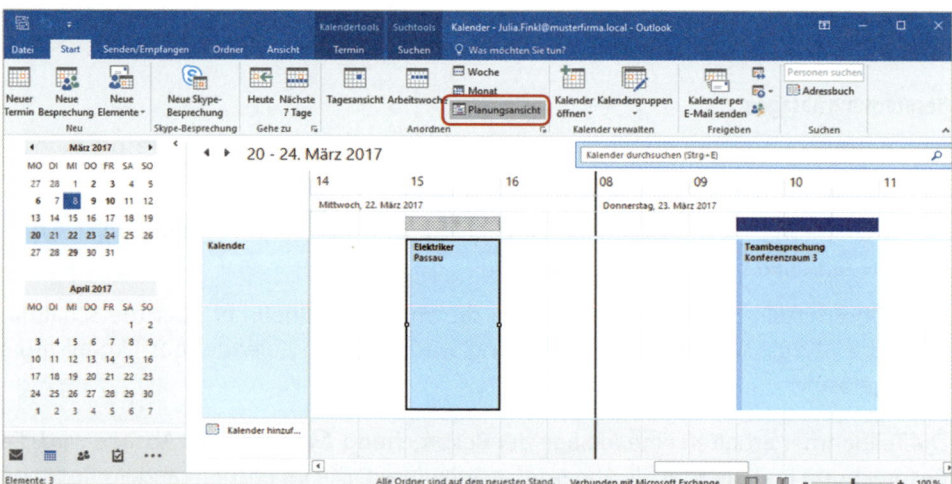

▶ Wenn Sie von der Tagesansicht in die Planungsansicht wechseln, wird in der Planungsansicht nur dieser Tag angezeigt. Wechseln Sie von der Ansicht Arbeitswoche in die Planungsansicht werden die Tage Montag bis Freitag angezeigt.

▶ Im Beispiel oben enthält der Kalender zwei Termine. Der Termin *Elektriker* wird angezeigt als *An anderem Ort tätig*, zu erkennen am gepunkteten Balken und der Termin *Teambesprechung* ist als *Beschäftigt* (blauer Balken) ausgewiesen.

> Termine, die Sie als *Frei* gekennzeichnet haben, werden in der Planungsansicht standardmäßig nicht angezeigt!

Durch diese Einstellung wird hauptsächlich verhindert, dass Ereignisse, z. B. Geburtstage, die standardmäßig als *Frei* gekennzeichnet werden, in der Planungsansicht angezeigt werden und die Besprechungsplanung unübersichtlich gestalten. Wenn allerdings ihre Kollegen einen ganztägigen Messebesuch als Ereignis, Kennzeichnung *Frei* anlegen, dann wird auch dieser Termin nicht in der Planungsansicht angezeigt. Um auf alle Eventualitäten vorbereitet zu sein, können Sie über Datei Optionen Kalender Abschnitt Anzeigeoptionen In Planungsansicht freie Termine anzeigen festlegen, dass auch Termine mit der Kennzeichnung Frei in der Planungsansicht angezeigt werden.

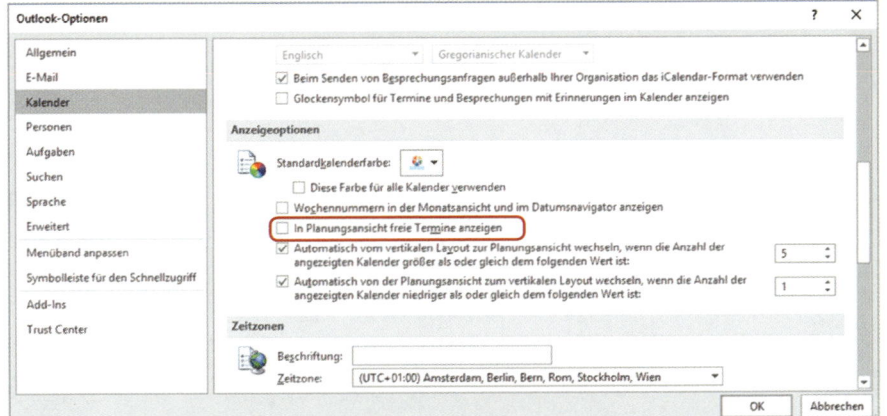

*Outlook-Optionen: Freie Termine in der Planungsansicht anzeigen*

▶ Mit dem Zoom (Statusleiste) bzw. dem Befehl *Ansicht* ▶ *Anordnung* ▶ *Zeitskala* bestimmen Sie in wie viele Zeiteinheiten eine Stunde unterteilt wird und entscheiden so auch, wie viel Platz für die Anzeige des Terminbetreffs zur Verfügung steht.

**Kalender von Kollegen hinzufügen**

▶ Verfügen Sie bereits über freigegebene Kalender von Kollegen so können Sie diese durch Setzen eines Häkchens ❶ (siehe Grafik nächste Seite) vor dem entsprechenden Namen im Ordnerbereich jetzt anzeigen.

▶ Ist dies nicht der Fall, geben Sie im Feld *Kalender hinzufügen* ❷ den Namen eines Kollegen ein oder klicken Sie auf das Adressbuch, um einen Namen auszuwählen. Bestätigen Sie die Aktion. Der Kalender wird in der Planungsansicht angezeigt und wurde bei *Freigegebene Kalender* im Ordnerbereich hinzugefügt. Da der Kalender von seinem Besitzer nicht explizit für Sie freigegeben wurde, sind im Moment nur freie und gebuchte Zeiten sichtbar, aber keine Detailinformationen. Auf diese Weise können nur Kalender von Personen innerhalb Ihrer Organisation hinzugefügt werden. Außerdem muss am Exchange Server vereinbart worden sein, dass Kalendertermine von Personen innerhalb einer Organisation als frei bzw. gebucht angezeigt werden.

▶ Falls freie/gebuchte Zeiten nicht angezeigt werden oder Sie weitere Informationen benötigen, muss eine Freigabeanfrage gesendet werden. Klicken Sie dazu auf die Schaltfläche in der Planungsansicht ▦ ❸. Wie Sie mit der Freigabeanfrage weiter verfahren, lesen Sie auf Seite 177.

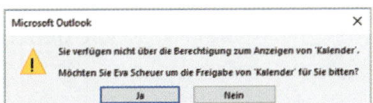

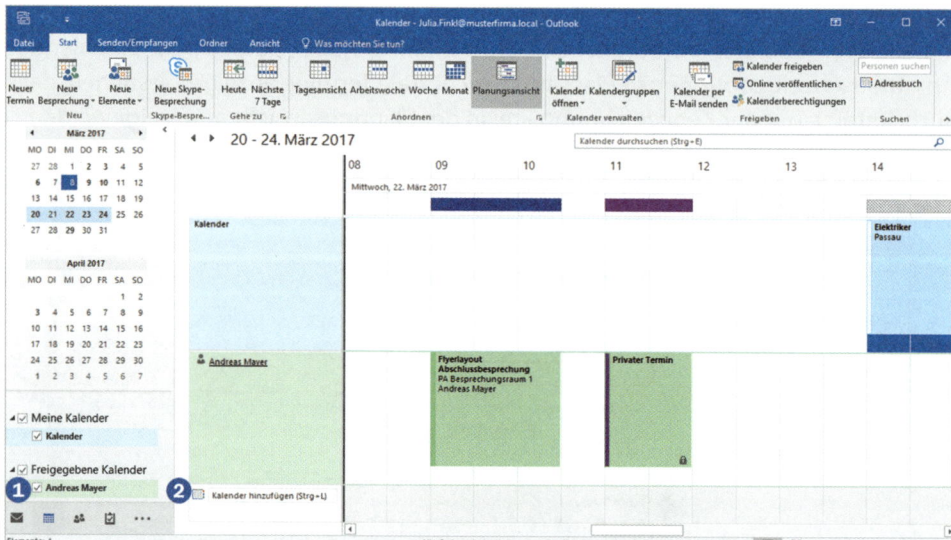

Aktivieren ❶, um Kalender von Andreas Mayer in der Planungsansicht anzuzeigen

Anklicken ❷ um einen Kalender eines weiteren Kollegen hinzuzufügen

Der Kalender von Eva Scheuer wurde über *Kalender hinzufügen* in der Planungsansicht angezeigt. Da der Kalender nicht freigegeben wurde, werden nur freie und gebuchte Zeiten angezeigt und keine näheren Informationen.

Klicken Sie das Symbol ❸ an, um die Kollegin zu bitten, den Kalender für Sie freizugeben.

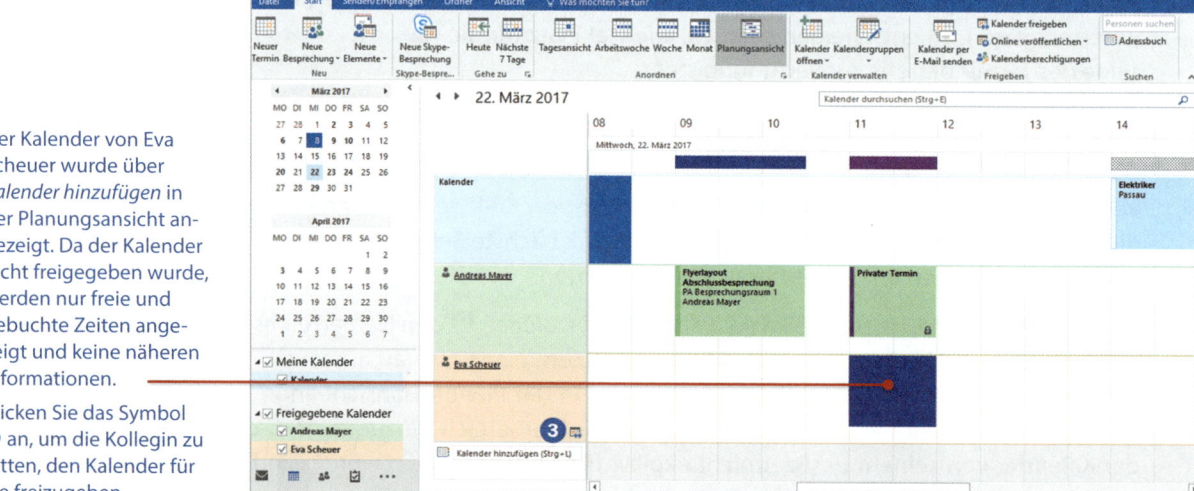

### Termin oder Besprechung eintragen

Zur Festlegung eines Termins bzw. einer Besprechung klicken Sie doppelt auf einen Bereich innerhalb der Planungsansicht. Das entsprechende Formular öffnet sich und Sie gehen vor, wie gewohnt.

## 4.8 Zusätzliche Kalender anlegen

Sie können weitere Kalender anlegen, um beispielsweise private von geschäftlichen Terminen zu trennen.

**1** Klicken Sie im Ordnerbereich mit der rechten Maustaste auf *Kalender* und wählen Sie im Kontextmenü *Neuer Kalender* aus.

Sollte *Kalender* im Ordnerbereich nicht sichtbar sein, klicken Sie auf das weiße Dreieck vor *Meine Kalender*.

**2** Tragen Sie bei *Name* den Namen des neuen Kalenders ein und bestätigen Sie die Eingabe mit *OK*.

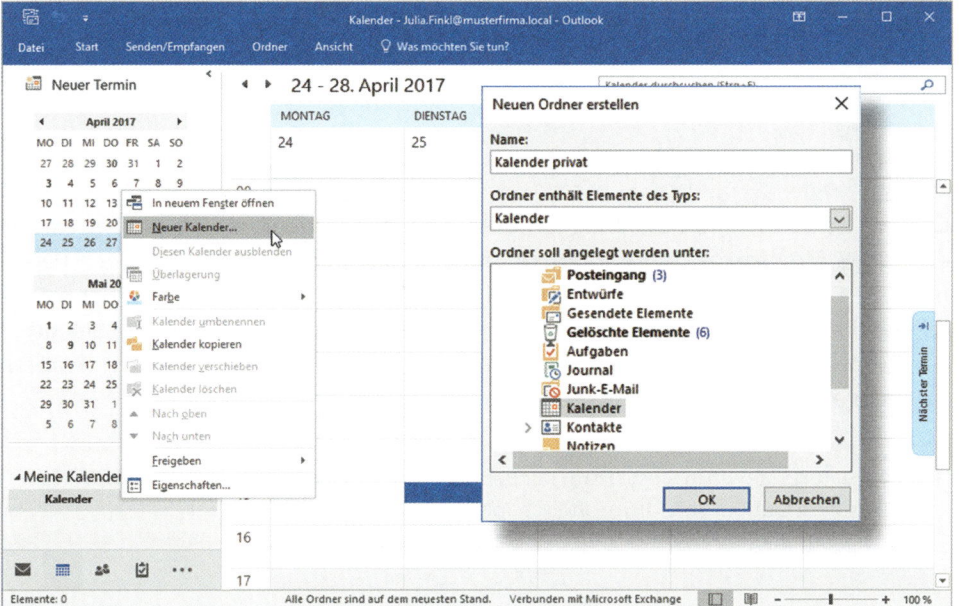

*Neuen Kalender erstellen*

Im Ordnerbereich wird der neue Kalender angezeigt. Aktivieren Sie den neuen Kalender durch Anklicken. Dieser wird neben Ihrem Standardkalender dargestellt. Um einen Kalender auszublenden, deaktivieren Sie das Kontrollkästchen vor dem Kalender. Wie Sie mit der Darstellung mehrerer Kalender arbeiten können, erfahren Sie im Abschnitt 4.9.

Wenn Sie mit mehreren Kalendern arbeiten, benötigen Sie für diese unter Umständen mehr Platz im Ordnerbereich und verzichten dafür lieber auf einen der beiden Datumsnavigatoren. Zum Ausblenden eines Navigators zeigen Sie mit der Maus auf die Trennlinie zwischen Meine Kalender und den Datumsnavigatoren und ziehen bei gedrückter Maustaste die Trennlinie nach oben.

*Neuer Kalender privat*

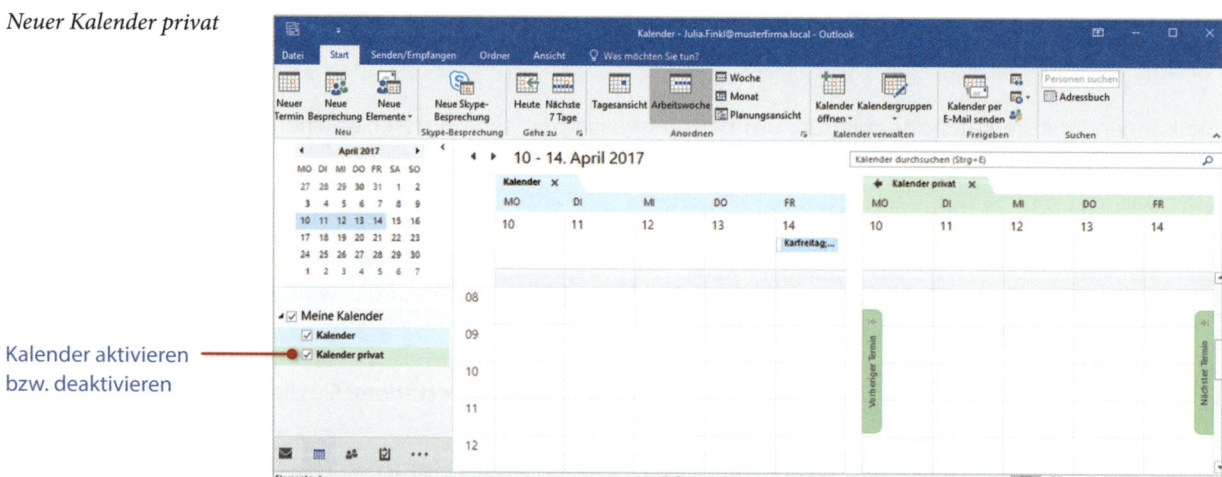

Kalender aktivieren
bzw. deaktivieren

## 4.9    Kalender anderen Personen zur Verfügung stellen

Oftmals ist es wichtig, dass Kollegen untereinander Termine einsehen können. Die
einfachste Möglichkeit, diese Informationen weiterzugeben, ist, bestimmten Personen eine Freigabeberechtigung für den eigenen Kalender zu erteilen. Darüber hinaus
können Kalender auch gemeinsam genutzt werden, beispielsweise um die Belegung
von Besprechungsräumen zu koordinieren. Hierzu legt ein Mitarbeiter einen weiteren
Kalender an und gibt diesen für die Kollegen frei.

> **!**   Diese Features stehen in dieser Form nur Benutzern innerhalb eines Netzwerkes zur Verfü-
> gung, sofern Outlook mit Microsoft Exchange verbunden ist.

### Kalender freigeben

Die wichtigste Frage bei der Freigabe von Kalendern ist: Darf der andere meinen Kalender nur anschauen oder soll er auch etwas eintragen können? Outlook unterscheidet hier zwischen der Freigabe Ihres Standardkalenders und eines weiteren, erstellten
Kalenders.

▶   Die Freigabe Ihres Standardkalenders dient primär der Information von Kollegen
und berechtigt diese in der Standardeinstellung nur zum Lesen der Kalenderin-
halte.

▶   Für weitere Kalender können, mit der Freigabe des Kalenders, Rechte zum Eintragen von Terminen etc. vergeben werden.

▶   Alle Einstellungen können auch nachträglich verändert werden.

**Freigabeeinladung für den persönlichen Outlook-Kalender**

1   Verfügen Sie über mehrere Kalender, wählen Sie zunächst den Kalender aus, den Sie freigeben möchten. Deaktivieren Sie die Kontrollkästchen bei allen anderen Kalendern, die Sie nicht freigeben möchten.

2   Klicken Sie auf *Start* ▸ Gruppe *Freigeben* ▸ *Kalender freigeben*. Das Formular *Freigabeeinladung* öffnet sich.

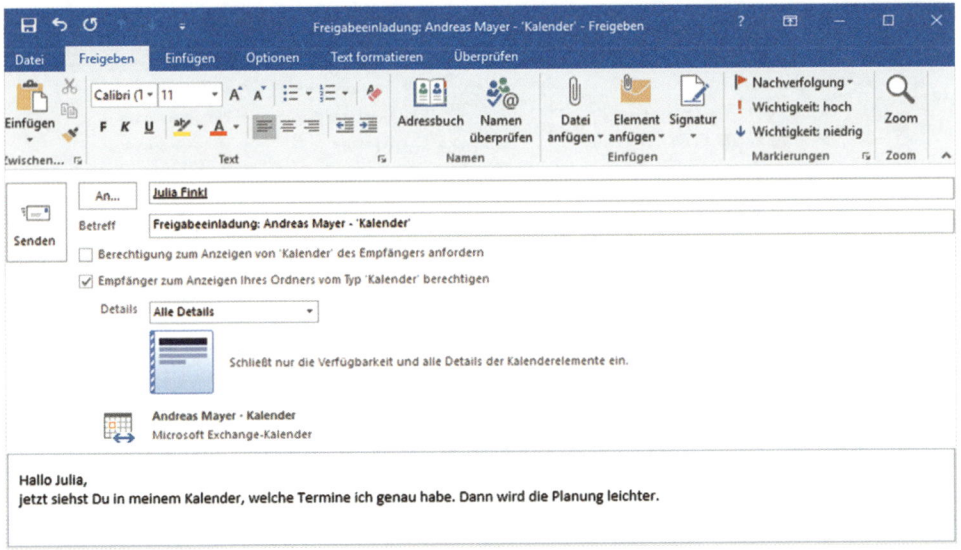

*Freigabeeinladung für Standard-Kalender*

3   Über die Schaltfläche *An* wählen Sie die Empfänger aus, die eine Freigabeeinladung für Ihren Kalender erhalten sollen.

4   Anhand des Kalendernamens im Betreff können Sie nochmals überprüfen, dass die Freigabeberechtigung für den korrekten Kalender erteilt wird.

5   Möchten Sie im Gegenzug eine Freigabeberechtigung für den Kalender des Empfängers erhalten, so aktivieren Sie das Kontrollkästchen vor *Berechtigung zum Anzeigen von Kalender des Empfängers anfordern*.

6   Über das Listenfeld bei *Details* stellen Sie ein, wie viel Informationen der andere Ihrem Kalender entnehmen soll, z. B. Anzeige des Betreffs (Termindetails) oder nur frei, gebucht etc.

7   Klicken Sie auf die Schaltfläche *Senden* und bestätigen Sie das folgende Dialogfenster über die Schaltfläche *Ja.*

> Noch hat keiner der Empfänger das Recht, einen Termin in Ihren Kalender einzutragen. Falls gewünscht, muss das gesondert eingestellt werden.

### Freigabeeinladung für einen weiteren Kalender

Beispiel: Sie haben einen Kalender Besprechungsraum erstellt. Dieser dient der Koordinierung der Raumbelegung und soll für alle Mitarbeiter freigegeben werden. Die Freigabeeinladung ermöglicht Ihnen, bei einem zusätzlich erstellten Kalender automatisch weitere Rechte einzuräumen. Durch Setzen des Häkchens erlauben Sie den Empfängern, Termine in den Kalender einzutragen und zu löschen.

*Freigabeeinladung für weitere Kalender*

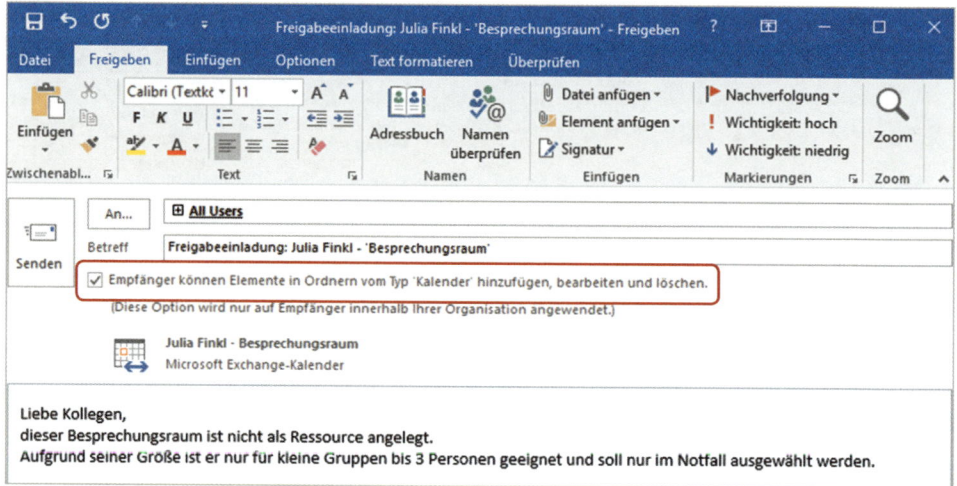

### Private Termine

Enthält der freigegebene Kalender auch private Termine, sollten Sie diese als *Privat* kennzeichnen. Personen, die eine Freigabe für diesen Kalender erhalten haben, sehen dann keine Details zum Termin. Um einen Termin als Privat zu kennzeichnen, markieren Sie den Termin und wählen *Termin* ▶ Gruppe *Kategorien* ▶ *Privat*.

*Privater Termin*

Ein als privat gekennzeichneter Termin wird im eigenen Kalender mit Betreff angezeigt. Derselbe Termin wird bei Kollegen, die eine Freigabe für den Kalender erhalten haben nur als Privater Termin ohne weitere Einzelheiten angezeigt. Private Termine sind von der Detailanzeige ausgenommen.

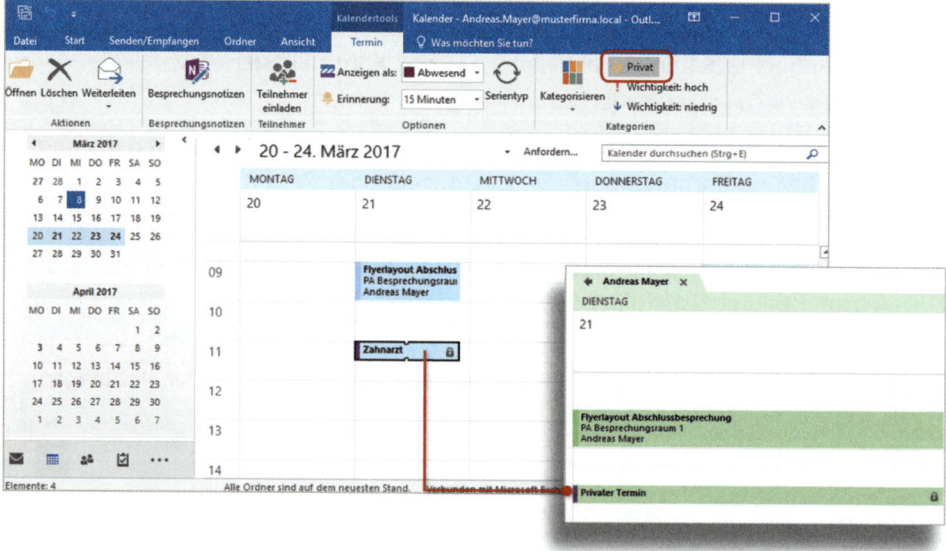

**Kalenderberechtigung ändern**

Mit der Freigabe Ihres Standardkalenders erteilen Sie einer Person oder einer Gruppe in der Regel das Recht, Ihren Kalender anzuzeigen. Soll ein Kollege auch Termine eintragen können, müssen die Kalenderberechtigungen erweitert werden. Klicken Sie auf *Start* ▶ Gruppe *Freigeben* ▶ *Kalenderberechtigungen*.

Im Dialogfenster *Kalender: Eigenschaften* wird das Register *Berechtigungen* angezeigt. Hier können die Freigabeberechtigungen für Ihren Kalender geändert werden:

**1** Zunächst müssen Sie den Namen der Person markieren, der Sie weitere Rechte einräumen möchten. Ist diese Person noch nicht in der Liste, können Sie sie mit der Schaltfläche *Hinzufügen* aufnehmen.

**2** Über das Listenfeld können Sie bei *Berechtigungsstufe* eine andere Stufe auswählen. Die Stufen sind hier nach Level sortiert. *Besitzer* gewährt maximale Rechte, *Frei/ Gebucht-Zeit* berechtigt lediglich zur Anzeige der Verfügbarkeit. Mit der Berechtigungsstufe *Autor* ermöglichen Sie dem Kollegen beispielsweise Termine einzutragen, diese zu bearbeiten und ggf. auch wieder zu löschen. Termine, die Sie festgelegt haben, können mit dieser Berechtigungsstufe nicht verändert werden.

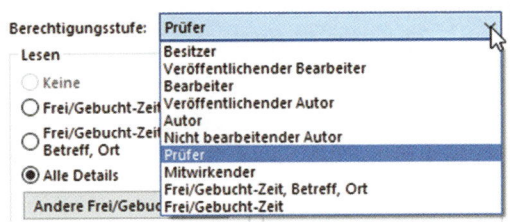

Im unteren Teil des Fensters sehen Sie die Rechte, die aufgrund der ausgewählten Berechtigungsstufe vergeben werden. Natürlich können Sie durch Anklicken der Kontrollkästchen die einzelnen Rechte individuell aktivieren bzw. deaktivieren. Die *Berechtigungsstufe* wechselt dann auf *Benutzerdefiniert*.

**3** Bestätigen Sie die Einstellungen über die Schaltfläche *OK*.

*Einstellen der Freigabeberechtigungen*

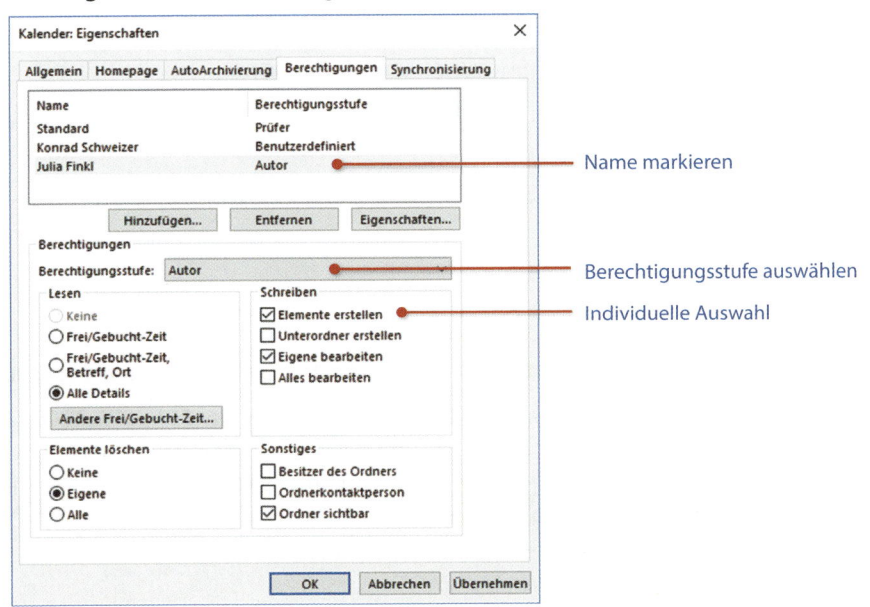

### Kalenderberechtigung entziehen

Über die Schaltfläche *Entfernen* wird markierten Personen das Recht entzogen, Termine Ihres Kalenders einzusehen. Zwar wird Ihr Kalender bei der Person noch angezeigt, neue Termine aber nicht mehr eingetragen.

## Freigegebenen Kalender öffnen

Wurde Ihnen die Freigabe für einen fremden Kalender erteilt, erhalten Sie eine **Freigabeeinladung** via E-Mail übersandt. Die E-Mail enthält die Schaltfläche *Kalender öffnen*, über die Sie den freigegebenen Kalender Ihres Kollegen in Ihren Outlook-Funktionsbereich *Kalender* integrieren.

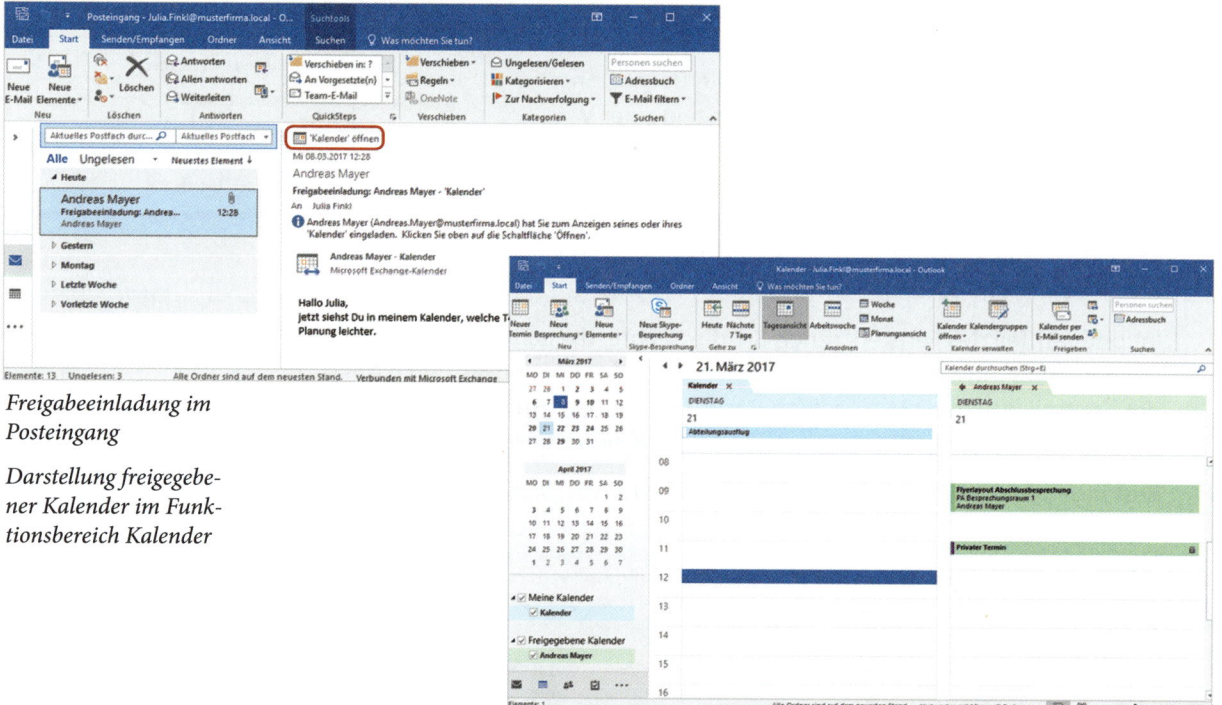

*Freigabeeinladung im Posteingang*

*Darstellung freigegebener Kalender im Funktionsbereich Kalender*

### Besonderheit: Mit Freigabe eines Kalenders wird der Zugriff auf den Kalender des Empfängers erbeten

Wenn gleichzeitig mit der Freigabe eines Kalenders darum ersucht wird, auch Zugriff auf den Kalender des Empfängers zu erhalten (zusätzliche Auswahl von *Berechtigung zum Anzeigen von Kalender des Empfängers anfordern*), erhält der Empfänger mit der Freigabeeinladung auch eine **Freigabeanfrage**. Er muss dann zusätzlich den Zugriff auf seinen Kalender erlauben oder verwehren durch Anklicken von *Erteilen* bzw. *Verweigern* im Lesebereich der E-Mail.

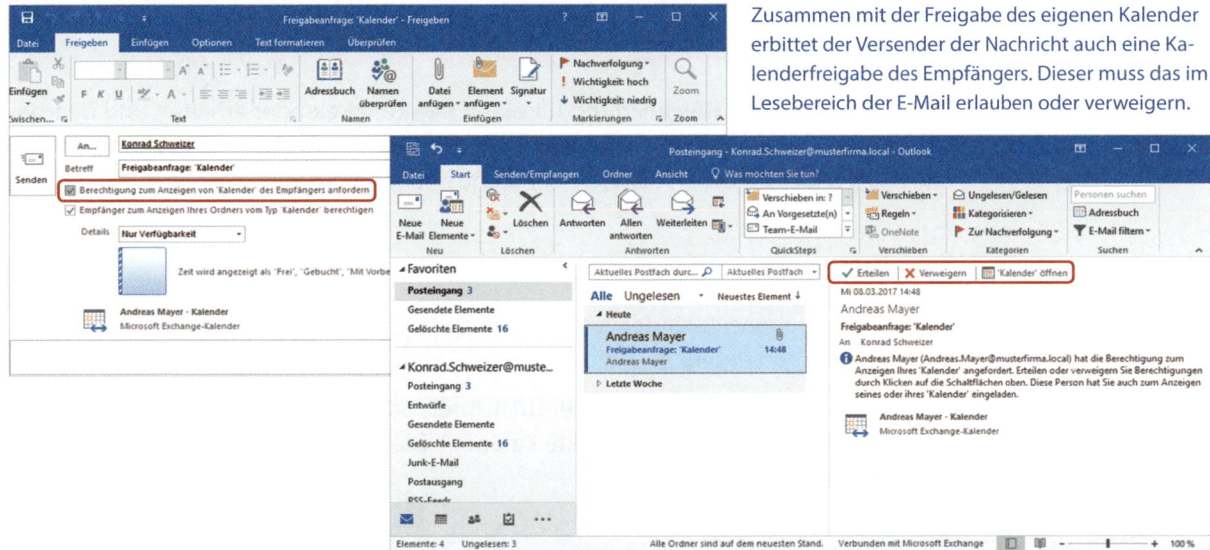

Zusammen mit der Freigabe des eigenen Kalender erbittet der Versender der Nachricht auch eine Kalenderfreigabe des Empfängers. Dieser muss das im Lesebereich der E-Mail erlauben oder verweigern.

### Automatische Freigabe

Unter Umständen hat der Administrator die Kalender innerhalb einer Organisation freigegeben, d.h. jeder Benutzer hat die Berechtigung, die freien und gebuchten Zeiten in Kalendern von Kollegen einzusehen. Dann muss kein Anwender einem anderen explizit Rechte einräumen.

Um in diesem Fall einen Kalender anzuzeigen, klicken Sie auf *Start* ▸ Gruppe *Kalender verwalten* ▸ *Kalender öffnen* ▸ *Freigegebenen Kalender öffnen*. Im folgenden Dialogfenster wählen Sie über die Schaltfläche *Name* die Person aus oder tragen den Namen der Person ein und bestätigen mit *OK*.

## 4.10    Anzeige mehrerer Kalender

Haben Sie eine Freigabeeinladung für einen fremden Kalender erhalten und bearbeitet, wird der freigegebene Kalender im Ordnerbereich des Funktionsbereichs Kalender angezeigt. Auch selbst erstellte, neue Kalender erscheinen hier.

### Kalendergruppen

Sofern freigegebene Kalender vorhanden sind, werden von Outlook automatisch zwei Kalendergruppen gebildet:

▶ Die Gruppe *Meine Kalender* enthält Ihren Standard-Kalender und gegebenenfalls weitere persönlich erstellte Kalender. Diese Gruppe kann weder umbenannt noch gelöscht werden.

▶ Die Gruppe *Freigegebene Kalender* enthält Verweise auf fremde Kalender. Diese Gruppe kann zwar auch nicht umbenannt, aber gelöscht werden. Dabei werden nur die Verweise auf die anderen Kalender entfernt.

### Anzeige aktivieren bzw. deaktivieren

Durch Aktivierung bzw. Deaktivierung des Kontrollkästchens vor dem Kalender wird dieser ein- bzw. ausgeblendet. Mit den Kontrollkästchen vor den Gruppen, können alle Kalender einer Gruppe mit einem Klick ein- bzw. ausgeblendet werden. Wenn Sie mehr als einen Kalender aktiviert haben, werden diese in der Regel nebeneinander dargestellt. Dabei spielt es keine Rolle, ob es sich um eigene und / oder freigegebene Kalender handelt. In den Registerfahnen steht der Name des Kalenders.

*mehrere Kalender nebeneinander anzeigen*

▶ Durch Anklicken der Registerfahne **❶** wählen Sie einen Kalender zur Bearbeitung aus, z. B. *Besprechungsraum.* Sofern es ein eigener Kalender ist oder Sie die entsprechenden Rechte besitzen, können selbstverständlich auch in dieser Anzeige Termine eingetragen werden.

▶ Auf den aktiven Kalender bezieht sich auch die Sofortsuche **❷**.

▶ Für den ausgewählten Kalender können Sie über *Ansicht* ▶ Gruppe *Anordnung* ▶ *Farbe* eine andere Farbe festlegen.

▶ Durch Anklicken der Schließen-Schaltfläche **❸** blenden Sie einen aktivierten Kalender wieder aus.

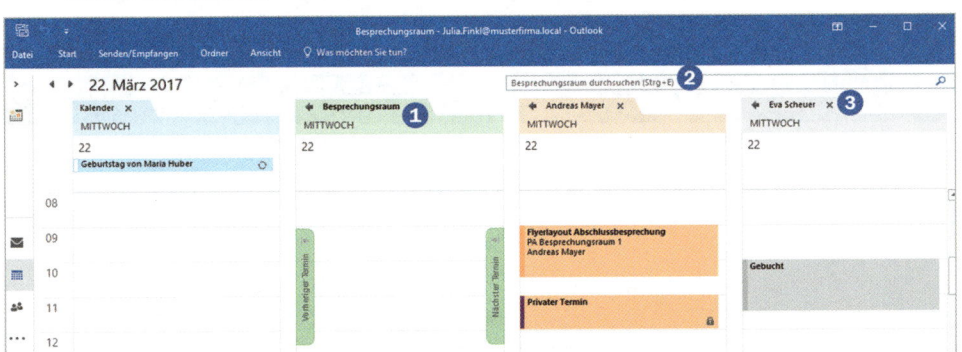

*Kalender bearbeiten*

> Freigegebene und weitere persönliche Kalender können nur in den Ansichten *Kalender* und *Vorschau* dargestellt werden.

Die Kalender werden nicht nebeneinander dargestellt...

▶ Wenn Sie die Anordnung *Überlagerung* ausgewählt haben (siehe nächster Abschnitt).

▶ Wenn die Kalendergrenze erreicht ist (standardmäßig maximal 5 Kalender), wechselt Outlook automatisch in die *Planungsansicht*, in der die Kalender untereinander dargestellt werden.

## Überlagerung

Unter Umständen kann es zur Übersichtlichkeit beitragen, Kalender überlagert anzuzeigen. Dadurch werden die Termine aller überlagerten Kalender zum gewählten Zeitraum gemeinsam angezeigt. Nicht alle aktivierten Kalender müssen überlagert angezeigt werden. Es kann auch eine Mischform gewählt werden.

▷ Sie ändern die Darstellungen für den ausgewählten Kalender mit *Ansicht* ▶ Gruppe *Anordnung* ▶ *Überlagerung*. Um einen Kalender auszuwählen klicken Sie die Registerfahne an.

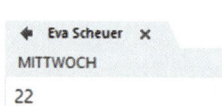

▷ Alternativ verwenden Sie zur Änderung der Anordnung die Pfeile in den Registerfahnen.

*Kalender überlagert dargestellt*

Der Kalender von Andreas Mayer ist momentan ausgewählt und kann bearbeitet werden.

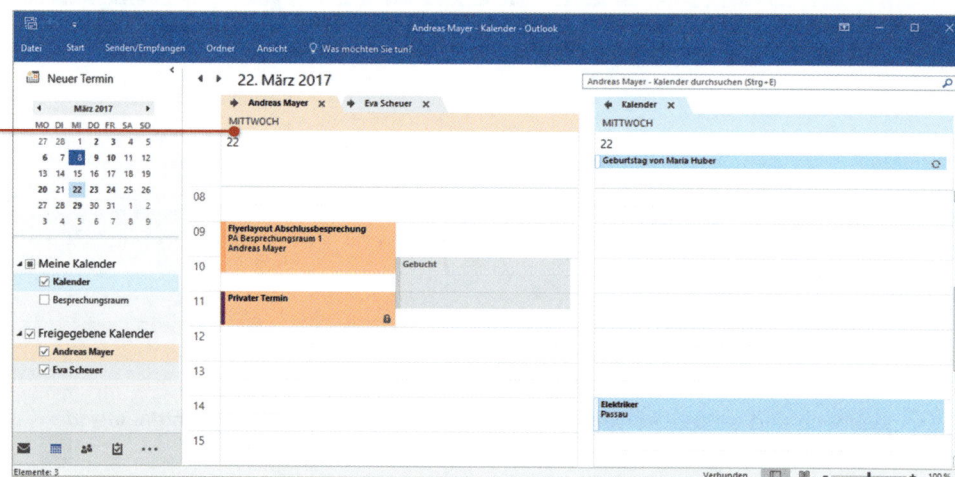

In einem Stapel von überlagerten Kalendern wird der aktive Kalender im Vordergrund angezeigt. Sie sehen das daran, dass mit seiner Farbe der Wochentag hinterlegt ist. Außerdem steht der entsprechende Name in der Titelleiste von Outlook.

## 4.11    Kalender drucken

Outlook stellt Ihnen für den Ausdruck Ihres Kalenders verschiedene Druckformate zur Verfügung. Rufen Sie diese über *Datei* ▶ *Drucken* auf.

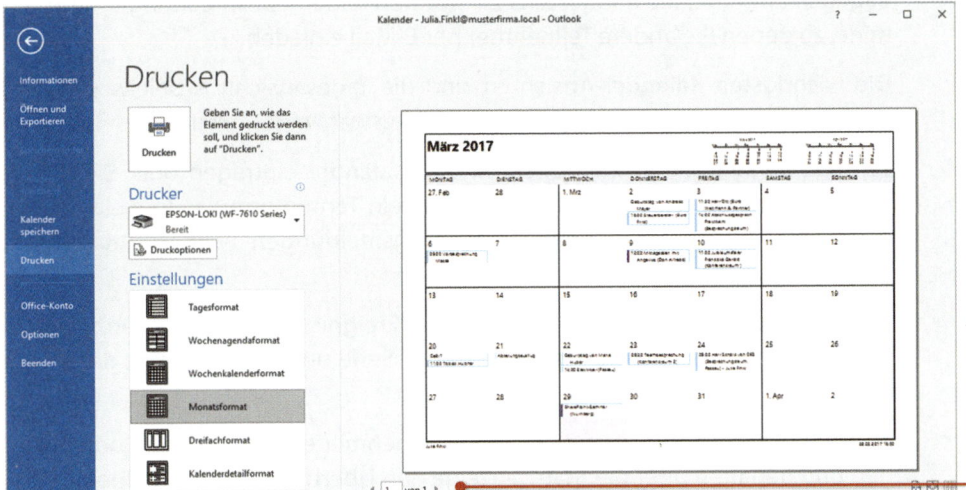

*Auswahl der Druckformate und Druckvorschau*

*Hier sehen Sie wie viele Seiten ausgedruckt werden*

Klicken Sie im Abschnitt *Einstellungen* das gewünschte Format an. Rechts erhalten Sie eine Vorschau auf den gedruckten Kalender. Ausgedruckt wird, was Sie gerade in Ihrem Kalender anzeigen. Dabei hat die gewählte Ansicht Ihres Kalenders Auswirkungen auf das Druckergebnis. Arbeiten Sie in der *Tagesansicht*, drucken Sie mit der Auswahl *Tagesformat* den angezeigten Tag aus. Wird Ihr Kalender allerdings in der Ansicht *Arbeitswoche* angezeigt, drucken Sie mit dem *Tagesformat* 5 Seiten aus – für jeden Arbeitswochentag eine. Dasselbe gilt für das *Dreifachformat*.

Über die Schaltfläche *Druckoptionen* nehmen Sie weitere Einstellungen vor:

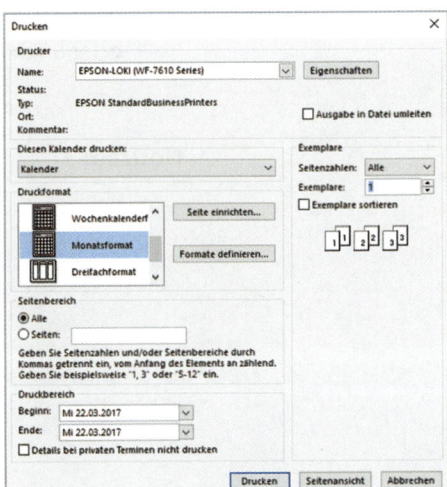

▶ **Druckbereich**: Legen Sie zunächst im Druckbereich den gewünschten Zeitraum fest, den Sie ausdrucken möchten.

▶ **Seite einrichten**: Über die Schaltfläche *Seite einrichten* passen Sie die einzelnen Formate an, z. B. Schriftart, ob die Aufgaben auch ausgedruckt werden sollen, etc.

▶ **Seitenansicht**: Über die Schaltfläche *Seitenansicht* gelangen Sie wieder zum vorherigen Fenster und können überprüfen, ob die Änderungen Ihren Wünschen entsprechen.

Zum Starten des Ausdrucks klicken Sie auf die Schaltfläche *Drucken*.

## 4.12    Zusammenfassung

▶ Bei der Termineingabe im Kalender unterscheidet Outlook zwischen mehreren Arten: Ein Termin hat einen festen Beginn und ein festes Ende. Ereignisse sind dagegen Einträge, die mindestens 24 Stunden dauern. Besprechungen sind Termine, zu denen Sie andere Teilnehmer per E-Mail einladen.

▶ Die wichtigsten Kalender-Ansichten sind die Tagesansicht, Arbeitswoche und Monat. Datumsnavigatoren erleichtern die Auswahl eines bestimmten Tages.

▶ Termine können Sie schnell direkt in den Kalender eintragen oder Sie öffnen durch einen Doppelklick auf den Kalender ein Terminformular, in welchem Sie genauere Einträge vornehmen. Erinnerungsmeldungen werden automatisch mit jedem Termin generiert.

▶ Regelmäßig wiederkehrende Termine oder Ereignisse werden als Terminserien gespeichert. Sie bestimmen das Muster der Serie und Outlook trägt die einzelnen Termine automatisch ein.

▶ Zu einer Besprechung laden Sie andere Teilnehmer ein, erhalten Zu- oder Absagen und behalten über die Statusanzeige den Überblick über die Teilnehmeranzahl.

▶ Sofern Sie Zugriff auf die Termine Ihrer Kollegen haben, können Besprechungen noch effizienter geplant werden. Der Terminplanungs-Assistent hilft, einen Termin zu finden, zu dem möglichst alle Teilnehmer verfügbar sind.

▶ Werden Sie zu einer Besprechung eingeladen, antworten Sie über die in die E-Mail integrierten Schaltflächen.

▶ In einer Microsoft Exchange-Umgebung können Sie Ihren Kalender anderen zugänglich machen. Dabei entscheiden Sie, ob Kollegen den Kalender nur lesen oder auch bearbeiten dürfen.

**Notizen:**

# 5 Aufgaben und Notizen erstellen

**In diesem Kapitel lernen Sie...**

- neue Aufgaben und Aufgabenserien zu erstellen
- wie Sie Aufgaben übertragen
- Notizen zu erstellen

**Das sollten Sie bereits wissen**

- E-Mail-Grundlagen

## 5.1   Elemente und Anordnung des Funktionsbereichs Aufgaben

Im Funktionsbereich *Aufgaben* steht Ihnen die Möglichkeit zur Verfügung, schnell Arbeitsaufträge zu notieren und mit einem Erledigungsdatum zu versehen. Sie erhalten eine übersichtliche Liste aller Aufgaben getrennt nach dem Zeitpunkt ihrer Fälligkeit, z. B. Heute oder nächste Woche. Um zur Aufgabenverwaltung zu gelangen, wählen Sie im Ordnerbereich das Funktionsbereich *Aufgaben* aus.

### Zur Unterscheidung von Terminen und Aufgaben

Vielen fällt die Unterscheidung zwischen Termin und Aufgabe schwer, was dazu führt, dass alle anfallenden Anforderungen in den Kalender eingetragen werden. Ein Grund hierfür ist sicherlich die übersichtliche Darstellung der einzelnen Tage im Kalender.

Das wichtigste Unterscheidungskriterium ist das Attribut Uhrzeit, welches immer zu einem Termin gehört. Den Termin „Mitarbeiterbesprechung" müssen Sie an einem bestimmten Tag zu einer bestimmten Uhrzeit wahrnehmen. Die Aufgabe „Reisekostenabrechnung abgeben" ist zu einem bestimmten Zeitpunkt fällig. Sie sollte bis dahin abgeschlossen sein, kann aber innerhalb eines bestimmten Zeitraums beliebig erledigt werden.

Der große Vorteil von Aufgaben ist, dass diese als erledigt markiert werden können und dadurch aus der Liste entfernt werden. Nicht erfüllte Aufgaben verbleiben in der Liste bis zu ihrer Erledigung. Ein Termin kann zwar gelöscht werden, gilt aber generell, wenn er in der Vergangenheit liegt, als wahrgenommen und wird vergessen.

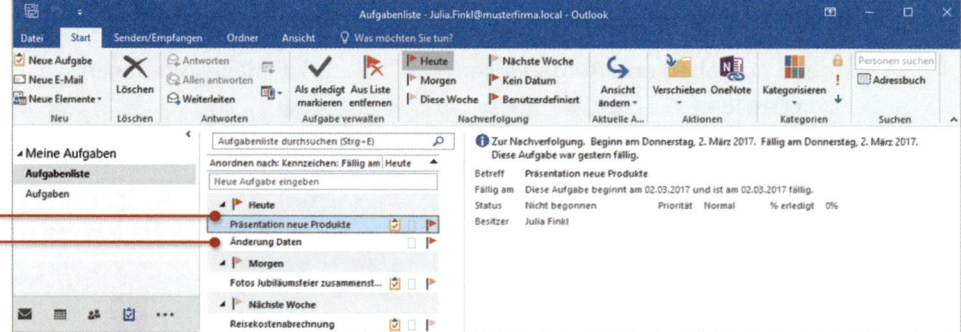

Aufgabe
Aufgabenelement:
nachverfolgte E-Mail

### Aufgabenliste und Ordner Aufgaben

Im Ordnerbereich befindet sich die *Aufgabenliste* und der Ordner *Aufgaben*. Alle in Outlook angelegten Aufgaben sind in beiden Ordnern. In der *Aufgabenliste* werden jedoch zusätzlich noch Aufgabenelemente angezeigt, die entstehen, wenn E-Mails mit einer Nachverfolgungskennzeichnung versehen werden. Ein weiterer Unterschied ist, dass im Ordner *Aufgaben* alle - auch die erledigten - Aufgaben angezeigt werden. In der *Aufgabenliste* sehen Sie nur Aufgaben, die noch nicht erledigt wurden. Zur Unterscheidung von Aufgaben und Aufgabenelementen (Nachverfolgung) wird eine Aufgabe mit Aufgabensymbol ☑ angezeigt.

## Ansicht und Anordnung

Beim Starten von Outlook wird der Inhalt der *Aufgabenliste* angezeigt. Standardmäßig ist für diesen Ordner die Ansicht *Aufgabenliste* eingestellt. In dieser Ansicht werden Aufgaben chronologisch nach Fälligkeitsdatum geordnet dargestellt. Der Ordner *Aufgaben* wird standardmäßig in der Ansicht *Einfache Liste* dargestellt.

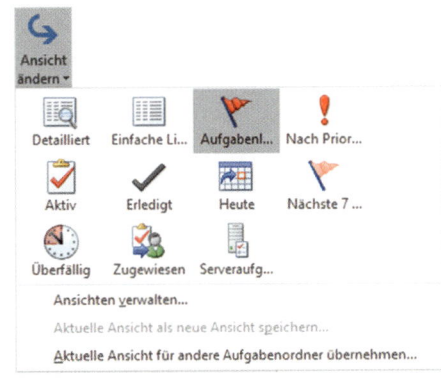

### Ansicht wechseln

Mit *Start* ▶ Gruppe *Aktuelle Ansicht* ▶ *Ansicht ändern* können Sie schnell eine andere Ansicht wählen. Andere Ansichten bieten zum Teil mehr Informationen auf einen Blick oder bieten die Möglichkeit der Filterung bestimmter Aufgaben. So zeigt beispielsweise die Ansicht *Überfällige* nur die Aufgaben an, deren Fälligkeitsdatum überschritten wurde. Achten Sie darauf, danach wieder eine Ansicht auszuwählen, die alle fälligen Aufgaben anzeigt, z. B. *Aufgabenliste*.

*Links: Anzeige Aufgabenliste*
*Rechts: Anzeige Aufgaben*

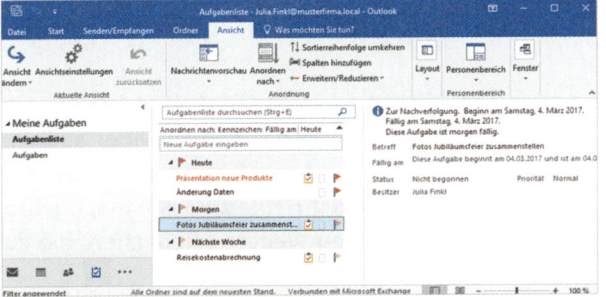

### Anordnung anpassen

Aufgaben sind standardmäßig nach dem Kriterium *Fällig am* angeordnet. Aufgaben die „überfällig" bzw. heute fällig sind werden zuerst angezeigt. Die Anordnung kann durch einen Mausklick auf die Spaltenbezeichnung *Heute* im Anzeigebereich umgekehrt werden.

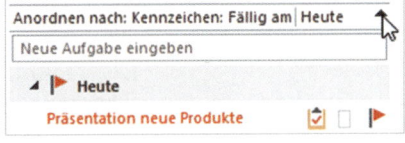

Alternative Anordnungsoptionen finden Sie auf dem Register *Ansicht* in der Gruppe *Anordnen*, z. B. *Typ* zur getrennten Anzeige der Aufgaben und nachverfolgten E-Mails (siehe Grafik nächste Seite).

Darüber hinaus sind die Aufgaben in Gruppen eingeteilt, also *Heute*, *Nächste Woche* etc. Um die Gruppenbildung ein- oder auszuschalten, klicken Sie auf die Spaltenüberschrift und im Menü auf *In Gruppen anzeigen*.

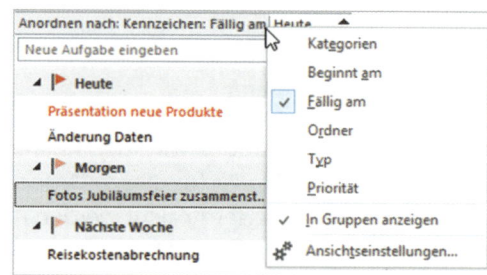

## 5.2   Aufgaben eintragen

Sie können schnell eine Aufgabe hinzufügen. Bei dieser Handhabung haben Sie nur die Möglichkeit, einen Betreff einzutragen. Die Aufgabe wird immer mit Fälligkeit *Heute* hinzugefügt. Zur Eingabe detaillierter Informationen und anderer Fälligkeiten müssen Sie ein Aufgabenformular öffnen.

### Schnelle Eingabe einer Aufgabe

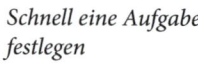

Um eine neue Aufgabe zu erfassen, klicken Sie in das Feld *Neue Aufgabe eingeben*. Dieses Feld finden Sie im Funktionsbereich *Aufgaben*, aber auch im Aufgabenpopup. Tragen Sie eine kurze Beschreibung ein und bestätigen Sie die Eingabe mit der Enter-Taste. Die Aufgabe wird mit Fälligkeit *Heute* zur Liste hinzugefügt und erscheint im Funktionsbereich *Aufgaben* und allen weiteren Bereichen, die zur Anzeige von Aufgaben geeignet sind.

*Schnell eine Aufgabe festlegen*

Eingabefeld Neue Aufgabe

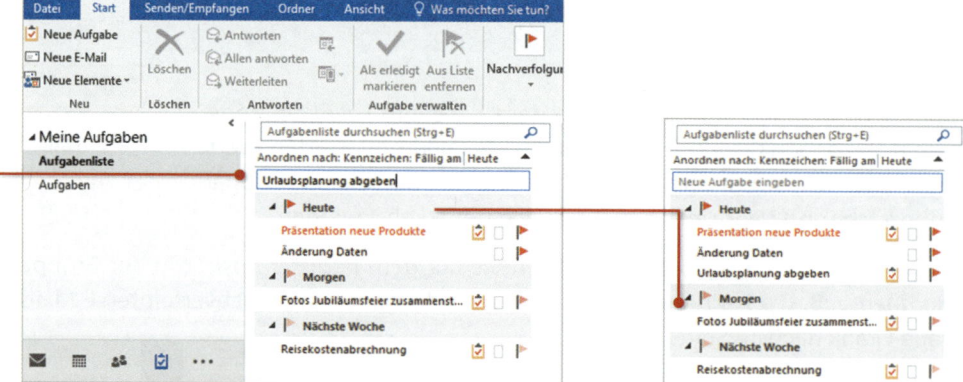

## Aufgabenformular ausfüllen

Um detaillierte Angaben zu einer Aufgabe festzulegen, öffnen Sie ein Aufgabenformular durch einen Doppelklick auf die Zeile *Neue Aufgabe eingeben* oder verwenden Sie *Start* ▶ Gruppe *Neu* ▶ *Neue Aufgabe*.

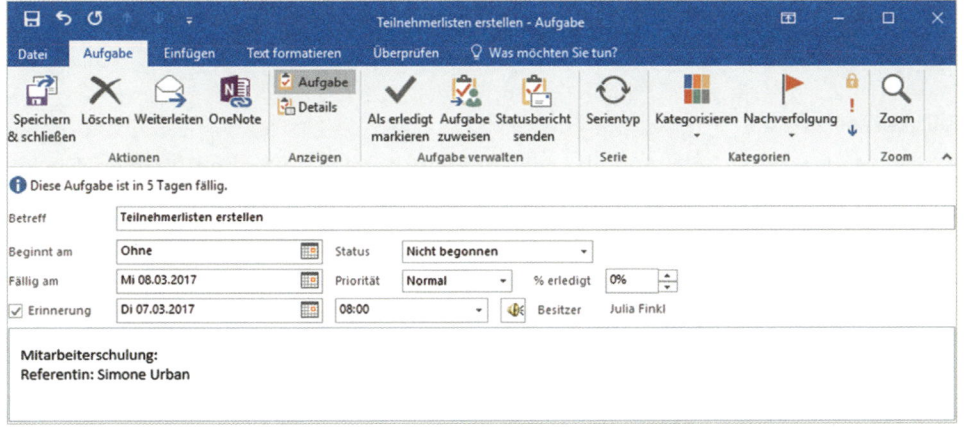

*Aufgabenformular*

▶ Geben Sie im Feld *Betreff* eine kurze Aufgabenbeschreibung ein. Diese Bezeichnung erscheint später in der Aufgabenliste.

▶ Im Feld *Beginnt am* muss kein Datum eingetragen werden, da diese Information oftmals nicht relevant ist. Sollten Sie hier allerdings ein Datum festlegen, wird dieses automatisch bei *Fällig am* übernommen. Selbstverständlich können Sie hier ein anderes Datum verwenden oder über die Schaltfläche im Kalenderblatt auswählen.

▶ Definieren Sie eine Erinnerungsmeldung für wichtige Aufgaben, indem Sie das Kontrollkästchen vor *Erinnerung* aktivieren sowie Tag und Uhrzeit der Erinnerung angeben.

▶ Geben Sie eine Beschreibung der Aufgabe oder weitere Informationen im Notizenfeld ganz unten ein.

▶ Bestätigen Sie die Eingabe über die Schaltfläche *Speichern & schließen*.

## 5.3   Aufgaben bearbeiten, erledigen und löschen

Alle gespeicherten Aufgaben erscheinen im Funktionsbereich Aufgaben, im Popup Aufgaben und natürlich auch in der Täglichen Aufgabenliste.

### Aufgabe bearbeiten

#### Fälligkeit ändern

Markieren Sie die Aufgabe im Funktionsbereich Aufgaben. Wählen Sie im Register *Start* ▸ Gruppe *Nachverfolgung* eine andere Fälligkeit, z. B. *Morgen*, *Nächste Woche* etc. durch Anklicken aus. Über *Benutzerdefiniert* können Sie ein Datum eingeben.

#### Aufgabeninformationen ändern

Um eine Aufgabe zu bearbeiten, öffnen Sie das Aufgabenformular mit einem Doppelklick auf die Aufgabe und nehmen die Änderungen vor. Speichern Sie diese über die Schaltfläche *Speichern & schließen*.

### Aufgaben erledigen

Wenn Sie eine Aufgabe erfüllt haben, sollten Sie diese als erledigt markieren. Dadurch verschwindet sie aus der Ansicht Aufgabenliste und aus dem Aufgabenpopup. Das sorgt für mehr Übersichtlichkeit, da nur Aufgaben mit Handlungsbedarf angezeigt werden.

▸ Durch Anklicken des roten Fähnchens am Ende der Aufgabe direkt im Ansichtsbereich, wird die Aufgabe als erledigt gekennzeichnet.

▸ Alternativ markieren Sie die Aufgabe und klicken auf *Start* ▸ Gruppe *Aufgabe verwalten* ▸ *Als erledigt markieren* (bzw. *Aufgabentools - Aufgabenleiste* ▸ Gruppe *Aufgabe verwalten* ▸ *Als erledigt markieren*).

Erledigte Aufgaben werden in der Aufgabenliste nicht mehr angezeigt. Klicken Sie im Ordnerbereich *Aufgaben* an, um die erledigte Aufgabe durchgestrichen anzuzeigen.

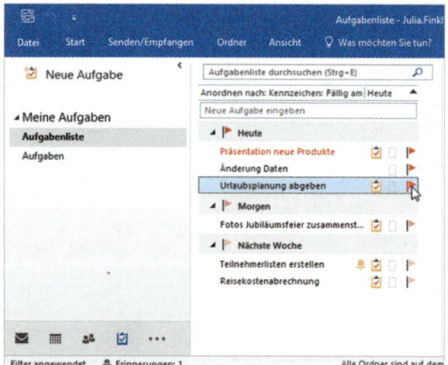
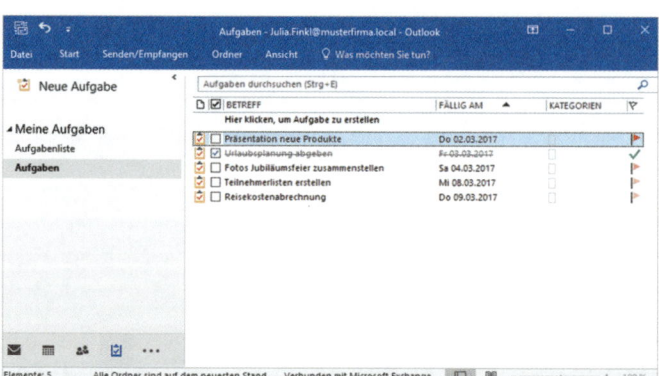

### Erledigung zurücknehmen

Fälschlicherweise als erledigt markierte Aufgaben können wieder zurückgenommen werden. Wählen Sie im Ordnerbereich *Aufgaben*. Klicken Sie dann am Zeilenende der erledigten Aufgabe auf das grüne Häkchen. Die Aufgabe erscheint nun wieder mit Fälligkeitsdatum in sämtlichen Übersichten.

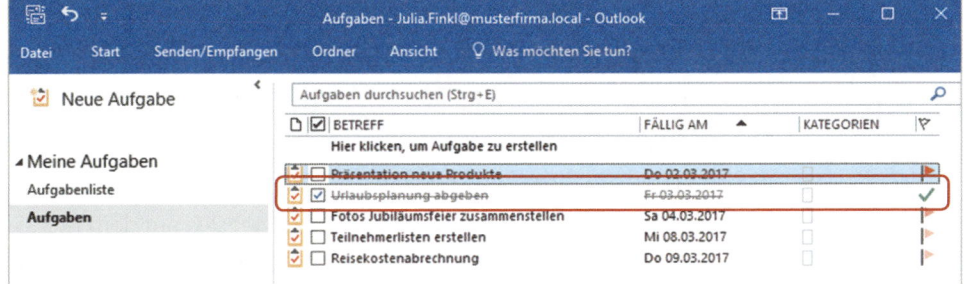

### Überfällige Aufgaben

Aufgaben, die bis zur Fälligkeit nicht als erledigt markiert wurden, werden automatisch in roter Schriftfarbe in der Gruppe *Heute* angezeigt. Der Farbwechsel unterscheidet zwischen Aufgaben (schwarz), die tatsächlich heute fällig sind und Aufgaben (rot), deren Fälligkeitstag schon verstrichen ist.

Zur Anzeige aller Aufgaben, deren Fälligkeit abgelaufen ist, wählen Sie *Ansicht* ▶ Gruppe *Aktuelle Ansicht* ▶ *Ansicht ändern* ▶ *Überfällig* aus. Nun werden nur überfällige Aufgaben angezeigt.

### Aufgaben löschen

Markierte Aufgaben werden über *Start* ▶ *Löschen* ▶ *Löschen* entfernt. Dadurch werden sie in den Ordner *Gelöschte Elemente* verschoben.

> Aufgaben, die Sie erledigt haben, sollten Sie als solche markieren und nicht löschen. Im Zweifelsfall haben Sie so immer die Möglichkeit, zu kontrollieren, ob die Aufgabe abgeschlossen wurde. Löschen Sie die Aufgabe, verzichten Sie auf eine wichtige Dokumentationsfunktion.

### Aufgaben kategorisieren

Aufgaben können wie Termine und E-Mails mit einer Farbkategorie hinterlegt werden. Markieren Sie die Aufgabe, die eine Farbe erhalten soll und wählen Sie über *Start* ▶ *Kategorien* ▶ *Kategorisieren* eine Kategorie aus. Mehr zu Kategorien lesen Sie in Kapitel 2.

*Aufgabe mit blauer Kategorie*

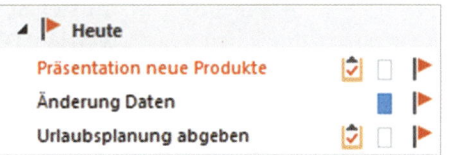

### Arbeiten mit dem Popup Aufgaben

Zeigen Sie in der Navigationsleiste auf den Funktionsbereich *Aufgaben*, um das Popup *Aufgaben* einzublenden. Dieses zeigt eine Liste der in Kürze fälligen Aufgaben an.

▶ Erstellen Sie im Feld *Neue Aufgabe eingeben* eine neue Aufgabe (Fälligkeit *Heute*).

▶ Erledigen Sie Aufgaben durch Anklicken des roten Fähnchens.

▶ Klicken Sie doppelt auf eine Aufgabe, um diese im Aufgabenformular in einem neuen Fenster anzuzeigen.

▶ Durch einmaliges Anklicken einer Aufgabe öffnet sich auf dem Menüband die kontextbezogene Registerkarte *Aufgabentools - Aufgabenliste* und stellt passende Bearbeitungsmöglichkeiten zur Verfügung.

▶ Durch Anklicken der Schaltfläche *Popup anheften* zeigen Sie die Informationen dauerhaft in der Aufgabenleiste an.

## 5.4    Aufgabenserien

Eine Aufgabe, die in einem festgelegten Muster wiederkehrt, wird als Aufgabenserie gespeichert. Dadurch müssen Sie die Aufgabe nicht für jedes Fälligkeitsdatum extra eingeben und ersparen sich viel Arbeit.

### Aufgabenserie erstellen

Beispiel: Eine Aufgabe soll festgelegt werden, die Sie daran erinnert, jede Woche freitags Ihren Ordner Dokumente zu sichern.

1   Öffnen Sie ein Aufgabenformular und tragen Sie als Betreff „Dokumente sichern" ein. Beginn und Ende der Aufgabe fallen in diesem Beispiel auf einen Tag. Tragen Sie bei *Beginnt am* das Datum des nächsten Freitags ein. Bei *Fällig am* wird das Datum übernommen.

2   Klicken Sie auf *Aufgabe* ▶ Gruppe *Serie* ▶ *Serientyp*.

3   Tragen Sie das Serienmuster und gegebenenfalls das Serienende ein. Das Serienmuster ist in unserem Beispiel *Wöchentlich*, ein Enddatum muss nicht festgelegt werden. Da im vorigen Fenster ein Datum als Beginn eingetragen wurde, ist der korrekte Wochentag mit einem Häkchen versehen und der Beginn der Seriendauer bereits eingetragen.

**4**   Bestätigen Sie die Auswahl über die Schaltfläche *OK* und klicken Sie im Aufgabenformular auf die Schaltfläche *Speichern & schließen*, um die Aufgabenserie zu übernehmen. Sie erkennen die festgelegte Serie am Kreissymbol aus zwei Pfeilen.

*Serienmuster*

*Aufgabenserie in der
Aufgabenliste*

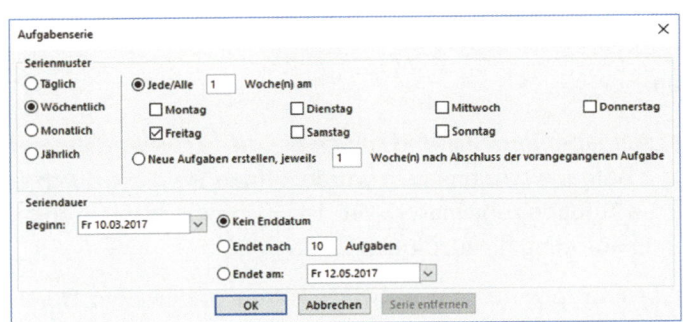

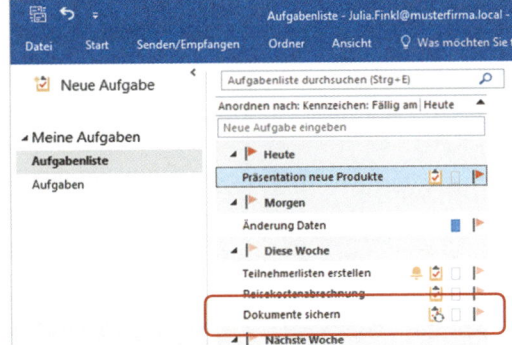

> Nur die erste Aufgabe einer Aufgabenserie wird in der Aufgabenliste angezeigt! Sobald Sie
> diese als erledigt markieren, erscheint die folgende Aufgabe der Serie. Diese Darstellungs-
> form ist sinnvoll, um die Anzeige nicht mit Elementen einer Aufgabenserien zu überlasten.
> Sie irritiert allerdings zu Beginn, da der Eindruck entsteht, die Serie wäre nicht fortlaufend.

## Aufgabenserie ändern

Klicken Sie doppelt auf die Aufgabe einer Serie in der Aufgabenliste. Das Aufgabenformular öffnet sich und Sie können Änderungen vornehmen. Bestätigen Sie Ihre neue
Eingabe über die Schaltfläche *Speichern & schließen*.

## Eine Aufgabe der Serie überspringen

Möchten Sie eine Aufgabe einer Aufgabenserie nicht erledigen, so sollten Sie diese
Aufgabe überspringen. Ansonsten wird die nicht erledigte Aufgabe der Serie nach Ab-
lauf des Fälligkeitsdatums immer beim aktuellen Datum angezeigt. Außerdem wird die
nächste Aufgabe der Serie, die Sie termingerecht erledigen könnten, nicht angezeigt.
Um eine Aufgabe zu überspringen, öffnen Sie das Aufgabenformular und klicken auf
*Aufgabe* ▶ Gruppe *Serie* ▶ *Aufgabe dieser Serie überspringen*. Damit überspringen Sie die
kommende Aufgabe, die übernächste Aufgabe wird wieder angezeigt.

## Aufgabenserie löschen

Markieren Sie die Aufgabe einer Serie und klicken Sie auf die Schaltfläche *Start* ▶ Gruppe *Löschen* ▶ *Löschen* oder betätigen Sie die Entf-Taste und entscheiden Sie im nächsten Fenster, ob Sie nur diese Aufgabe oder die ganze Aufgabenserie (*Alle löschen*) entfernen möchten.

## 5.5     Aufgaben übertragen

Aufgaben können an andere Personen delegiert werden. Dabei weisen Sie entweder eine bestehende Aufgabe zu oder erstellen eine neue Aufgabe.

### Aufgabenanfrage erstellen

**1**    Öffnen Sie ein neues Aufgabenformular und tragen Sie die notwendigen Informationen ein. Falls die Aufgabe schon erstellt wurde, öffnen Sie diese durch einen Doppelklick. Da die Aufgabe zugewiesen wird, ist es sinnvoll, im Notizenfeld einen kurzen Text zur Erläuterung hinzuzufügen.

*Aufgabenanfrage*

**2**    Klicken Sie auf *Aufgabe* ▸ Gruppe *Aufgabe verwalten* ▸ *Aufgabe zuweisen*. Der Inhalt des Formulars wird erweitert, das Menüband geändert.

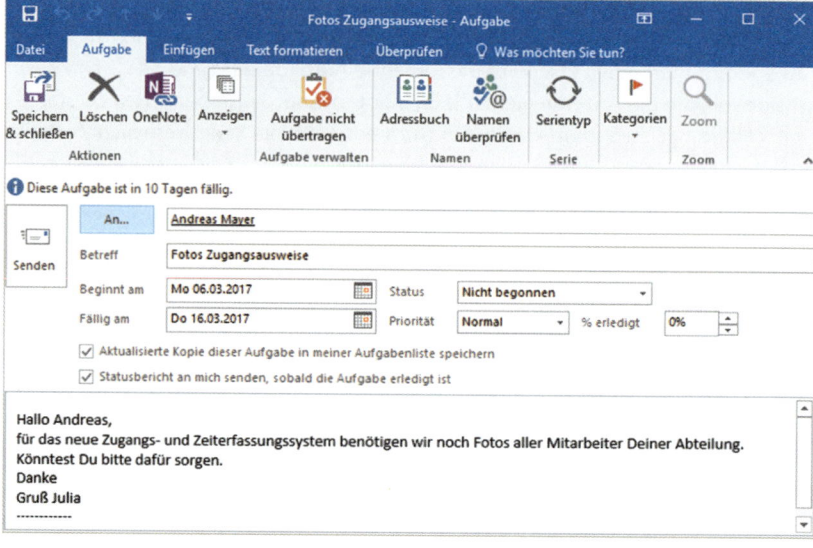

- Wählen Sie bei *An* die E-Mail-Adresse der Person aus, der Sie die Aufgabe zuweisen möchten. Im Notizenfeld geben Sie einen Text ein, der die Aufgabe näher beschreibt.

- Die Option *Aktualisierte Kopie dieser Aufgabe in meiner Aufgabenliste speichern:* sollte aktiviert sein. Falls nicht, setzen Sie ein Häkchen. Dadurch erscheint eine Kopie der Aufgabe in Ihrem Ordner *Aufgaben*. Falls die Option nicht aktiviert wird, verschwindet die Aufgabe aus Ihrem Ordner *Aufgaben* und Sie verlieren den Überblick.

- Option *Statusbericht an mich senden, sobald die Aufgabe erledigt ist*: Obwohl Sie die Aufgabe delegieren, sind Sie in der Regel für Ihre Erledigung verantwortlich. Deshalb ist es wichtig, zu erfahren, ob und wann die Aufgabe erledigt wurde. Belassen Sie auch hier das Häkchen.

**3**    Verschicken Sie die Aufgabenanfrage über die Schaltfläche *Senden*. Im Ordner *Gesendete Elemente* überprüfen Sie, ob die Aufgabenanfrage versandt wurde. Eine Kopie der Aufgabe erscheint in der Aufgabenliste. Diese ist als zugewiesene Aufgabe zu erkennen am blauen Pfeil und dem Piktogramm einer Person. Solange der Empfänger der Aufgabenanfrage noch nicht geantwortet hat, verbleibt der Status der Aufgabe auf *Wartet auf Antwort von Empfänger*.

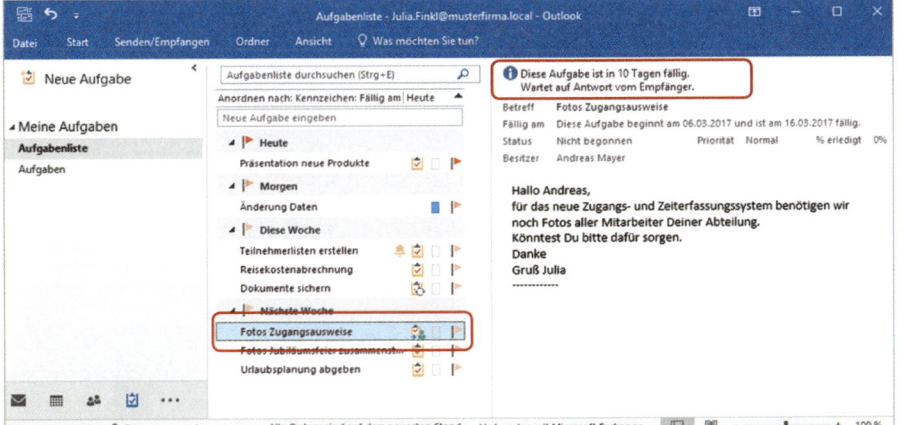

*Zugewiesene Aufgaben in der Vorgangsliste*

### Zugewiesene Aufgabe wird angenommen und erledigt

Sobald der Empfänger der Nachricht die Übernahme der Aufgabe zugesagt hat, erhalten Sie eine E-Mail. Nach Erhalt der E-Mail, ändert sich der Status Ihrer Aufgabenkopie. Klicken Sie die Aufgabenkopie im Ordner *Aufgaben* an. Im Lesebereich erhalten Sie folgende Information:

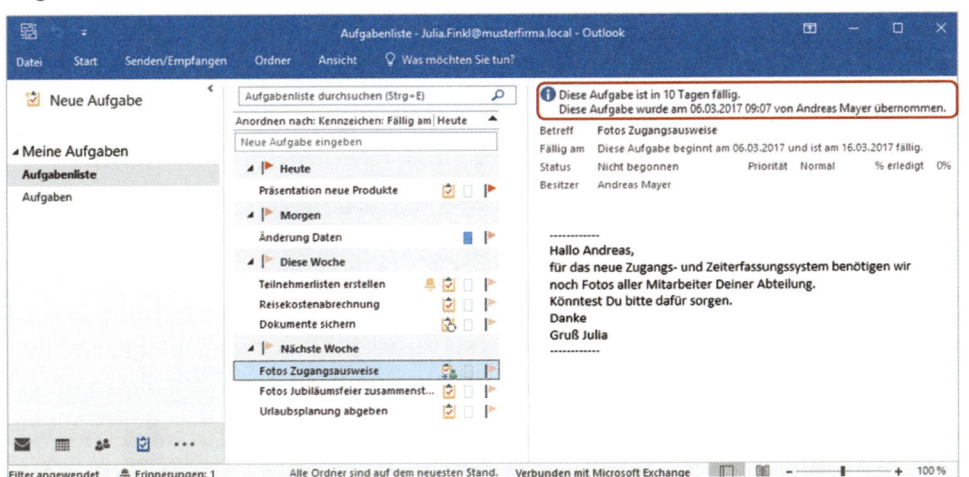

*Aufgabe wurde übernommen*

197

Kennzeichnet der Empfänger eine zugewiesene Aufgabe als erledigt, wird automatisch eine weitere E-Mail an Sie versandt. Gleichzeitig wird die Aufgabenkopie aus der Aufgabenliste entfernt. In der Ansicht *Einfache Liste* des Ordners *Aufgaben* wird die zugewiesene Aufgabe als erledigt dargestellt.

*Zugewiesene Aufgabe wurde erledigt*

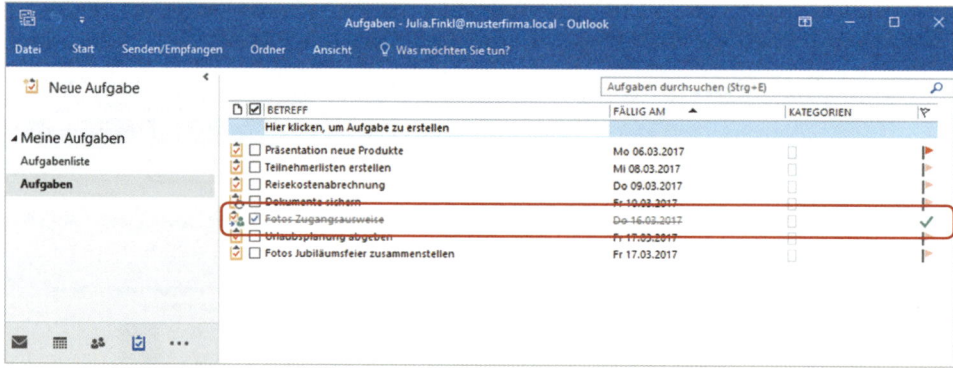

### Zugewiesene Aufgabe wird abgelehnt

Lehnt der Empfänger die Übernahme der Aufgabe ab, so erhalten Sie ebenfalls eine E-Mail. Im Lesebereich der Aufgabe wird vermerkt, dass diese abgelehnt wurde. Jetzt sind Sie wieder selbst für die Erledigung zuständig.

*Aufgabe wurde abgelehnt*

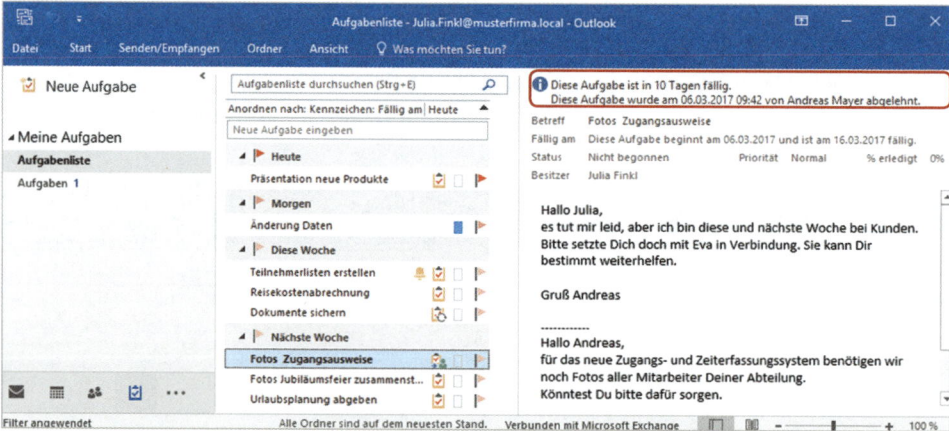

Die Aufgabenkopie verbleibt in der *Aufgabenliste* und wird weiterhin mit dem Symbol einer delegierten Aufgabe 👥 angezeigt. Um Verwechslungen vorzubeugen, sollten Sie die Aufgabenkopie wieder in eine Aufgabe umwandeln.

Öffnen Sie die Aufgabenkopie mit einem Doppelklick und wählen Sie *Aufgabe* ▸ Gruppe *Aufgabe verwalten* ▸ *Zur Aufgabenliste zurückkehren* aus. Damit kehren Sie zum Aufgabenformular zurück. Speichern Sie die Änderung über die Schaltfläche *Speichern & schließen*. In der Aufgabenliste wird die zugewiesene Aufgabe nun wieder als reguläre Aufgabe angezeigt.

## Aufgabenanfrage erhalten

Die Aufgabenanfrage ist im Posteingang des Empfängers mit dem Aufgabensymbol und einer Hand gekennzeichnet. Sie haben die Möglichkeit, eine Aufgabenanfrage anzunehmen oder abzulehnen. Zu diesem Zweck enthält die E-Mail zwei Schaltflächen, die im Lesebereich bzw. im geöffneten Anfragefenster (Doppelklick auf die E-Mail) angezeigt werden.

Aufgabenanfrage

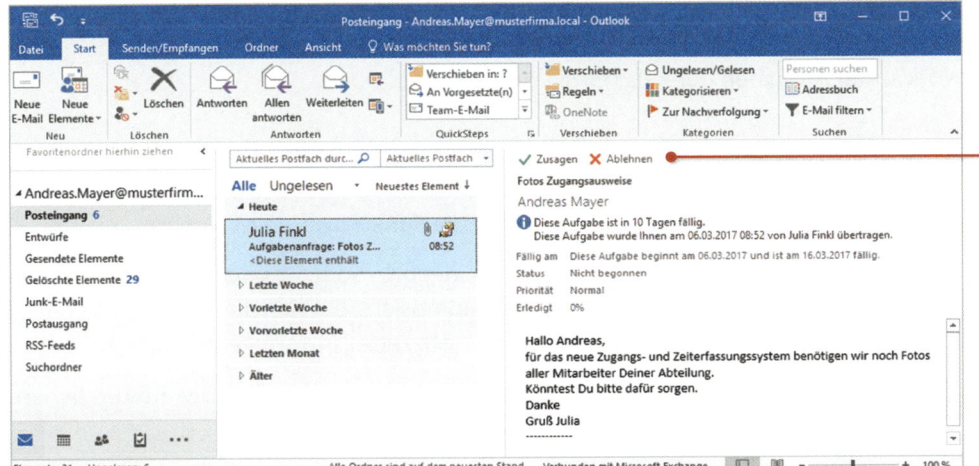

*Aufgabenanfrage im Posteingang*

Aufgabe zusagen oder ablehnen

### Aufgabenanfrage zusagen

Klicken Sie auf *Zusagen,* so erhalten Sie in folgendem Fenster die Möglichkeit, die Antwort sofort zu senden oder dieser einen Text hinzuzufügen. Mit der Zusage wird die Aufgabenanfrage in den Funktionsbereich Aufgaben verschoben. In der Aufgabenliste erkennen Sie eine Aufgaben, deren Erfüllung an Sie delegiert wurde, an diesem Symbol 📋 .

### Aufgabenanfrage ablehnen

Sie lehnen die Aufgabenanfrage über die Schaltfläche *Ablehnen* ab. Auch hier haben Sie die Möglichkeit, vor dem Senden der Nachricht einen Text hinzuzufügen. Die Aufgabenanfrage wird vom Ordner *Posteingang* in den Ordner *Gelöschte Elemente* verschoben. Im Ordner *Aufgaben* wird nichts eingetragen.

## 5.6 Notizen verwalten

Notizen sind Merkzettel, auf die Sie kurze Informationen notieren, z. B. „Peter 2 € zurückgeben" oder „Frau Schmid zurückrufen". Viele benutzen Haftnotizen oder Schmierzettel, um solcherlei Gedächtnisstützen zu verfassen. Outlook bietet Ihnen mit den Notizen eine Möglichkeit, dieser „Zettelwirtschaft" zu entgehen.

Allerdings sollten Sie Notizen mit Bedacht anlegen, da Informationen auch in einer Vielzahl von elektronischen Notizen untergehen können. Vielleicht ist der Inhalt einer Notiz unter Aufgaben oder als Termin besser aufgehoben.

### Notizen erstellen

**1** Wechseln Sie in der Navigationsleiste zum Funktionsbereich *Notizen*.

**2** Klicken Sie auf *Start* ▶ Gruppe *Neu* ▶ *Neue Notiz*. So geht's noch schneller: Mit einem Doppelklick auf eine freie Fläche im Ansichtsbereich des Funktionsbereichs *Notizen* öffnet sich ebenfalls ein leerer Notizzettel, in Form eines Popups.

**3** Geben Sie einen Text ein. Um die Notiz zu speichern, klicken Sie auf das Schließen-Symbol rechts oben auf dem Notizzettel.

**4** Die Notiz wird im Ordner *Notizen* gespeichert und angezeigt. Standardmäßig werden Notizen in der Ansicht *Symbole* dargestellt. Der eingegebene Text der Notiz ist unterhalb des Symbols sichtbar. Ob der gesamte Text einer Notiz angezeigt wird, hängt davon ab, ob Sie bei der Texteingabe einzelne Teile durch einen Zeilenumbruch (Drücken der Enter-Taste) trennen. Der gesamte Text vor dem ersten Zeilenumbruch wird angezeigt, der Rest nicht.

*Notiz eingeben*

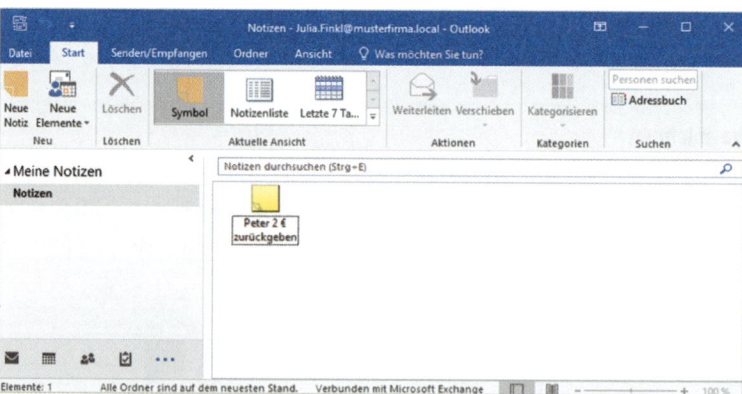

## Notizen bearbeiten und löschen

▶ Mit einem Doppelklick öffnen Sie die Notiz, die Sie bearbeiten möchten.

▶ Eine markierte Notiz wird durch Anklicken von *Start* ▶ *Löschen* entfernt. Natürlich können Sie die Notiz auch mit der Entf-Taste löschen. Gelöschte Notizen werden in den Ordner Gelöschte Elemente verschoben.

▶ Durch Ziehen mit der Maus können die Notizen beliebig im Anzeigebereich angeordnet werden.

▶ Notizen werden mit *Start* ▶ Gruppe *Kategorien* ▶ *Kategorisieren* andere Farben zugewiesen, während nicht-kategorisierte immer gelb dargestellt werden.

*Anzeige Notizen*

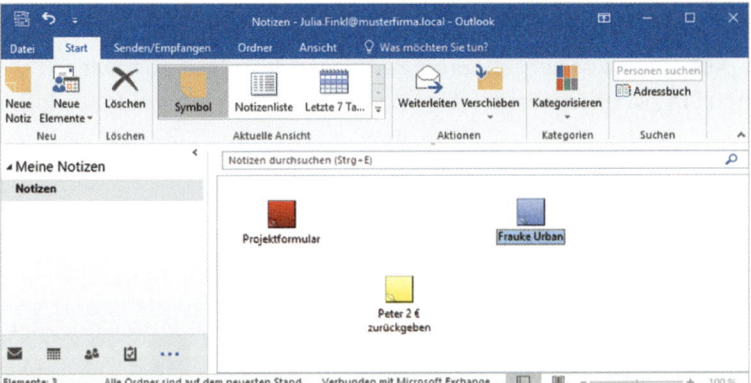

## 5.7    Zusammenfassung

▶ Sie erstellen eine neue Aufgabe im Funktionsbereich Aufgaben über das Aufgaben-Popup oder über die Aufgabenleiste.

▶ Im Gegensatz zum Termin ist eine Aufgabe nicht an ein bestimmtes Datum oder eine Uhrzeit gebunden.

▶ Wurde eine Aufgabe erfüllt, sollte sie als erledigt markiert und nicht gelöscht werden.

▶ Aufgaben, deren Fälligkeit in der Vergangenheit liegt, werden rot dargestellt und als Aufgabe angezeigt, die heute zu erledigen ist. Sie sind überfällig.

▶ Erstellte Aufgaben können anderen Personen via E-Mail zugewiesen werden. Über einen Statusbericht werden Sie über die Erledigung der Aufgabe informiert.

▶ Wird Ihnen eine Aufgabe zugewiesen, können Sie diese über Schaltflächen der Aufgabenanfrage annehmen oder ablehnen.

▶ Notizen sind eine Möglichkeit, um schnell kurze Gedächtnisstützen zu erstellen und zu speichern.

**Notizen:**

# 6 Outlook verwalten

**In diesem Kapitel lernen Sie...**

- Outlook Elemente zu archivieren
- persönliche Outlook-Ordner zu sichern
- den Datenaustausch mit anderen Programmen kennen
- mit der Sofortsuche schnell E-Mails, Kontakte oder Termine zu finden
- das Erstellen von Suchordnern zum Auffinden von E-Mails

**Das sollten Sie bereits wissen**

- Outlook-Grundlagen

## 6.1 Archivierung

Bei intensiver Nutzung wächst der Inhalt Ihrer Outlook-Ordner, was besonders den Programmstart immer langsamer und schwerfälliger macht. Elemente zu löschen ist eine Möglichkeit, diesem Problem entgegenzuwirken. Doch oftmals müssen E-Mails, Termine oder Aufgaben zu Dokumentationszwecken aufbewahrt werden. Und nicht zuletzt bestehen für eine Reihe von E-Mails gesetzliche Aufbewahrungspflichten.

Outlook bietet mit der Archivierungsfunktion eine Möglichkeit, ältere Elemente zu verschieben. Dabei wird die Größe des Postfachs nicht reduziert, die archivierten Daten werden nur in einen anderen Ordner verschoben. So behalten Sie den Zugriff auf die archivierten Informationen über das Outlook-Fenster. Outlook stellt Ihnen zwei Archivierungsmöglichkeiten zur Verfügung: Die manuelle Archivierung und die AutoArchivierung.

### AutoArchivierung

Gemäß der Standardeinstellung für die AutoArchivierung wird alle 14 Tage eine Archivierung der Ordner durchgeführt, auf die Sie durch eine Meldung aufmerksam gemacht werden.

Im Zuge der ersten AutoArchivierung werden Archivordner angelegt, die denselben Namen wie die Originale tragen. Sie sehen diese in der Regel im Ordnerbereich des Outlook-Moduls *E-Mail*. Falls nicht, klicken Sie in der Navigationsleiste auf das Symbol *Ordner*, um die Ordnerliste anzuzeigen. In die Archivordner werden alle alten Elemente verschoben. Durch Anklicken der einzelnen Ordner wird deren Inhalt wie gewohnt angezeigt.

Manche Ordner sind von der Archivierung ausgenommen, z. B. der Ordner *Kontakte*, da die Verwendung von Kontaktdaten nicht abhängig vom Erstelldatum ist. Auch der Ordner *Posteingang* wird nicht automatisch archiviert. Hier bleibt es dem Benutzer überlassen, festzulegen, bis zu welchem Zeitpunkt er E-Mails vom *Posteingang* in den Archivordner verschieben möchte.

#### AutoArchivierung starten

Die Archiv-Datei wird in der Regel im Ordner Dokument, Unterordner Outlook-Dateien gespeichert.

1 Falls noch keine Archivierung für Outlook durchgeführt wurde, wechseln Sie zur Registerkarte *Datei*. Klicken Sie auf *Informationen* ▸ *Tools zum Aufräumen* ▸ *Postfachbereinigung*.

2 Im Fenster *Postfach aufräumen* klicken Sie auf die Schaltfläche *AutoArchivieren*.

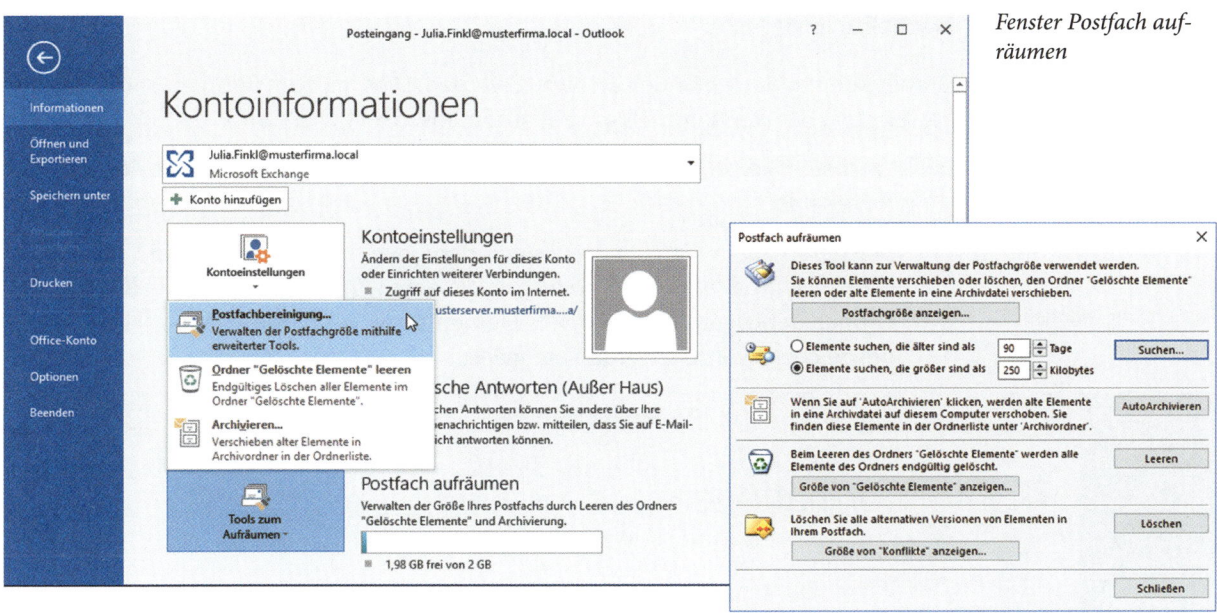

*Fenster Postfach aufräumen*

**3** Ohne eine weitere Meldung startet die Archivierung. Die Archivordner erscheinen im Ordnerbereich.

> Nur in der Ordnerliste sehen Sie alle Archivordner. Im Ordnerbereich des Outlook-Moduls *E-Mail* sind nur die bereits archivierten E-Mail-Ordner sichtbar, nicht aber die Archivordner *Kalender* und *Aufgaben*.

### Standardeinstellung für die Archivierung ändern

Informieren Sie sich über die Standardeinstellungen der Archivierung, indem Sie mit der rechten Maustaste auf den jeweiligen Ordner (**nicht den Archivordner!**) klicken und im Kontextmenü *Eigenschaften* auswählen. Im Fenster *Eigenschaften* wechseln Sie zum Register *AutoArchivierung*. Hier sehen Sie, ob der aktuelle Ordner grundsätzlich für die AutoArchivierung vorgesehen ist (*Standardarchivierungseinstellungen verwenden*) oder nicht (*Elemente in diesem Ordner nicht archivieren*). Letzteres gilt beispielsweise für den Ordner *Posteingang*. Über die Schaltfläche *Standardarchivierungseinstellungen* gelangen Sie zu den aktuellen Einstellungen für die Archivierung.

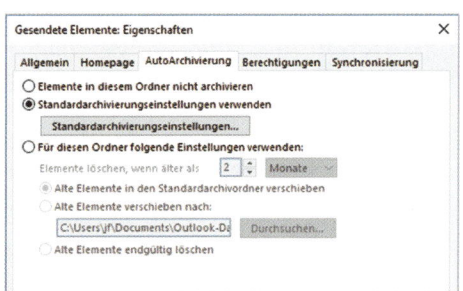

> Die *Eigenschaften* des Ordners Kontakte enthalten kein Register *AutoArchivierung*, da dieser, wie schon erwähnt, nicht archiviert wird.

## Manuell archivieren

Ordner können auch manuell archiviert werden. Dies gilt zum Beispiel für den Ordner *Posteingang* der standardmäßig nicht automatisch archiviert wird.

▶     Wechseln Sie zu *Datei* ▸ *Information* und klicken Sie auf *Tools zum Aufräumen* ▸ *Archivieren*.

▶     Markieren Sie im Fenster *Archivieren* den gewünschten Ordner und wählen Sie bei *Elemente archivieren, die älter sind als:* einen Zeitpunkt aus, bis zu dem Sie den Ordner archivieren möchten. Alle Elemente, die vor diesem Zeitpunkt im Ordner gespeichert wurden, werden archiviert.

*Posteingang manuell archivieren*

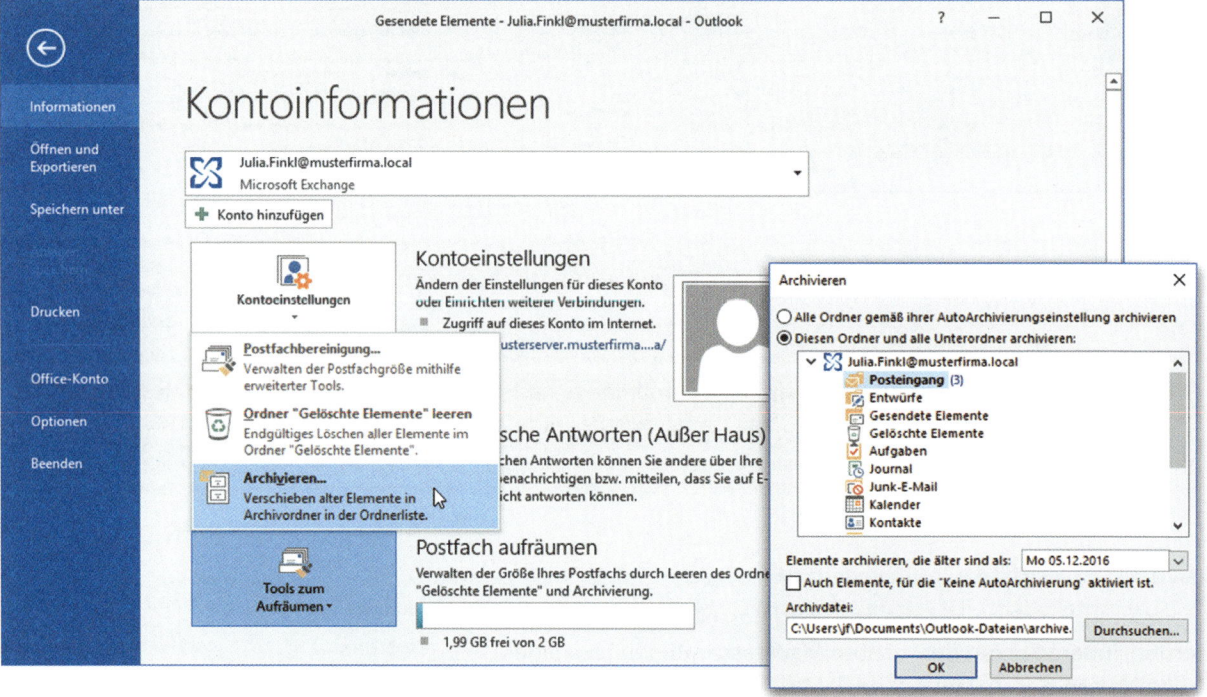

Den Ordner *Posteingang* manuell zu archivieren, birgt den Vorteil, dass Sie bei jeder Archivierung individuell den Zeitpunkt bestimmen können, bis zu dem Sie archivieren möchten. Nachteil ist sicherlich, dass Sie nicht vergessen sollten, den Ordner überhaupt zu archivieren.

## 6.2    Outlook-Ordner sichern

Eine Sicherung kann aus verschiedenen Gründen erforderlich sein:

▶   Um von wichtigen Elementen, z. B. Kontaktdaten, regelmäßig Sicherungskopien zu erstellen

▶   Um die Daten von Outlook auf einen anderen Computer zu übertragen, z. B. auch um Sie einem Kollegen zur Verfügung zu stellen

▶   Um die Outlook-Daten in einer neuen Version von Outlook zu nutzen

### Ordner exportieren

Zu oben genannten Zwecken können Sie den Inhalt Ihrer Outlook-Ordner in eine Datei exportieren. In diesem Beispiel sollen alle Outlook-Ordner zwecks Datensicherung exportiert werden.

**1**   Wechseln Sie zu *Datei* ▶ *Öffnen und exportieren* ▶ *Importieren/Exportieren*.

**2**   Im Dialogfenster des Import/Export-Assistenten markieren Sie die Aktion *In Datei exportieren* und klicken auf die Schaltfläche *Weiter*.

*Outlook Inhalte exportieren*

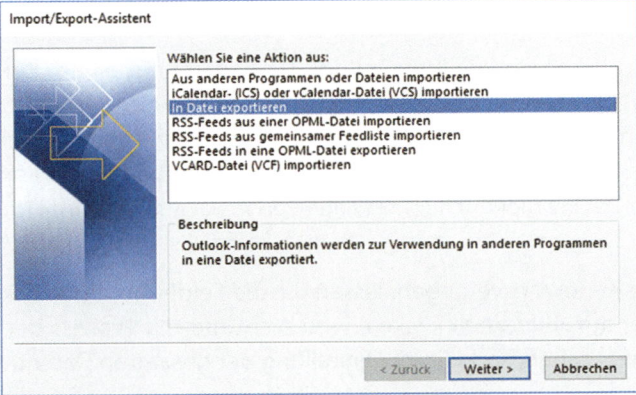
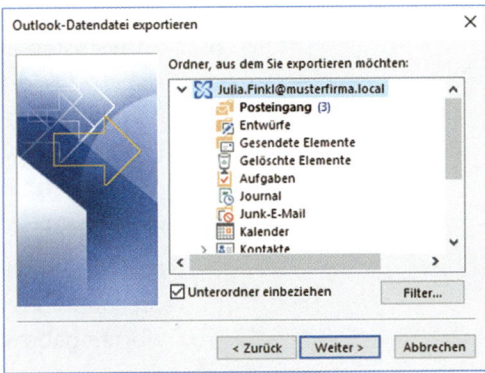

**3**   Als Dateityp wählen Sie im nächsten Schritt *Outlook-Datendatei (.pst)* aus. Klicken Sie auf *Weiter*.

**4**   Um alle Ordner zu exportieren, markieren Sie das Postfach. Achten Sie darauf, das Kontrollkästchen *Unterordner einbeziehen* zu aktivieren, um auch gegebenenfalls enthaltenen Unterordner zu sichern. Klicken Sie dann auf *Weiter*.

**5**    Nun wählen Sie mit der Schaltfläche *Durchsuchen* noch aus, wo und unter welchem Dateinamen Ihre Datei gespeichert werden soll. Standardmäßig schlägt Outlook *backup.pst* als Dateinamen vor. Mit der Schaltfläche *Fertig stellen* schließen Sie die Auswahl ab.

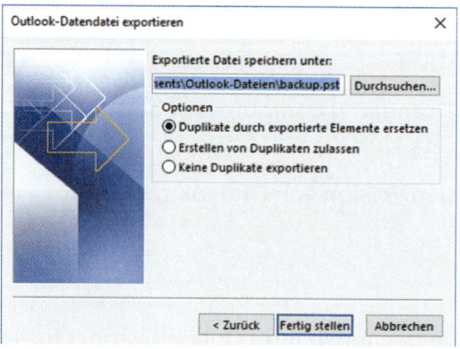
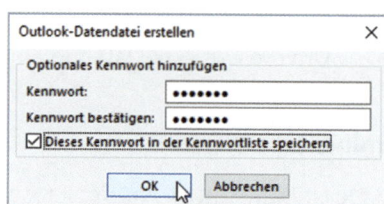

Die Einstellungen bei *Optionen* müssen erst überdacht werden, wenn Sie bereits eine Backup-Datei erstellt und Sie die alte Datendatei aktualisieren möchten. Speichern Sie die neue Backup-Datei am selben Ort mit demselben Namen. Wählen Sie dann, die für Sie passende Option, z. B. *Duplikate durch exportierte Elemente ersetzen*. Sie sollten die Erstellung von Duplikaten nicht zulassen, da sonst beispielsweise schon gespeicherte Kontakte nicht ersetzt werden würden, sondern verdoppelt.

**6**    Im nächsten Fenster können Sie Ihre Outlook-Datendatei mit einem Kennwort sichern. In der Datendatei sind viele sensible Informationen gespeichert, z. B. Adressinformationen und E-Mails, die die Sicherung durch ein Kennwort erforderlich machen können. Wenn Ihr Benutzerkonto auf Ihrem PC durch ein Kennwort geschützt ist, können Sie hier auch *Dieses Kennwort in der Kennwortliste speichern* auswählen.

Möchten Sie kein Kennwort vergeben, lassen Sie die Felder frei und klicken auf *OK*. Wenn Sie hier auf *Abbrechen* klicken, wird nicht nur der Prozess der Kennworteingabe abgebrochen, sondern die Erstellung der gesamten Datendatei.

Eine zum Zweck der Sicherung von Daten erstellte Datei sollten Sie im Anschluss auf CD/DVD brennen oder auf einem externen Laufwerk kopieren.

### Datei importieren

Um Daten aus einer Outlook-Datendatei zu importieren, verwenden Sie ebenfalls den Befehl *Datei* ▶ *Öffnen und exportieren* ▶ *Importieren/Exportieren*.

**1**    Wählen Sie die Aktion *Aus anderen Programmen oder Dateien importieren* aus und klicken Sie auf *Weiter*.

**2**    Als zu importierenden Dateityp markieren Sie den Eintrag *Outlook-Datendatei (.pst)*. Klicken Sie dann auf *Weiter*.

**3** Mit der Schaltfläche *Durchsuchen* wählen Sie die Datei aus, die Sie importieren möchten. Unter *Optionen* legen Sie fest, wie Sie mit doppelt vorkommenden Elementen (Duplikaten) verfahren wollen.

**4** Zuletzt wählen Sie den Ordner, aus dem importiert werden soll und klicken auf *Fertig stellen*.

**Beispiel:** Aus dem Ordner Kontakte wurden aus Versehen Kontakte gelöscht, die sich auch nicht mehr aus dem Ordner Gelöschte Elemente wiederherstellen lassen. Deshalb sollen die Kontakte aus dem Backup importiert werden. Weil unsere Sicherung nicht ganz auf dem neuesten Stand ist, lassen wir den Import von Duplikaten nicht zu. So bleiben die aktuelleren Kontakte erhalten. Da alle anderen Bereiche, z. B. E-Mail oder Kontakte nicht betroffen sind, wählen wir nur den Ordner Kontakte aus und beziehen die Unterordner ein. Außerdem achten wir darauf, dass Elemente in denselben Ordner importiert werden.

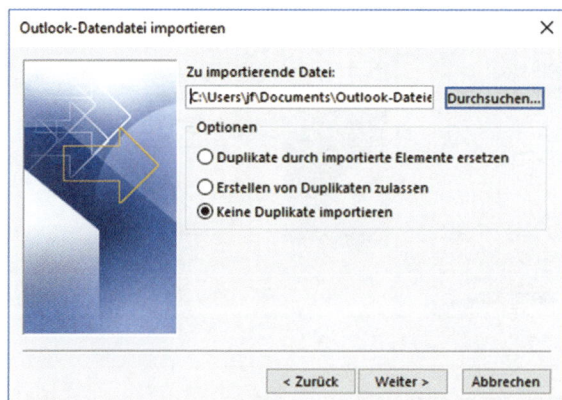
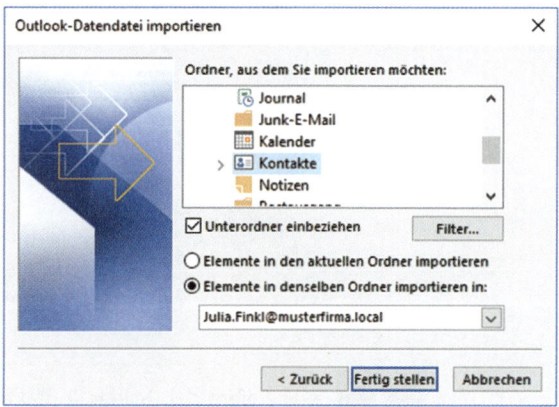

## Datei einbinden

Sie können eine Backupdatei mit der Endung .PST auch permanent in den Ordnerbereich integrieren. So haben Sie auf deren Inhalt Zugriff, ohne die Daten importieren zu müssen.

*Die beschriebene Vorgehensweise gilt auch für eine Archiv-Datei*

Verwenden Sie hierzu den Befehl *Datei ▶ Öffnen und exportieren ▶ Outlook-Datendatei öffnen*. Suchen und markieren Sie im folgenden Dialogfenster die gewünschte Datei und schon ist sie integriert. Um alle Ordner der Outlook-Datendatei im Ordnerbereich des Funktionbereichs E-Mail anzuzeigen, wechseln Sie über die Navigationsleiste zu *Ordner*. Wenn Sie für die Datendatei ein Kennwort vergeben haben und dieses nicht in der Kennwortliste gespeichert haben, müssen Sie zum Betrachten der Outlook-Datendatei jetzt das Kennwort eingeben.

Um eine auf diese Weise integrierte Datei aus dem Zugriff zu entfernen, klicken Sie den Ordner im Ordnerbereich mit der rechten Maustaste an, z. B. Archive oder Outlook-Datendatei. Wählen Sie im Kontextmenü den Befehl *„Outlook-Datendatei" schließen* aus.

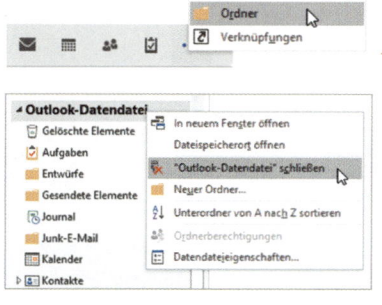

## 6.3    Datenaustausch mit anderen Anwendungen

Über Importieren und Exportieren können Sie auch Daten mit anderen Anwendungen, beispielsweise Microsoft Excel oder Microsoft Access, austauschen. Sie exportieren Ihre Daten dann nicht in eine Outlook-Datendatei, sondern in das neutrale Format CSV.

Hierzu verwenden Sie ebenfalls den Befehl *Datei* ▶ *Öffnen und exportieren* ▶ *Importieren/Exportieren*. Als Aktion wählen Sie für den Import *Aus anderen Programmen oder Dateien importieren* oder für den Export von Daten *In Datei exportieren*. Als Dateityp steht hierfür nur *Durch Trennzeichen getrennte Werte* zur Verfügung.

**Exkurs: Export des Ordners Kontakte und Anzeige in Excel**

*Export von Kontakten*

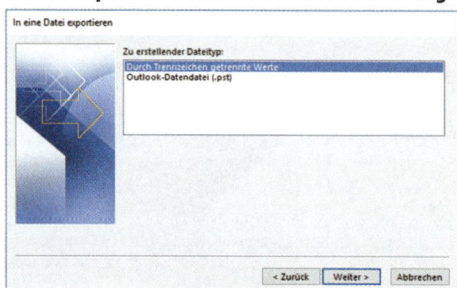 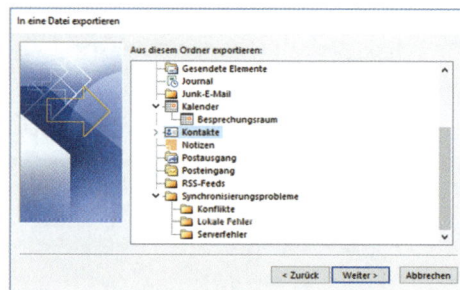

Sofern der Ordner Kontakte Unterordner enthält, werden die Adressen des Unterordners nicht automatisch mitexportiert.

Um die durch Komma getrennten Werte in Excel einigermaßen vernünftig anzuzeigen gehen Sie so vor:

▶ Öffnen Sie Excel und wählen Sie Register *Daten* ▶ *Externe Daten abrufen* ▶ *Aus Text* und wählen Sie dann die aus Outlook exportierte Datei aus.

▶ Achten Sie im Textkonvertierungs-Assistenten darauf, dass die Option *Getrennt* ❶ ausgewählt ist und aktivieren Sie *Die Daten haben Überschriften* ❷. Klicken Sie dann auf *Weiter*.

▶ Im nächsten Fenster wählen Sie als Trennzeichen *Komma* ❸ aus und tippen dann auf *Fertig stellen*.

▶ Das Dialogfenster *Daten importieren* wird angezeigt. Da Sie eine neue, leere Arbeitsmappe geöffnet haben fügen Sie die Daten in das bestehende Arbeitsblatt ein. Tippen Sie auf *Ok*.

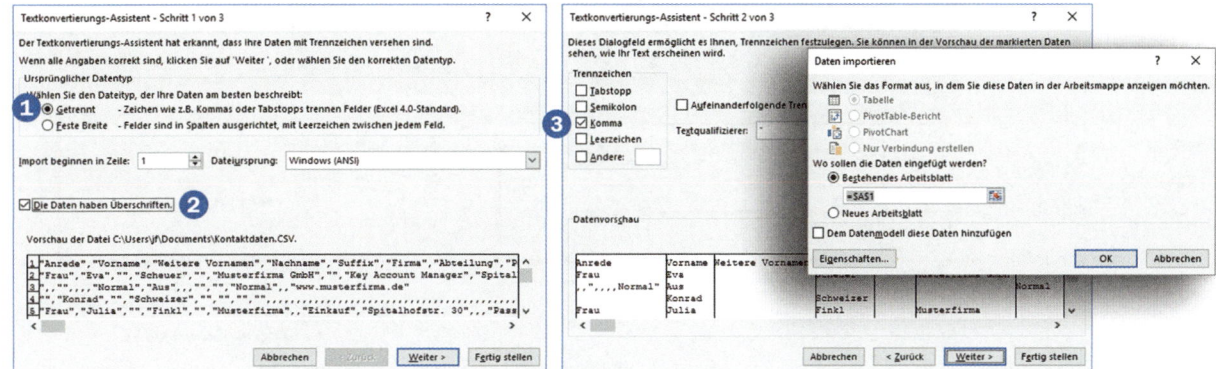

*Textkonvertierungs-Assistent*

## 6.4   Elemente suchen

Zum Auffinden von E-Mails, Terminen oder Kontaktdaten bietet Outlook eine leistungsstarke Suche, die in jedem Funktionsbereich zur Verfügung steht. Wird regelmäßig nach bestimmten Elementen gesucht, lohnt sich das Anlegen eines Suchordners, der mit einem Klick die gewünschten Ergebnisse anzeigt.

### Die Sofortsuche

In jedem Funktionsbereich finden Sie über das Feld Sofortsuche die gesuchten Elemente. Sobald Sie in das Suchfeld klicken, um die Suchbegriffe einzugeben, wird im Menüband die kontextbezogene Registerkarte *Suchtools - Suchen* angezeigt. Dieses enthält Befehle zur Spezifizierung bzw. Ausweitung der Suche. Nach Beendigung der Suche erhalten Sie eine Trefferliste. Erst wenn die Suche gelöscht wird, kehren Sie wieder in die vorherige Ansicht zurück und alle Elemente werden angezeigt.

### Suche eingeben

▶ Wechseln Sie zum gewünschten Funktionsbereich und klicken Sie in das Suchfeld oder drücken Sie Strg + E.

▶ Geben Sie in das Feld Sofortsuche den Suchbegriff ein, z. B. den Namen einer Person für die Suche nach einer E-Mail oder eines Kontakts oder den Betreff einer E-Mail, eines Termins oder einer Aufgabe. Es werden auch Begriffe gefunden, die im Notizenbereich des Terminformulars oder im Nachrichtentext einer E-Mail enthalten sind.

▶ Sie können mehrere Worte, aber auch nur Wortteile, eingeben. Die Suche erfolgt sofort und muss nicht bestätigt werden.

*Sofortsuche im Funktionsbereich E-Mail*

Register Suchtools

Feld Sofortsuche

Trefferliste

Suche schließen

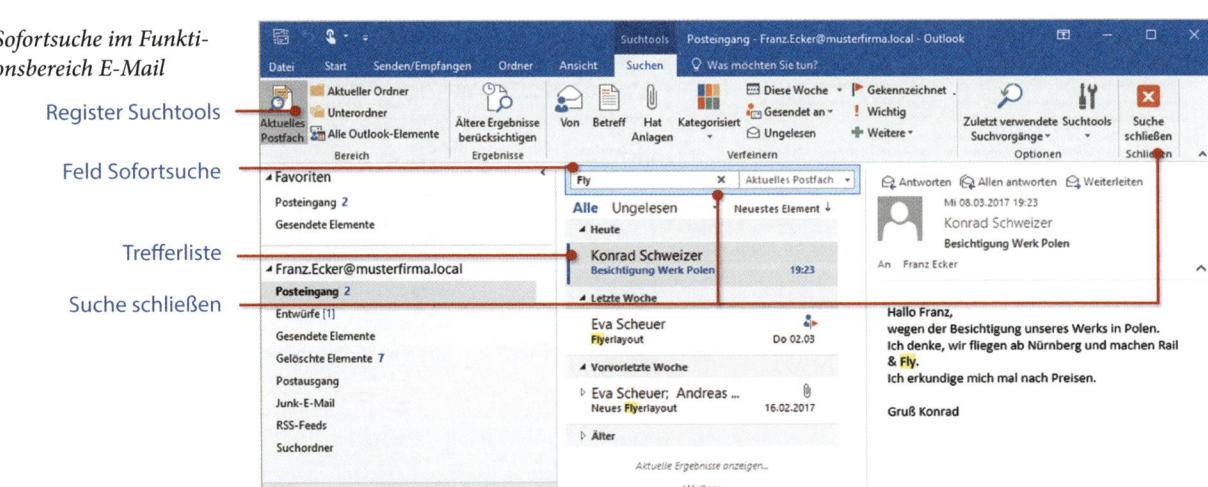

### Was wird durchsucht?

▶ Beachten Sie, dass sich die Sofortsuche zunächst nur auf Elemente des aktuellen Funktionsbereichs bezieht. Sie sollten also nicht im Bereich *Kalender* nach E-Mails suchen.

▶ Im Funktionsbereich *E-Mail* wird standardmäßig das *aktuelle Postfach* durchsucht, d.h. die Ordner *Posteingang* und *Gesendete Elemente*. In diese Suche wird der Ordner *Gelöschte Elemente* nicht einbezogen. Wenn Sie Unterordner z. B. für den Posteingang erstellt haben, werden deren Inhalte in der Suche berücksichtigt. Dies gilt selbstverständlich auch für Unterordner von *Gesendete Elemente*.

*Vor Eingabe des Suchbegriffs sehen Sie im Suchfeld, was durchsucht wird.*

Aktuelles Postfach durchsuchen (Strg+E) 🔍 | Aktuelles Postfach ▾

▶ Grundsätzlich wird der aktuelle Ordner durchsucht, d.h. durch Anklicken eines Ordners beschränken Sie die Suche auf diesen Ordner, z. B. durch Anklicken des Ordners *Gelöschte Elemente* durchsuchen Sie nur diesen Inhalt. Falls Sie einen anderen Ordner durchsuchen möchten, nehmen Sie diese Auswahl vor der Eingabe des Suchbegriffs vor.

▶ In den Funktionsbereichen Kalender, Personen und Aufgaben wird nur der aktuelle Ordner durchsucht. Arbeiten Sie mit mehreren Kontaktordnern, wählen Sie durch Anklicken im Ordnerbereich den Ordner aus, der durchsucht werden soll. Verwenden Sie mehrere Kalender - eigene oder freigegeben - so zeigen Sie den Kalender an, den Sie durchsuchen möchten.

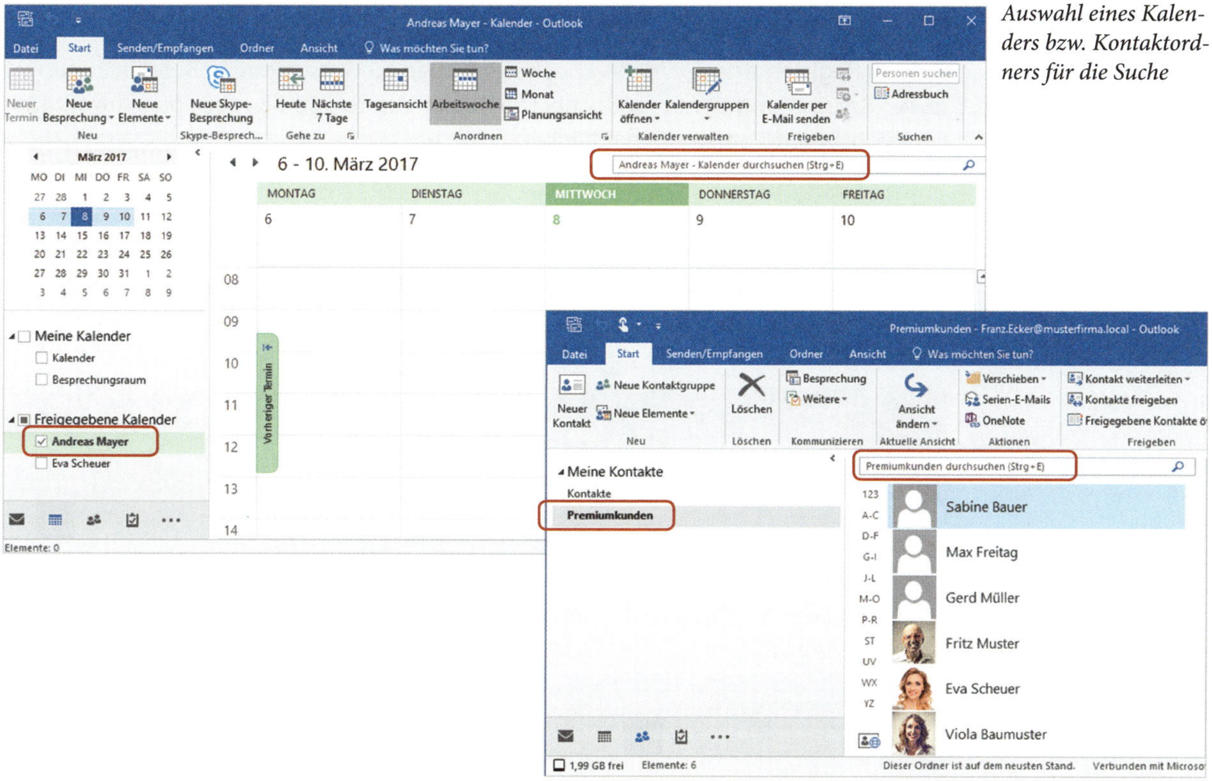

*Auswahl eines Kalenders bzw. Kontaktordners für die Suche*

### Suchergebnisse

Im Anzeigebereich sehen Sie eine Trefferliste aller E-Mails, die mit der Suchanfrage übereinstimmen. Dabei wird der gefundene Suchbegriff gelb hervorgehoben. Sie sehen, dass Übereinstimmungen sowohl im Betreff als auch im Nachrichtentext gefunden wurden.

Durch Anklicken der Nachrichten wird deren Inhalt im Lesebereich angezeigt. Sie können die gefundenen E-Mails wie gewohnt weiterleiten oder beantworten. Wenn Sie wissen möchten, wo die gefundene E-Mail gespeichert ist, zeigen Sie auf die Nachricht mit der Maus.

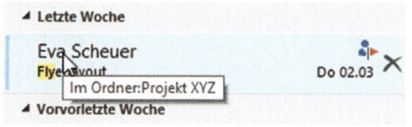

Um wieder den gesamten Inhalt eines Ordners anzuzeigen, schließen Sie die Suchanfrage über das Schließen-Symbol in der Sofortsuche oder klicken Sie im Register *Suchtools - Suchen* auf *Suche schließen*.

## Suche spezifizieren oder erweitern

Auf der Registerkarte *Suchtools - Suchen* erhalten Sie verschiedene Befehle zur erweiterten Bearbeitung der Sofortsuche. Die Registerkarte enthält je nach ausgewähltem Funktionsbereich andere Schaltflächen.

### Suche verfeinern am Beispiel von E-Mails

Bei der Eingabe einzelner oder allgemeiner Begriffe, z. B. der Name eines E-Mail Absenders, erhalten Sie eine lange Trefferliste. Im Register *Suchen* stehen in der Gruppe *Verfeinern* verschiedenste Möglichkeiten zur Verfügung, um eine Suchanfrage einzugrenzen.

*Register Suchtools - Suchen des Funktionsbereichs E-Mail*

> ▷ Sollen nur E-Mails angezeigt werden, die letzte Woche eingegangen sind, klicken Sie in das Suchfeld und wählen in der Gruppe *Verfeinern* ▶ *Diese Woche* ▶ *Letze Woche* aus.

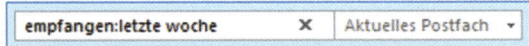

> ▷ Wenn Sie den Absender der E-Mail kennen, können Sie den Namen und die zeitliche Begrenzung gemeinsam im Suchfeld vereinbaren. Geben Sie dazu zunächst den gesuchten Namen in das Feld ein und klicken Sie dann auf die Schaltfläche *Diese Woche*.

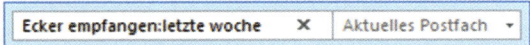

> ▷ Sie suchen beispielsweise nach einer E-Mail, die das Wort *Planung* enthält und eine Anlage hat. Geben Sie das Wort *planung* in das Suchfeld ein und klicken Sie dann auf die Schaltfläche *Hat Anlagen*.

> ▷ Die Verwendung einiger Schaltflächen erfordert eine Spezifizierung durch zusätzliche Eingabe, z. B. *Von* oder *Betreff*. Suchen Sie beispielsweise nach einer E-Mail von *Eva Scheuer*, die das Wort *Flyer im Betreff* enthält, klicken Sie in das Suchfeld und dann auf die Schaltfläche *Von* und geben *eva scheuer* ein. Anschließend klicken Sie auf *Betreff* und geben *flyer* ein. Wenn Sie nach dem Wort Flyer nur im Betreff suchen, wird der Nachrichtentext nicht durchsucht.

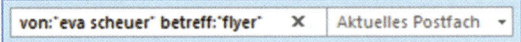

### Andere Speicherorte durchsuchen

Hat die Sofortsuche nicht das gewünschte Ergebnis erbracht, sollten Sie andere Ordner in die Suche einbeziehen.

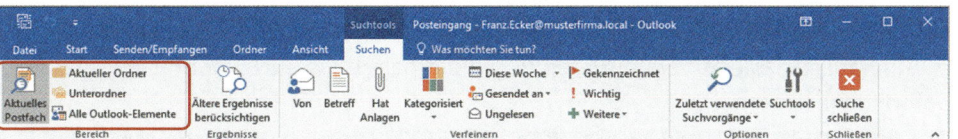

*Register Suchtools - Suchen des Funktionsbereichs E-Mail*

▷ Im Register *Suchen*, Gruppe *Bereich* kann die Suche auf *Alle Outlook-Elemente* erweitert werden.

▷ Soll ein einzelner Ordner durchsucht werden, z. B. *Gelöschte Elemente*, dann klicken Sie diesen im Ordnerbereich an. Im Suchfeld wird der Ordner dann als Suchort angezeigt.

▷ Wenn Sie im aktuellen Ordner keine Suchtreffer erhalten und dieser Ordner Unterordner enthält, kann es nützlich sein, auch die Unterordner einzubeziehen. Klicken Sie in diesem Fall im Register *Suchtools - Suchen*, Gruppe *Bereich* auf *Unterordner*. Dies ist praktisch in den Funktionsbereichen Personen und Kalender, da hier die Unterordner nicht automatisch in die Suche einbezogen werden.

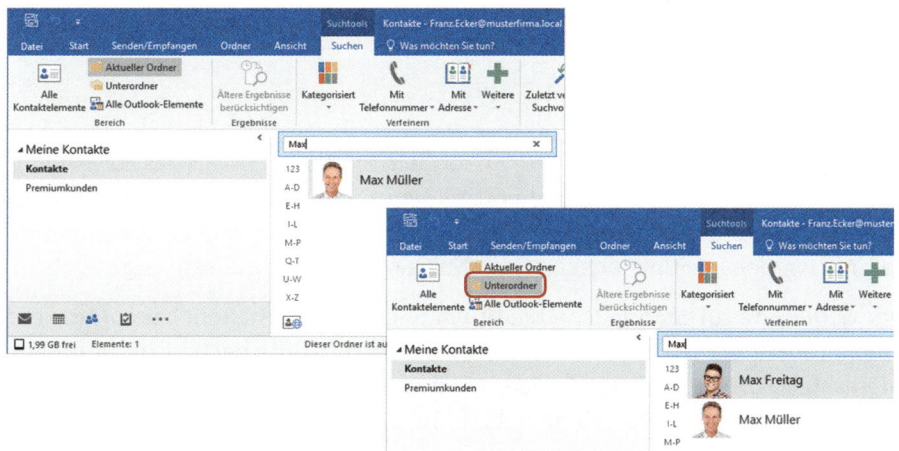

Im Bild links wird zunächst nur im aktuellen Kontaktordner nach „Max" gesucht. Durch Anklicken von Unterordner wird ein weiterer Max gefunden. Dieser ist im Ordner Premiumkunden abgelegt. Das selbe Ergebnis hatte man durch Auswahl von *Alle Kontaktelemente* erreicht.

▷ Die Möglichkeit einen anderen Suchbereich auszuwählen, erhalten Sie ebenfalls im Feld Sofortsuche.

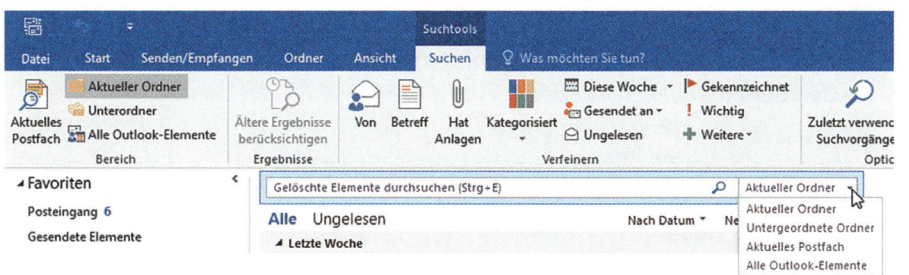

*Andere Orte in die Suche einbeziehen*

### Zuletzt verwendete Suchvorgänge

Haben Sie in letzter Zeit nach einem bestimmten Element gesucht, so können Sie über *Suchtools - Suchen* ▶ Gruppe *Optionen* ▶ *Zuletzt verwendete Suchvorgänge* die Suche erneut starten, ohne die Suchbegriffe wieder eingeben zu müssen. Eine etwas kleinere Auswahl der zuletzt verwendeten Begriffe erhalten Sie auch, wenn Sie in das Feld Sofortsuche klicken.

*Zuletzt verwendete Suchvorgänge*

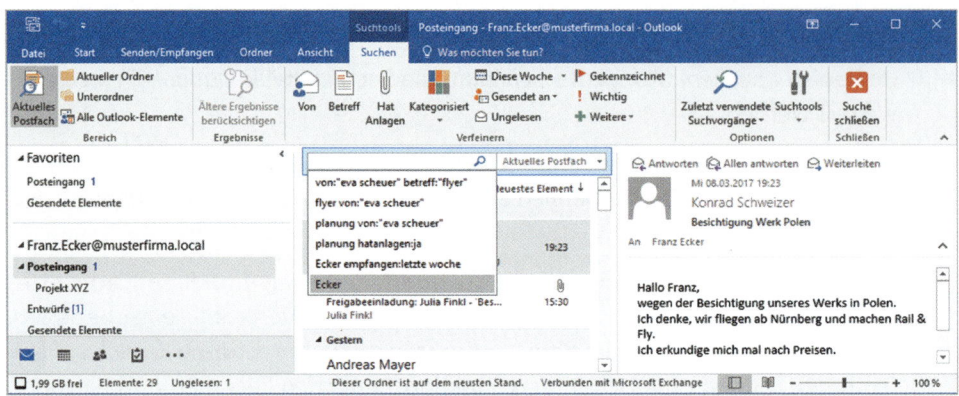

## 6.5 Arbeiten mit Suchordnern

*Suchordner werden nur im Modul E-Mail verwendet*

Suchordner sind keine echten Ordner, sondern Sie filtern E-Mails des *Posteingangs* und des Ordners *Gesendete Elemente* und zeigen nur die Nachrichten an, die einem bestimmten Kriterium entsprechen. Das Kriterium wird von Ihnen festgelegt. Die Suchordner werden im Funktionsbereich E-Mail und in der Ordnerliste angezeigt.

Im Gegensatz zur Sofortsuche bleibt ein Suchordner erhalten. Durch Anklicken des Suchordners werden alle E-Mails, die dem Kriterium entsprechen, im Anzeigebereich dargestellt. Die angezeigten E-Mails werden nicht in den Suchordner verschoben, sie verbleiben im Ordner Posteingang bzw. Gesendete Elemente.

### Suchordner erstellen

Beispiel: Da Sie regelmäßig alle E-Mails gemeinsam anzeigen möchten, die im Betreff oder im Text das Wort „Reklamation" enthalten, erstellen Sie einen Suchordner.

**1** Klicken Sie im Ordnerbereich auf den Eintrag *Suchordner* und wählen Sie dann den Befehl *Neuer Suchordner*.

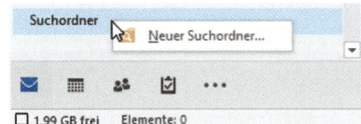

**2**    Im Dialogfenster *Neuer Suchordner* finden Sie eine Vielzahl vordefinierter Suchordner, die nur noch durch Ihr Suchkriterium spezifiziert werden müssen. Markieren Sie den Suchordner *Nachrichten mit bestimmten Wörtern* und geben über
die Schaltfläche *Auswählen* „Reklamation" ein.

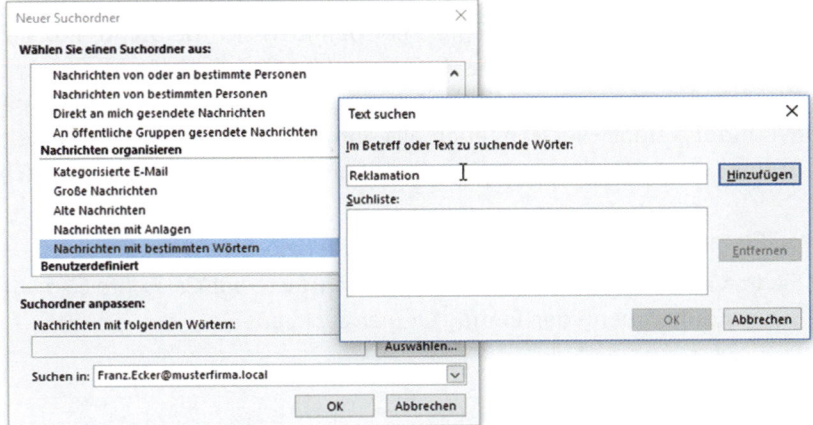

**3**    Bestätigen Sie die Auswahl. Zu den Suchordnern wurde der neue Ordner *Enthält
Reklamation* hinzugefügt.

> Wenn Sie regelmäßig E-Mails bestimmter Personen suchen, dann erstellen Sie Suchordner
> mit *Nachrichten von bestimmten Personen* oder *Nachrichten von oder an bestimmte Perso-
> nen*. Im Bereich *Suchordner* wird der Name der hinterlegten Person hinterlegt und Sie zei-
> gen so schnell, mit nur einem Klick, nur E-Mails dieser Person an.

### Suchordner bearbeiten und löschen

Mit einem Rechtsklick auf den Suchordner erhalten Sie die Befehle zum löschen oder
umbenennen eines Suchordners. Über *Diesen Suchordner anpassen* legen Sie zusätzliche oder andere Suchbegriffe fest.

## 6.6 Speicherplatz und Löschen von Elementen

Wie Sie Nachrichten, Termine oder Kontakte löschen, haben Sie bereits in den einzelnen Kapiteln erfahren. Der Ordner *Gelöschte Elemente* dient allen Funktionsbereichen zur Aufbewahrung gelöschter Elemente. Hier befinden sich gelöschte E-Mails, aber auch gelöschte Termine, Kontakte oder Aufgaben. Den Ordner *Gelöschte Elemente* sollten Sie von Zeit zu Zeit leeren, da Outlook in der Regel nur ein begrenzter Speicherplatz zur Verfügung steht. Hier ist es ebenfalls sinnvoll, wenn möglich, im Posteingang und im Ordner Gesendete Elemente E-Mails mit großen Dateianhängen zu löschen.

### Gelöschte Elemente leeren

Klicken Sie im Ordnerbereich mit der rechten Maustaste auf *Gelöschte Elemente* und wählen Sie im Kontextmenü den Eintrag *Ordner leeren* aus.

*Papierkorb leeren*

*Information zur Größe des Postfachs*

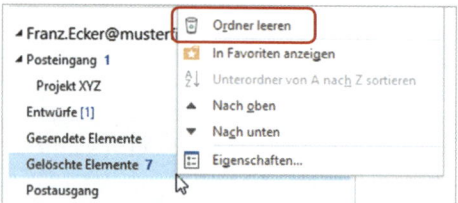

Wie viel Speicherplatz ihrem Postfach zur Verfügung steht, entnehmen Sie der Anzeige in der Statuszeile am linken unteren Rand des Fensters (nur mit Microsoft Exchange). Unter Umständen muss die Darstellung erst noch aktiviert werden: Klicken Sie mit der rechten Maustaste auf die Statusleiste und aktivieren Sie im Kontextmenü *Kontingentinformationen*.

Alternativ finden Sie diese Informationen auch unter *Datei - Informationen* im Abschnitt *Postfach aufräumen*. Je weniger freier Speicher vorhanden ist, umso notwendiger ist es, unwichtige Nachrichten zu löschen.

## 6.7    Zusammenfassung

▶ Outlook speichert alle Elemente in einer einzigen Datei. Regelmäßige Nutzung von Outlook führt dazu, dass diese Datei sehr umfangreich wird und Outlook selbst beim Starten immer schwerfälliger. Aus diesem Grund sollten Sie die Inhalte Ihrer Ordner in regelmäßigen Abständen archivieren. Ältere Elemente werden aus den Outlook-Ordnern in Archivordner verschoben. Auf diese kann jederzeit zugegriffen werden.

▶ Um Daten aus Outlook auf einen anderen Computer zu übertragen und zur Datensicherung exportieren Sie den Inhalt von Ordnern in eine Outlook-Datendatei. Aus dieser Datei können die Elemente auch wieder importiert werden. Ebenso ist ein Datenaustausch mit anderen Anwendungen möglich.

▶ Mit der Sofortsuche finden Sie schnell Elemente im aktuellen Ordner. Über die Registerkarte Suchen kann die Suche auf andere Ordner oder alle Outlookelemente erweitert werden. Erbringt die Sofortsuche eine umfangreiche Trefferliste, kann die Suche verfeinert werden. Durch Auswahl mehrerer Kriterien schränken Sie die Trefferliste weiter ein.

▶ Wenn Sie dieselbe Suche öfter durchführen, legen Sie einen Suchordner an. Der Suchordner zeigt dauerhaft alle Nachrichten aus dem Posteingangsordner bzw. dem Ordner Gesendete Elemente an, die der Suchanfrage entsprechen. Die vom Suchordner angezeigten Nachrichten befinden sich physisch immer noch im Posteingangsorder bzw. im Ordner Gesendete Elemente.

▶ Outlook verfügt nur über einen begrenzten Speicherplatz. Aus diesem Grund sollten Sie regelmäßig den Ordner Gelöschte Elemente leeren und E-Mails mit großen Anlagen löschen, um wertvolle Kapazitäten nicht zu verschwenden.

Notizen:

........................................................................................................

........................................................................................................

........................................................................................................

........................................................................................................

........................................................................................................

# Glossar

| | |
|---|---|
| **Anzeigebereich** | Der Anzeigebereich steht in einigen Outlook-Modul rechts neben dem Ordnerbereich zur Verfügung. Im Modul E-Mail enthält er die Liste aller Nachrichten. Im Modul Aufgaben werden im Anzeigebereich die festgelegten Aufgaben sortiert nach Fälligkeit angezeigt. |
| **Aufgabenleiste** | Die Aufgabenleiste enthält einen Datumsnavigator und zeigt aktuelle Termine und Aufgaben an. Sie befindet sich am rechten Rand des Programmfensters. |
| **AutoArchivieren** | Outlook Elemente können mit der automatischen Archivierung in regelmäßigen Abständen in eine Datei verschoben werden. Die Archivdatei erscheint ebenfalls in der Ordnerliste. |
| **AW:** | Dieses Kürzel fügt Outlook automatisch vor dem Betreff einer Antwort auf eine E-Mail ein. |
| **Bcc** | Blind carbon copy: Empfänger einer so genannten „blinden" Kopie sind für alle anderen Empfänger im Nachrichtenkopf nicht sichtbar. |
| **Cc** | Carbon copy, in dieses Feld können Sie eintragen, wer eine Kopie der Nachricht erhalten soll. |
| **Dateianlage** | Dateien können als Anlage an E-Mails angefügt werden. Anlagen erkennen Sie im Posteingang am Büroklammersymbol. |
| **Drag & Drop** | Englisch für Ziehen & Fallenlassen. Es handelt sich um die Bezeichnung für das Ziehen und Verschieben bei gedrückter linker Maustaste. |
| **E-Mail** | Ein E-Mail Konto speichert alle Informationen, die für das Senden und Empfangen von E-Mail Nachrichten erforderlich sind. Dazu gehören E-Mail-Adresse, Benutzername und Passwort. Mindestens ein Konto muss in Outlook eingerichtet sein, damit Sie E-Mails versenden und empfangen können. |

| | |
|---|---|
| **Entwürfe** | Noch nicht gesendete E-Mail Nachrichten können mit dem Befehl Speichern im Ordner Entwürfe gespeichert werden. |
| **Ereignis** | Aktivitäten, die mindestens 24 Stunden dauern und als ganztägig gekennzeichnet sind, werden in Outlook als Ereignis bezeichnet. |
| **Exchange Active Sync** | Ein Dienst der E-Mails, Kalendertermine und Kontaktdaten eines externen E-Mail Kontos (z. B. von outlook.com) mit Outlook synchronisiert. |
| **Exchange Server** | Ein Exchange Server ist eine Serversoftware, die Outlook u. a. mit zusätzlichen Funktionalitäten ausstattet, z. B. Abwesenheitsmeldungen, gemeinsame Aufgaben und Terminplanung. Sie ermöglicht auch die zentrale Ablage der Daten, die Nutzung globaler Adressbücher oder Kalender und den Zugriff auf seine Daten per Outlook Web App. |
| **Filter** | Filter werden im Gegensatz zur Suche dauerhaft mit der jeweiligen Ansicht gespeichert. |
| **HTML** | HTML steht für Hyper Text Markup Language. Eine Seitenbeschreibungssprache, die in erster Linie für die Gestaltung von Webseiten verwendet wird aber auch für E-Mails benutzt werden kann. Nicht alle E-Mail Programme können E-Mails im HTML-Format öffnen und anzeigen! |
| **Junk-E-Mail** | Als Junk-E-Mails bezeichnet Outlook unerwünschte E-Mails, meist Werbung. Diese E-Mails werden häufig auch als Spam bezeichnet. |
| **Kategorie** | Standardmäßig stellt Outlook 2013 sechs verschiedene Farbkategorien zur Verfügung mit denen E-Mails, Aufgaben, Termine oder Kontakte zur besseren Unterscheidung farbig hinterlegt werden können. |
| **Kontaktgruppe** | In Kontaktgruppen speichern Sie E-Mail-Adressen eines Personenkreises, an den Sie häufig Nachrichten senden. |
| **Kontextmenü** | Das Kontextmenü enthält objektbezogene Befehle und erscheint, wenn Sie mit der rechten Maustaste auf ein Element klicken. |

| Lesebereich | Als Lesebereich bezeichnet Outlook einen Bereich, in dem Sie den Inhalt einer markierten Nachricht lesen können, der Lesebereich kann über das Menü Ansicht ein- bzw. ausgeblendet werden. |
| --- | --- |
| Lesebestätigung | Eine Lesebestätigung kann beim Senden einer E-Mail angefordert werden und wird automatisch gesendet, sobald die Nachricht vom Empfänger geöffnet wird und er der Übersendung der Bestätigung zustimmt. |
| Nur-Text | Nachrichten im Nur-Text Format enthalten ausschließlich Zeichen, keine Formatierungen. E-Mails im Nur-Text Format können von allen E-Mail Programmen angezeigt werden. |
| Öffentliche Ordner | In einer Netzwerkumgebung stehen Ihnen je nach Berechtigung auch öffentliche Ordner zur Verfügung, die von mehreren Netzwerkteilnehmern gemeinsam genutzt werden können. |
| Offline-Modus | Im Offline-Modus besteht keine Verbindung zum Internet. Ausgehende E-Mails werden in diesem Fall im Ordner Postausgang gespeichert, bis eine Verbindung hergestellt wird und Sie den Befehl Senden und Empfangen verwenden. |
| Ordnerbereich | Der Ordnerbereich zeigt alle Outlookmodule an und ermöglicht den Wechsel zwischen ihnen. |
| Persönliche Ordner | Die persönlichen Ordner werden von Outlook beim ersten Starten automatisch angelegt und stehen ausschließlich dem angemeldeten Benutzer zur Verfügung. |
| POP3 | POP3 steht als Abkürzung für Post Office Protocol und ist ein Protokoll, das verwendet wird, um eingegangene Nachrichten vom Server abzurufen. |
| Popup | Ein Popup bietet Ihnen eine Vorschau auf aktuelle Termine, fällige Aufgaben und favorisierte Kontakte. Diese werden angezeigt, wenn Sie mit der Maus auf ein Modul der Navigationsleiste bzw. ein Symbol der Kompaktnavigation zeigen. |

| Rich-Text | Das Richt-Text-Format stellt ein Outlook-spezifisches Nachrichtenformat dar, das auch Schriftformatierungen, nicht aber das Einfügen von Bildern erlaubt. Das Rich-Text Format wird auch von den Programmen Microsoft Word und WordPad unterstützt (Dateinamenserweiterung .rtf) |
|---|---|
| RSS-Feeds | RSS-Feeds sind Informationen von Webseiten (z. B. Nachrichten), die Sie abonnieren können. Sie erhalten dann automatisch aktuelle Informationen zu verschiedenen Themen. |
| Serie | Termine, Ereignisse oder Aufgaben, die sich nach einem bestimmten Muster täglich, wöchentlich, monatlich oder jährlich wiederholen können als Serie gespeichert werden. |
| Server | Als Server bezeichnet man Rechner, genauer Programme, die für die Bereitstellung von Diensten im Internet verantwortlich sind. Mailserver übernehmen die Weiterleitung und Zwischenspeicherung von E-Mails. |
| Short-Cuts | Short-Cuts sind Tastenkombinationen, bestehend aus Strg-Taste, Umschalt-Taste oder Alt-Taste und einem Buchstaben oder einer Zahl. Diese Tasten müssen gemeinsam gedrückt werden, um den Befehl auszuführen. Beginnen Sie mit den Strg-, Umschalt- oder Alt-Tasten, halten Sie diese gedrückt und drücken dann gemeinsam mit den erwähnten Tasten die Zahl oder den Buchstaben. Outlook führt die gängigsten Tastenkombinationen im Infotext der Schaltflächen auf. |
| Signatur | Als Signatur bezeichnet Outlook beliebigen Text, beispielsweise Grußformeln oder Absenderinformationen, die gespeichert und in ausgehende E-Mails eingefügt werden. Signaturen können auch als Textbausteine für E-Mail-Nachrichten verwendet werden. |
| Skripte | Skripte sind kleine ausführbare Programme, beispielsweise in der Sprache JavaScript, die für die Anzeige einiger Inhalte von Webseiten erforderlich sind. Sie können aber auch auf Ihrem Computer Schaden anrichten. |
| SMTP | Simple Mail Transfer Protocol, ein Protokoll mit dem E-Mails verschickt werden. |

| **Tägliche Aufgabenliste** | Die tägliche Aufgabenliste befindet sich im Ordner Kalender und wird am unteren Rand des Programmfensters angezeigt. Hier werden fällige Aufgaben für die einzelnen Kalendertage angezeigt. |
|---|---|
| **WG:** | Dieses Kürzel wird beim Weiterleiten einer E-Mail automatisch vor dem Betreff eingefügt. |
| **ZIP-Archiv / Dateiarchiv** | Zip-Archive oder Dateiarchive sind Dateien, die mit einem Pack- oder Komprimierungsprogramm, beispielsweise WinZip komprimiert wurden. |

# Tastenkombinationen

## Zwischen den Outlook-Funktionsbereichen wechseln

| | |
|---|---|
| Funktionsbereich E-Mail anzeigen | STRG+1 |
| Funktionsbereich Kalender anzeigen | STRG+2 |
| Funktionsbereich Personen anzeigen | STRG+3 |
| Funktionsbereich Aufgaben anzeigen | STRG+4 |
| Funktionsbereich Notizen anzeigen | STRG+5 |
| Ordnerliste im Ordnerbereich anzeigen | STRG+6 |

## Erstellen von Elementen

Diese Tastenkombinationen können Sie in jedem Funktionsbereich verwenden, um eines der folgenden Elemente zu erstellen:

| | |
|---|---|
| Neuer Termin | STRG+UMSCHALT+A |
| Neuer Kontakt | STRG+UMSCHALT+C |
| Neue Kontaktgruppe | STRG+UMSCHALT+L |
| Neue Besprechungsanfrage | STRG+UMSCHALT+Q |
| Neue E-Mail | STRG+UMSCHALT+M |
| Neue Notiz | STRG+UMSCHALT+N |
| Neuer Suchordner | STRG+UMSCHALT+P |
| Neue Aufgabe | STRG+UMSCHALT+K |

## Allgemeine Befehle

| | |
|---|---|
| Alles auswählen z. B. im Anzeigebereich alle E-Mails auswählen oder alle Kontakte etc. | STRG+A |
| Rückgängig | STRG+Z oder UMSCHALT+F12 |
| Wiederholen | STRG + Y |
| Drucken | STRG+P |
| Kopieren des markierten Texts oder Elements | STRG + C |
| Ausschneiden des markierten Texts oder Elements | STRG + X |
| Einfügen aus der Zwischenablage (Text oder Element | STRG + V |
| Anwendung / Fenster schließen | ALT + F4 |

## Befehle zur Suche von Elementen

| | |
|---|---|
| Wechsel zur Sofortsuche | STRG+E oder F3 |
| Suche löschen | ESC |
| Erweitern der Suche auf Alle E-Mail-Elemente, Alle Kalenderelemente oder Alle Kontaktelemente, je nachdem, in welchem Funktionsbereich Sie sich befinden | STRG+ALT+A |
| Verwenden der Erweiterten Suche | STRG+UMSCHALT+F |
| Erstellen eines Suchordners | STRG+UMSCHALT+P |
| Suchen und Ersetzen | F4 |

## Arbeiten im Funktionsbereich E-Mail

| | |
|---|---|
| Neue E-Mail erstellen (im Funktionsbereich E-Mail) | STRG+N |
| Wechseln zu Posteingang | STRG+UMSCHALT+I |
| Wechseln zu Postausgang | STRG+UMSCHALT+O |
| E-Mail Senden | ALT+S |
| Antworten auf die markierte Nachricht | STRG+R |
| Allen Empfängern einer Nachricht antworten | STRG+UMSCHALT+R |
| Antworten mit Besprechungsanfrage | STRG+ALT+R |
| E-Mail weiterleiten | STRG+F |
| E-Mail als Anlage weiterleiten | STRG+ALT+F |
| Nachverfolgunng: Markierte E-Mail zur Nachverfolgung kennzeichnen | STRG+UMSCHALT+G |
| E-Mail als gelesen markieren | STRG+Q |
| E-Mail als ungelesen markieren | STRG+U |
| Markierte Auswahl fett formatieren* | STRG + UMSCHALT + F |
| Markierte Auswahl kursiv formatieren* | STRG + UMSCHALT + K |
| Markierte Auswahl untertreichen* | STRG + UMSCHALT +U |
| Rechtschreibprüfung* | F7 |

* im Nachrichtenformular

## Arbeiten im Funktionsbereich Kalender

| | |
|---|---|
| Erstellen eines Termins (im Funktionsbereich Kalender) | STRG+N |
| Erstellen eines Termins (in einer beliebigen Ansicht von Outlook) | STRG+UMSCHALT+A |
| Erstellen einer Besprechungsanfrage | STRG+UMSCHALT+Q |
| Anordnung Kalender: 1 Tag anzeigen | ALT+1 |
| Anordnung Kalender: 2 Tage anzeigen | ALT+2 |
| Anordnung Kalender: 3 Tage anzeigen | ALT+3 |
| Anordnung Kalender: 4 Tage anzeigen | ALT+4 |
| Anordnung Kalender: 5 Tage anzeigen | ALT+5 |
| Anordnung Kalender: 6 Tage anzeigen | ALT+6 |
| Anordnung Kalender: 7 Tage anzeigen | ALT+7 |
| Anordnung Kalender: 8 Tage anzeigen | ALT+8 |
| Anordnung Kalender: 9 Tage anzeigen | ALT+9 |
| Bestimmtes Datum anzeigen | STRG+G |
| Wechseln zur Monatsansicht | STRG+ALT+4 |
| Wechseln zum nächsten Tag | STRG+NACH-RECHTS-TASTE |
| Wechseln zur nächsten Woche | ALT+NACH-UNTEN-TASTE |
| Wechseln zum nächsten Monat | ALT+BILD-AB-TASTE |
| Wechseln zum vorherigen Tag | STRG+NACH-LINKS-TASTE |
| Wechseln zur vorherigen Woche | ALT+NACH-OBEN-TASTE |
| Wechseln zum vorherigen Monat | ALT+BILD-AUF-TASTE |

| | |
|---|---|
| Wechseln zum Anfang der Woche | ALT+POS1 |
| Wechseln zur 10-Tages-Ansicht | ALT+= |
| Wechseln zur Ansicht der vollen Woche | ALT+MINUSZEICHEN oder STRG+ALT+3 |
| Wechseln zur Ansicht der Arbeitswoche | STRG+ALT+2 |
| Wechseln zum vorherigen Termin | STRG+KOMMA oder STRG+UMSCHALT+KOMMA |

## Arbeiten im Funktionsbereich Personen

| | |
|---|---|
| Neuer Kontakt (im Funktionsbereich Kontakte) | STRG + N |
| Eingeben eines Namens im Feld Adressbücher suchen | F11 |
| Weiterleitung markierter Kontakte per E-Mail | STRG+F |
| Neue Kontaktgruppe | STRG+UMSCHALT+L |

## Arbeiten im Funktionsbereich Aufgaben

| | |
|---|---|
| Neue Aufgabe (im Funktionsbereich Aufgaben) | STRG+N |
| Erstellen einer Aufgabenanfrage | STRG+UMSCHALT+ALT+U |
| Kennzeichen eines Elements als erledigt | EINFG |

# Tastatur

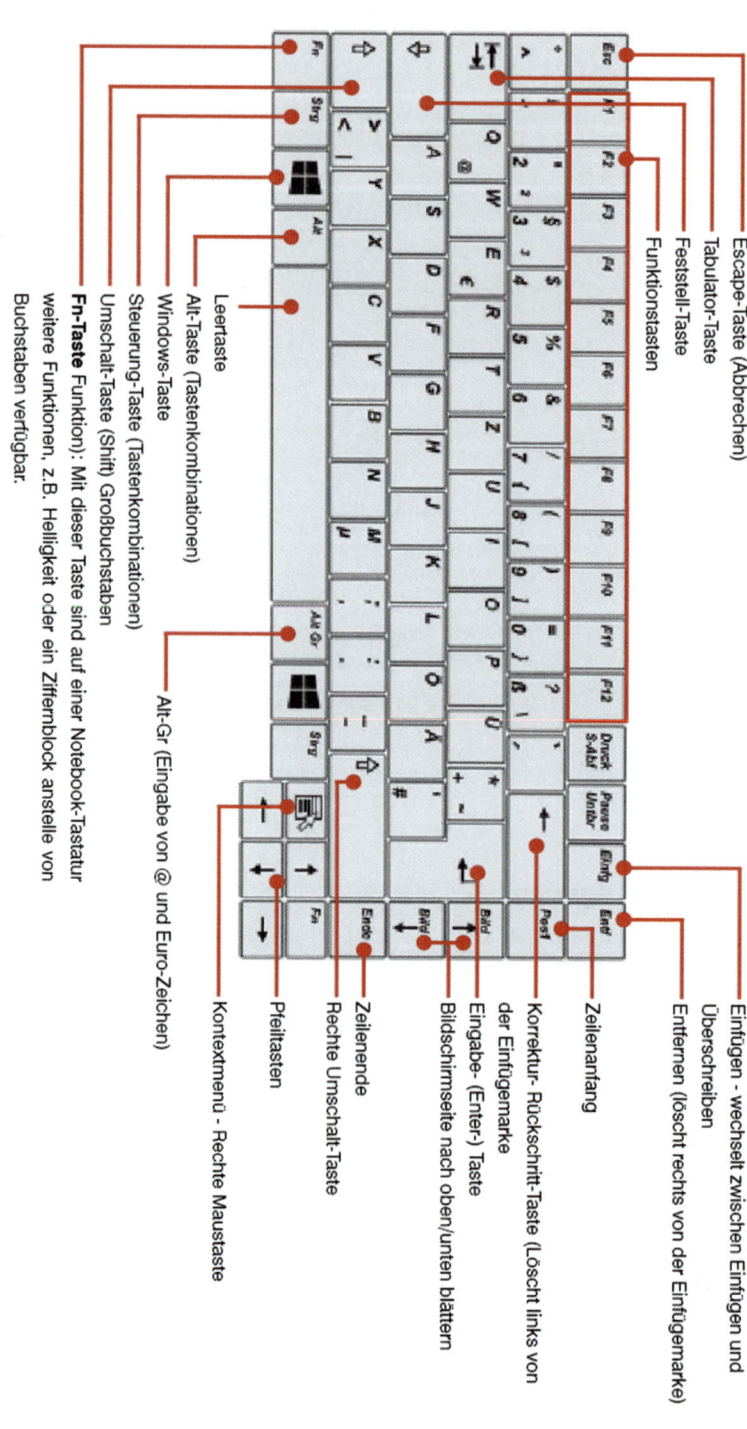

Escape-Taste (Abbrechen)

Tabulator-Taste

Feststell-Taste

Funktionstasten

Leertaste

Alt-Taste (Tastenkombinationen)

Windows-Taste

Steuerung-Taste (Tastenkombinationen)

Umschalt-Taste (Shift) Großbuchstaben

**Fn-Taste** Funktion): Mit dieser Taste sind auf einer Notebook-Tastatur
weitere Funktionen, z.B. Helligkeit oder ein Ziffernblock anstelle von
Buchstaben verfügbar.

Alt-Gr (Eingabe von @ und Euro-Zeichen)

Kontextmenü - Rechte Maustaste

Pfeiltasten

Rechte Umschalt-Taste

Zeilenende

Bildschirmseite nach oben/unten blättern

Eingabe- (Enter-) Taste

Korrektur- Rückschritt-Taste (Löscht links von
der Einfügemarke

Zeilenanfang

Entfernen (löscht rechts von der Einfügemarke)

Überschreiben

Einfügen - wechselt zwischen Einfügen und

# Index